青州红色记忆

钩沉党史之海 追寻辉煌瞬间

樊光湘 主编

中共青州市委党史研究室
青州市关心下一代工作委员会 编

中国文史出版社
CHINA CULTURAL AND HISTORICAL PRESS

图书在版编目（CIP）数据

青州红色记忆：钩沉党史之海　追寻辉煌瞬间 / 樊光湘主编；中共青州市委党史研究室，青州市关心下一代工作委员会编 . -- 北京：中国文史出版社，2018.9

ISBN 978-7-5205-0503-1

Ⅰ. ①青…　Ⅱ. ①樊…　②中…　③青…　Ⅲ. ①中国共产党—地方组织—党史—青州　Ⅳ. ① D235.523

中国版本图书馆 CIP 数据核字（2018）第 198539 号

责任编辑：李晓薇

出版发行：中国文史出版社
地　　址：北京市西城区太平桥大街 23 号　邮编：100811
电　　话：010－66173572　66168268　66192736（发行部）
传　　真：010－66192703
印　　装：三河市华东印刷有限公司
经　　销：全国新华书店
开　　本：700mm×1000mm
印　　张：20
字　　数：306 千字
版　　次：2019 年 1 月第 1 版
印　　次：2019 年 1 月第 1 次印刷
定　　价：68.00 元

本书编审委员会

主　任：韩幸福

副主任：鞠立强

委　员：葛英煜　郭建伟　陈同洲　宋正树　王万信
　　　　孟祥韬　魏林卿　王海华　樊光湘

主　审：韩幸福　田立胜

副主审：葛英煜　宋正树

主　编：樊光湘

副主编：房德石

编　辑：刘明波　杨金粉　刘　淼　樊步青　刘　畅　赵红梅

前言

青州市关心下一代工作委员会主任 田立胜

为了认真贯彻落实习近平总书记关于“要把红色资源利用好、把红色传统发扬好、把红色基因传承好”的重要指示精神，中共青州市委党史研究室与青州市关心下一代工作委员会针对当前青州市青少年党史国史教育教材较零碎、不系统、针对性不强的实际，根据青少年教育特点，在建成青州市青少年党史国史教育基地的基础上，从中共青州地方革命史中，挖掘提炼和编写图文并茂的青州市青少年党史国史教育教学内容，编成《青州红色记忆——钩沉党史之海 追寻辉煌瞬间》一书，比较系统地展示了中共党史和中共青州地方史的内容，生动再现了青州党组织带领人民群众前仆后继、顽强奋斗的历史画卷。本书的出版为中共青州市委党史研究室与青州市关心下一代工作委员会开展党史国史宣教工作提供了基本教材，有利于全市青少年加深对中共党史和中共青州地方史的了解和认识。我相信，它的出版面世，将会受到广大青少年的喜欢，也能对做好新时期青少年培训工作提供有益借鉴。

青少年是祖国的未来，是中国特色社会主义事业的接班人。爱国主义教育基地是青少年学习了解历史知识、学习革命传统的重要课堂，是增强爱国情感、培养民族精神的重要载体，是陶冶情操、提高道德修养的重要场所，是青少年思想道德建设的重要阵地，在加强和改进青少年思想道德建设中，具有不可替代的特殊作用。

青少年红色教育基地的设立，是加强青少年党史、国史教育和缅怀先烈的重要举措，不仅为广大青少年接受爱国主义教育、党史国史教育提供了重要的活动阵地，更重要的是，它已成为我市青少年教育事业发展的有益探索。

青少年爱国主义教育基地是一部无字的教科书，其育人功能隐含在直观的物质文化和良好的精神氛围之中，是增强青少年德育实效性的重要途径之一。如何发挥爱国主义教育基地的作用，营造青少年健康成长的社会环境，是我们应该思考的重要问题。

青少年思想道德教育应从青少年的认知特点出发，巧用载体，寓教于乐、寓教于境。思想道德教育具有很强的思想性，需要借助于一定的表现形式，特别是青少年思想道德教育，由于受教育者的抽象思维和深层理解能力还处在初级阶段，传统的灌输教育方式在他们身上难以收到良好的效果，相反，感性的、直观的、文艺的方式方法通常容易被他们接受。

爱国主义是动员和鼓励青少年刻苦学习、奋发成才的一面旗帜。爱国主义教育是引导青少年树立理想、信念、人生观、价值观的基础。青州市党史国史教育基地是我市关工委、社会各界对青少年进行爱国主义教育的重要基地，是青少年学生的第二课堂。

这些年来，青州市党史国史教育基地作为我市青少年爱国主义教育基地，正是以青少年的思想心理特点和认识接受能力为基础，突出他们在思想道德教育中的主体地位，通过形象、生动、直观、可信、感染力强的实物展品和资料，使他们对青州灿烂悠久的历史文化、锦绣东夷的壮美景色、革命英烈的丰功伟绩及改革开放和现代化建设的巨大成就，有了更加真切的认识和体会，从而成为青少年思想道德教育的重要阵地和极好课堂。

正处于成长期和世界观定型期的青少年，对各种新鲜事物和正能量有很强的接受能力，而有针对性地向青少年进行讲解，可收到良好的教育效果。在对青少年进行教育时，我们的“五老”志愿者、讲解员根据青少年好奇心、求知欲强的特点，结合展出的各种图片、实物，重点讲解各类英雄人物在改造世界观方面的做法，学习的各种书籍资料和学习的方式方法，使青少年既感到新奇也易于接受，会在他们的心灵中产生深远的影响。

总之，爱国主义教育基地对青少年的教育作用不容低估，而加强青少年思想道德教育和革命传统教育，不仅是时代的需要、社会的需要，也是爱国主义教育基地自身发展的需要。我们要在市关工委的指导下,进一步完善设施，营造氛围，丰富内容，扩大影响，把青少年爱国主义教育基地变为弘扬民族精神、培育爱国意识的大课堂，变为对青少年进行思想道德教育的新阵地。

青少年是生活在整个社会环境中的，如何运用社会的各种力量，加强对青少年的教育，这是我们关心下一代工作者时刻关注的问题。

实践中，我们感到：发挥青少年爱国主义教育基地的作用，丰富了中小学德育教育的内容。通过组织青少年到青州市党史国史教育基地参观，激发孩子们“从知我家乡到爱我家乡，从热爱家乡到热爱祖国”的情感，从而有效增强了广大青少年立德爱国，听党话、跟党走的信念，激发了为实现中华民族伟大复兴、国家富强、人民幸福的中国梦好学上进、奋发有为的远大志向。

一部党的革命史，就是一个地域的精神史。今天的社会走出了那个炮火隆隆、浴血奋战的年代，人民生活在和平与美好的环境中，更应该铭记和反思历史。只有铭记历史，才能从中汲取开拓进取的力量，才能珍惜来之不易的和平与安宁，才能心怀感恩和豪情开创更加美好的未来！

青州市党史国史教育基地建设，促成青州市党史国史教育教材编写。两者相得益彰。

下一步，我们要充分发挥青州市党史国史教育基地和青州市党史国史教育教材：《青州红色记忆——钩沉党史之海 追寻辉煌瞬间》在党史国史教育中的独特作用，有效地提高全市对青少年进行党史国史教育的实效。通过教育，把爱党爱国，听党话、跟党走注入广大青少年的灵魂，化为他们努力学习、工作的动力，鞭策、引领他们净化心灵，立志成长成才，为实现中华民族伟大复兴中国梦而奋进。

目 录

第三单元　中共青州党组织在抗日战争时期 / 49

第四单元　青州党组织在解放战争时期 / 85

第二编 青州市党性教育基地 / 102

第三编 青州市红色旅游指南 / 249

第一编　中共青州地方史概述

青州在中国共产党第一次全国代表大会召开后不久，即建立了社会主义青年团和共产党组织。党、团组织能够较早在这里诞生，是近代青州社会和人民革命斗争发展的必然结果。

一、青州的地理位置与历史沿革

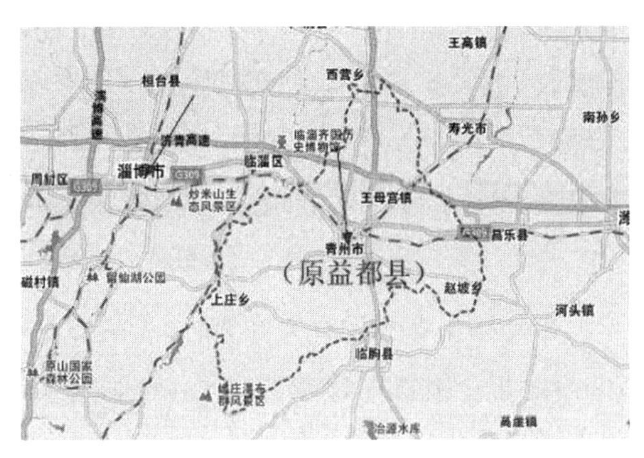

青州市（原益都县）地处山东半岛腹部，位于胶济铁路中段，益羊铁路起点，是连接济南、青岛、鲁中、渤海的交通枢纽。东临昌乐县，南接临朐县，西与淄博市相连，北与广饶、寿光县毗邻。东西最大横距 53.6 公里，南北最大纵距 60.6 公里，现总面积 1569 平方公里，人口 90 万。

市领导机关驻王府街道办事处。王府街道办事处在市境中部，益羊铁路与胶济铁路接轨处，东经 118°28′，北纬 36°41′。直线距离北至北京市 400 公里，西至济南市 140 公里，东至潍城区 56 公里。东北至寿光城 31 公里，东至昌乐城 34 公里，南至临朐城 22 公里，西北至临淄（辛店）20 公里。正东至昌乐县界 26 公里，正南至临朐县界 19 公里，正西至淄博市界 23 公里，正北至广饶县界 27 公里。

青州，历史悠久，《尚书》以及《周礼》《吕览》等都把青州列为古九州之一。青州之名起源颇早，《尚书·禹贡》篇就有“海岱惟青州”“潍淄其道”

的记载。意思是说，青州的范围东至大海，西到泰山，境内有潍、淄等河流。《周礼·职方氏》也写：“正东曰青州。”《吕览·有始览》则书：“东方为青州，齐也。”按古代五行学说，东方属木，其色为青，青州在中华大地的东方，故名。这些记载也同时说明，青州这一名称，早在两千多年前就与今山东省中部及东北部一带联系在一起了。当然，先秦时期的九州指的是地理区域范围，不是行政建置。

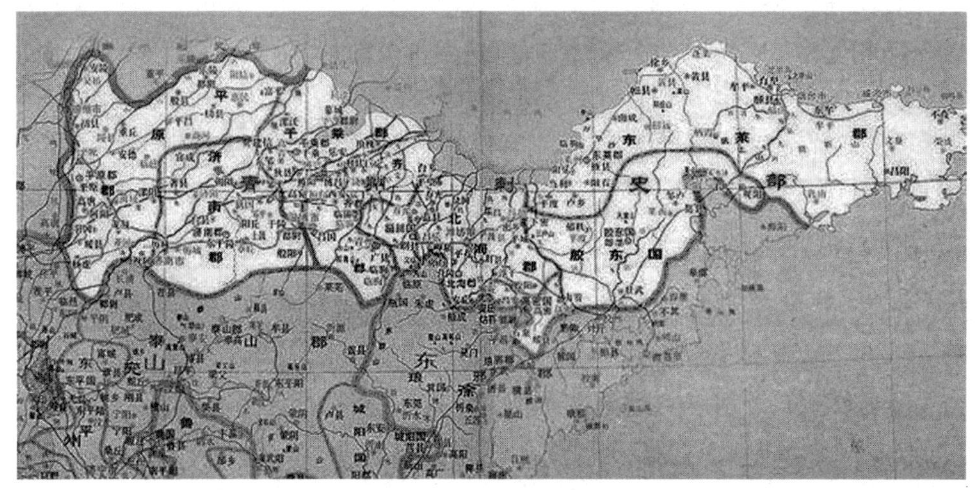

西汉时期青州地图

秦灭六国，把全国分为36郡，今青州市境属临淄郡，西汉武帝元封五年（前106年）把全国划为13个监察区，称刺史部，青州刺史部是其中之一，今青州市境有广县。西晋永嘉五年（311年），前赵曹嶷为青州刺史，因临淄城（今临淄区齐都镇）无险可守，便在今市境尧王山南筑广固城，把青州、齐郡、临淄县三级政权迁至此。从此，作为州、府、路等一、二级地方行政建置治所的青州，在今市境内历1600余年。东晋隆安三年（399年），鲜卑族慕容德占广固城，建都称帝，国号南燕。义熙六年（410年），刘裕破广固，灭南燕，毁城郭，地入东晋。青州刺史羊穆之在南阳河北（今北关一带）另筑州城，名东阳城。北魏孝明帝时（516—528年），在东阳城南扩建南郭，后称南阳城（即今城）。北齐天保七年（556年）撤临淄县，把益都县治所（汉代称益县，三国魏时改称益都县，在今寿光市南4公里益城村）迁来东阳城。隋代设青州总管府，辖4郡、36县。唐初沿隋制，后青州为都督府治地，辖

8州、49县。北宋至道三年（997年）设京东路，治青州，辖2府、14州、4军、2监；熙宁七年（1074年），京东东路治青州，辖7州、1军，领38县。金时设益都府，辖7县；山东东路治益都，辖济南、益都2府、11州，领53县。天会年间（1123—1135年），益都府迁入南阳城。元代设益都路总管府，辖8州、21县；至大二年（1309年），山东东西道宣慰司驻青州，辖益都、济南、盘阳三路，领12州、44县。至元年间（1264—1294年），益都县迁至南阳城，明洪武元年（1368年），改益都路为青州府。设山东行中书省，治青州城，辖6府，领15州、89县。青州城成为历史上第一个山东省省会。洪武九年（1376年）移治济南。清初沿明制，雍正十二年（1734年），青州府辖11县。另，青州驻防满洲旗城，俗称北城，始建于清雍正八年（1730年），1947年毁。辛亥革命后，于1912年撤府存县，益都县属山东省胶东道。自东晋以来，先后是州、郡、道、路、府的治地，青州作为山东地区的政治、经济、文化、军事中心，长达1000余年。

1937年7月抗日战争爆发。国民党益都县政府弃地南逃，1938年1月，日军侵占益都城。抗日根据地人民在中国共产党的领导下建立抗日民主政权；国民党又成立益都县政府，流动于县境内外；日本侵略者在城里组织伪益都县政府。境内同时存在三种政权。1939年10月，抗日根据地人民在当时县西南境及邻县边区成立益都县政委员会。1941年，改组成益（都）临（朐）淄（川）博（山）四县联合办事处。1943年10月改为淄河县。1944年撤销，恢复益都县。在县西北境及邻县边区成立益（都）寿（光）临（淄）广（饶）四县边区行政办事处，1940年4月，改组为“益北行署”，1942年2月，又改为四县边区行政办事处，1945年撤销，建立益寿县。另在1939年7月，于县西境（金岭镇附近）及邻县边区成立益（都）临（淄）长（山）桓（台）四县边区联防处（行政办事机构）。1940年，在县东南境曾建立“益东行署”，数月后撤销。1945年8月，日军投降，鲁中军区部队解放益都县城，在城区设立青州市，成立市政府，与益都县、益寿县同时并存。1946年6月，国民党军队进犯解放区，侵占益都县城，青州市政府暂时撤销。仍保留益都县和益寿县。1948年3月，青州城重新解放，中央华东局和华东军区、山东省政府机关一起进驻青州，青州再度成为山东地区的政治、经济、文化、军事中心。

7月，在今市境弥河以东成立益临县。8月，恢复青州市建置。1949年4月，山东军区在青州成立，后迁济南。6月，中共昌潍地委、昌潍军分区司令部驻青州城，后迁往潍坊。10月，中华人民共和国成立，青州市及益都县、益寿县、益临县同时并存。12月，撤销青州市，并入益都县。1952年6月，益寿、益临县撤销，部分地区并入益都县。1958年11月，临淄县并入，1961年12月析出。1986年3月1日，中华人民共和国国务院28号文件批复山东省人民政府的请示报告：同意“撤销益都县，设立青州市（县级）。以原益都县的行政区域为青州市的行政区域”。隶属潍坊市。

二、近代青州的文化事业

青州，教育事业源远流长，文化发达。旧志记载，宋仁宗初，“青兖之学为最先”，元、明、清时期，各类教育相继兴办。清末，青州府立中学为山东省官立中学之首，省立中等蚕桑丝业学校为山东省职业教育之始。早在20世纪初叶，山东省在青州设立的中等学校就有山东省立第十中学、山东省第四师范学校、山东省第一甲种农业学校等3处；县立学校有东关高等小学、仓廒女校等十数处，是鲁中一带的学府之地。综观青州文坛，名家辈出，佳作如林。北宋王曾以及先后知青州的范仲淹、欧阳修等，不仅为政清廉，且有大量诗作问世。还有被国际天文学联合会，以其名字为月球上的环形山命名的杰出的一代女词人李清照，于宋徽宗大观元年（1107年）秋，至宋高宗建炎元年（1127年）冬，居青州整整20载，更是硕果累累，即使在兵荒马乱逃亡江南之时，还写下了“欲将血泪寄山河，去洒青州一抔土”的佳句，其主要的精品佳作，俱是出自青州这片土地。明代中期，以

冯裕为代表的海岱七子，创作了大量诗篇，成为珍贵的历史文化遗产。清代的李文藻，也有多部优秀的文学作品流传后世。明清时期，还有众多作者的诗文创作也很活跃，如冯裕、黄卿、杨应奎、张焕、赵秉忠、钟羽正、房可壮、冯溥等，他们为吟诵青州纯朴的风土人情和钟灵毓秀的青州山水，也都创作了极为可观的珍贵诗文，都有诗文集存世。此外，许多著名文学家、诗人，如李白、岑参、柳宗元、苏轼、曹雪芹、蒲松龄等，目睹青州的秀丽河山，亦为之动情，写下了许多不朽诗篇。我国古代的《红楼梦》《水浒传》《三国演义》《聊斋志异》等文学名著之中，都曾把青州作为重要事件发生的巨大舞台，为读者留下了深刻印象，产生了深远影响。特别是近现代以来，青州的文坛人才辈出，文学创作，更是“百花齐放，百家争鸣”，正式出版了一大批文学、戏剧、文艺理论等专著，为青州的历史文化发展锦上添花，为我们的子孙后代留下了宝贵的文化成果，为提升和丰富我们的民族文化，发挥了重要的作用。

三、近代青州人民的革命斗争

青州，人杰地灵，英雄辈出，人民富于斗争精神，综观青州历史，自北魏以来，重大的农民起义达 13 次之多，在漫长的封建社会里，他们不堪忍受统治阶级的剥削压迫，革命斗争连续不断。青州城郊曾经飘扬过赤眉、黄巾军的义旗。青州黄巾军“众至百万”，转战青、兖等州，“父兄歼殪，子弟群起”，驱北海相孔融，杀任城相郑遂、兖州刺史刘岱、济北相鲍信。青州大地上曾经呼啸过红袄军的呐喊声。杨安儿、杨妙真兄妹与李全父子辗转于金、元、南宋三大势力之间，以青州城为根据地，坚持斗争 50 余年。青州原野上曾经驰骋过巾帼英雄唐赛儿起义军的铁骑，起义军东攻莒县、即墨和诸城，杀死青州卫都指挥高凤和副总兵官

刘忠，威震明王朝。

鸦片战争后，青州人民积极投入反帝反封建的斗争洪流。光绪二十六年（1900 年）七月，青州义和团袭击基督教堂和天主教堂，“城市集镇，遍布传单，灭洋灭教，众口一词”。宣统二年（1910 年），满族韩大曾举行反清起义，杀死协领广玉农和全俊古。特别是从帝国主义入侵中国之日起，到中华人民共和国的诞生，青州人民从未停止过反抗斗争。这就造就了青州人民的斗争精神和优良的革命传统。早在辛亥革命时期，城东东圣水村魏眉先生就追随中国革命的先行者——孙中山进行资产阶级革命。辛亥革命后，1913 年，鲁东讨袁军支队司令、革命党人张同普曾与赵惠斋、刘德铭等在这里高举起“讨袁军”的义旗，组织机关部，称“桃园军”（谐音“讨袁军”），联合附近民团数千人，积极响应孙中山护国讨袁运动。1919 年 5 月 4 日，北京爆发的五四运动的洪涛很快波及青州，青州的反帝反封建浪潮更是此起彼伏，遍及城乡。5 月 24 日，在法庆寺万人集会，游行示威，强烈反对北洋军阀政府及出席巴黎和会的中国专使在卖国和约上签字。中国共产党诞生后，共产党员王翔千、一大代表邓恩铭、王尽美就在青州省立十中、四师等学校宣传马克思主义，发动和指导学生、工人运动，帮助建立党、团组织。1923 年，成立了社会主义青年团青州小组，1925 年 1 月，中共青州支部建立。因此，青州便成为我省建党最早的县市之一。青州能够较早地产生党的组织不是偶然的，这是青州近代社会发展的必然结果。从此，青州人民的革命斗争在党的领导下揭开了崭新的一页。1926 年 10 月，中共益都地方执行委员会建立。中共益都地执委建立后，领导青州人民不断掀起革命高潮，沉重地打击了反动统治阶级，扩大了党的影响，党组织得到迅速发展。1927 年，中共青州地方执行委员会和共青团青州地方执行委员会建立，青州成为益都、临朐、广饶、昌乐、潍县等地的革命活动中心。大革命失败后，白色恐怖笼罩全国，党的斗争屡遭挫折。从 1928 年至 1932 年，仅中共益都县委就连续四次遭到破坏，大批共产党员和革命群众遭残杀。但是，青州的共产党人并没有被敌人的嚣张气焰所吓倒，而是接过烈士手中的战旗，掩埋了同志的尸体，揩干身上的血迹，继续同敌人展开顽强不屈的斗争。1932 年 8 月，党领导的益都暴动，虽因遭到反动派的镇压而失败，但却显示了青州党组织和人民群众不屈不挠的斗争精神。

抗日战争爆发后，青州人民在中共益都县委领导下，高举抗日民族统一战线的旗帜，一面积极恢复、发展党组织，一面广泛领导和发动抗日救亡运动，积极创建革命武装，于 1938 年 3 月组成“八路军鲁东抗日游击队第十支队”，与马保三、韩明柱及廖容标领导的“抗日游击队第八支队”密切配合，开辟了益寿临广四边县和益临淄博两大抗日根据地。根据地人民拥军优属，支援前线，反“扫荡”，反“蚕食”，与日、伪、顽进行了殊死的搏斗。党组织在血与火的斗争中不断发展壮大，革命武装在与人民的血肉联系中，由少到多，由弱到强，既而茁壮成长。抗战胜利后，国民党反动派发动内战，青州也成为反动派重点进攻的地区之一。解放战争期间，青州党组织在党中央的英明领导下，带领人民群众同国民党反动派进行了顽强的斗争；实行土地改革，消灭封建势力；踊跃参军支前，保卫胜利果实。这里的人民为参军支前，表现出了极大的革命热忱。1946 年，仅境内铁路南弥河西地区就有 700 多名青年踊跃参军；铁路北地区就有 42000 名民夫争上前线，护送军需物资和伤病员。1948 年 3 月，中共中央华东局和华东军区及山东省政府领导机关进驻境内，陈毅、粟裕、张云逸等高级将领曾在这里运筹帷幄，指挥战争，解放潍县、济南等城。抗日战争和解放战争中，青州有 1500 余名烈士献出了生命。经过前赴后继的英勇斗争，青州人民同全国人民一道，终于推翻了“三座大山”，迎来了新民主主义革命的胜利。

四、青州，在中国共产党的创立和大革命时期

1922 年 10 月，山东早期共产党员王翔千受党的派遣，以与其胞弟王振千对换教学为掩护来青州山东省立十中任国文教员，撒播革命火种，揭开了马克思主义在青州的传播和党的创立时期的光辉一页。同年冬，他介绍学生李耘生（李殿龙）加入了中国社会主义青年团，成为青州历史上第一个团员。

随后，刘俊才（刘子久）、刘序功、王元昌、赵文秀等相继入团。1923年1月，中国社会主义青年团青州团小组建立，负责人李耘生。5月，在青岛《胶澳日报》担任副主编的中共一大代表邓恩铭，来青州以探亲（其叔父时任县知事）为掩护，在省立第四师范学校进行秘密革命活动。在他的组织发动下，6月，四师掀起驱逐压制民主、专横跋扈的校长刘尚敬的学潮。7月，团小组领导青州小车夫，开展了抗议县署强令增加车税的罢工斗争，取得胜利，初步显示了工人阶级团结起来的力量。11月24日，在十中学生集会上，李耘生痛斥帝国主义干涉中国内政，侵略中国的罪恶行径。同时，赵文秀、王元昌等在城里掀起为“猪仔议员”郭广恩铸“铁猪”的活动，有力地打击了封建统治阶级的嚣张气焰。

1924年春，李耘生调济南地委工作后，青州团的工作由刘俊才负责。4月，团中央决定在青州建立团支部，中共一大代表王尽美、邓恩铭先后来青州，具体指导帮助建立了中国社会主义青年团青州支部，刘俊才任支部干事长，团员有十数人。6月，

刘俊才从十中毕业后，调中共济南地执委工作，团青州支部书记由王元昌担任。团支部发起了反对帝国主义利用基督教进行文化侵略的收回教育活动；并通过东关县立第一高小教员杜华梓组织发动了全县小学教员增薪罢课运动，迫使县教育当局答复了教师的合理要求。8月，经团中央局批准，建立团青州特别支部，直属团中央领导。9月，中共一大代表王尽美二次来青州，在十中做旅欧考察报告，历述第一次世界大战期间，帝国主义国家统治集团加紧压迫剥削劳动人民，大发战争横财的罪行；而苏联在列宁的领导下，建立了第一个共产党领导的，劳动人民当家做主的社会主义国家，给广大青年学

生指明了中国革命的前途。11月，中共中央特派员尹宽来青州检查指导工作，指出学生运动与工农群众相结合的必要性，使学生运动沿着健康道路发展迈出了重要的一步。12月至翌年元旦，王尽美以孙中山特派员的身份第三次来青州，通过与各界协商，成立了国民会议促成会，对于推进国共两党合作，建立革命的统一战线产生了积极的影响。是年冬，团员王元昌、赵文秀、李春荣转为中共党员，成为青州历史上第一批党员。

1925年1月，杜华梓由团员转为党员。同月，青州历史上第一个党组织——中共青州支部诞生，书记杜华梓。中共青州支部建立后，积极领导开展工农群众运动，并在东益火柴公司和城东东圣水一带农村发展了一批党员。是春，王良栋（王平一）、王元昌、李春荣、赵文秀、王为铭等被中共山东地执委先后派往青岛领导工人罢工运动。青岛惨案和“五卅”惨案发生后，中共青州支部、团青州特支，领导发动了声势浩大的罢课声援运动，并派出以党、团员为骨干的代表分赴周围十几个县城，广泛发动工农群众参与声援运动，把声援运动推向高潮。

1926年，中共青州支部抓紧党组织的发展建设及群众团体的建立工作，并逐步由城市向农村发展，在东圣水村和涝洼村建立了两个农村党支部，并同时建立了两处农民协会，会员达60余人，3处儿童团，180余人。8月，商勤学在省立四师发展了9名党员，建立了中共四师党小组。10月，中共山东区执委派宋伯行驻东圣水村，代表区执委领导益都、寿光、临淄、广饶、临朐、昌乐六县党组织。并建立了中共益都地方执行委员会和共青团益都地执委，宋伯行、王元盛分别担任中共益都地执委和团益都地执委书记。中共益都地执委下辖城关、东圣水、涝洼3个支部。

1927年，在党、团益都地执委的领导下，益都党、团组织迅速发展。4月，在益都北部建立了中共东朱鹿村党、团支部。同时，北阳河村团员刘子科、刘自得（刘逢源）先后转党，开始在阳河一带秘密活动。中共益都地执委所辖支部发展到16个之多。在此基础上，经中共山东区执委批准，建立了中共青州地方执行委员会，辖益都、寿光、临淄、广饶、临朐、昌乐六县党的组织，书记宋伯行。“四一二”反革命政变发生后，中共山东区执委、青州地执委于5月下旬在东圣水村举办青州地方各县党、团组织负责人短训班，山东区执委书记吴芳亲自来讲课。之后，中共益都地执委对全县党、团员进行政治训练，使党、团员受到了一次形势教育，在思想上对国民党叛变革命作了精神准备。

五、青州， 在土地革命战争时期

大革命失败后，青州的革命形势曾一度转入低潮。1928 年 1 月，中共青州地执委组织部长杜华梓等人自首叛变，给青州的党、团组织造成了严重破坏。书记宋伯行被捕牺牲；宣传部长田裕炀潜回原籍诸城不久，在发动农民暴动中牺牲；团地委书记李玉鼎被迫离开青州去青岛。但是，青州的党、团员和基层党、团组织没有屈服于反动派的屠杀政策。2 月，在中共山东省委派员指导下，在东朱鹿党支部的基础上，建立了“中共益北特支”，负责益都北部及寿光部分地区党的工作。在严重的白色恐怖下，中共益北特支经常组织党员进行秘密宣传活动，领导农民开展抗粮抗捐、“烧坡”、“抢坡”、“短工罢市”等斗争，并指示以教学为掩护的共产党员刘子科争取了一支武装。8 月，中共益北特支发动朱鹿、段村、阳河一带农民在益都县边沿地带臧台村举行武装暴动。虽因遭到国民党寿光保安团的镇压而失败，但它却是益都党组织武装争取政权的第一次尝试。

1929 年 8 月，北京共产党员马适安应聘到四师任教，以教学为掩护积极从事党的秘密活动。12 月，他领导了四师、十中学生反对帝国主义文化侵略的基督教的斗争。1930 年，马适安利用国民党的内部矛盾，开展了反对叛徒杜华梓的斗争，并于年底建立了中共四师党支部。同年春，中共益北特支遭破坏，中断了与中共山东省委的联系。6 月，中共山东省委书记任国桢来青州东朱鹿村巡视工作。7 月，中共益北特支恢复。中共青州党组织又出现了比较活跃的局面。中共四师党支部在进步学生中建立了左翼作家联盟、反帝大同盟、互济会、等群众组织。1931 年“五一”节后，四师学生在党组织的领导下，驱逐了压制反帝爱国学生运动的训育主任燕有林。因此，国民党省党部密令逮捕党员师生马适安、张训荣（张北华）等人，马适安、张训荣二人闻讯后迅速转移，中共四师党支部暂时停止了活动。是年，共产党员牛玉昌（牛瑞庭）重建中共四师党支部。

同年夏，为使中共青州党组织全面恢复，中共山东省委派段亦民同志来益都整理党组织，重新建立了中共益都特支，段亦民同志任书记。“九一八”

事变后，全国人民抗日怒潮不断高涨。中共益都特支组织四师、十中、甲种农业学校和东关高小学生罢课，参加南下向国民党南京政府请愿活动。在遭到国民党县政府的压制后，东关高小教师、共产党员冯毅之带领十数名学生深入西南山区进行革命活动，为日后在山区建立武装，进行抗日游击战争，打下了一定的基础。在益都党的活动范围不断扩大。1932 年 5 月，在中共益都特支的基础上，建立了中共益都县委，段亦民任书记。益都的党组织再次蓬勃发展，先后建立了中共城区（一区）、郑母区（十区）两个区委，基层支部发展到 21 处。群众组织也迅速发展，并成立了抗盐队、赤卫队等群众武装，活动也日趋活跃。中共十区区委发动群众捣毁了坑害百姓的官办盐店；中共四师党支部发动乡镇长训练班中的党员，开展反对国民党县党部常委赵若谦的斗争，打乱了国民党乡镇长训练班的计划。益都革命斗争形势不断高涨，引起了中共山东省委的重视，多次派中共山东省委军委书记张鸿礼来益都研究发动武装暴动。在 6 月的一次会议上，因县委书记段亦民坚持暴动时机不成熟，遭到张鸿礼的严厉斥责，当即被撤销县委书记、暴动总指挥职务，指定县委宣传部长郑云岫（郑心亭）为暴动总指挥。8 月 18 日拂晓，中共十区区委发动十几个村的党员群众举行郑母暴动。但最终因客观条件不具备，郑母暴动归于失败。暴动总指挥郑云岫、原县委书记段亦民及大批共产党员被捕牺牲，益都党组织遭到严重破坏。

益都郑母暴动失败后，于 8 月底，中共山东省委派马兰郇来益都恢复党组织，与十中学生党员金明取得联系。9 月，建立了共青团益都县委（亦称党团县委），金明任书记。根据上级指示，团县委代管党的工作。团县委建立后，恢复了一些党组织；建立了中共大官营村党支部；创办了刊物《赤峰》。正当益都党的活动重新活跃起来之时，1933 年 2 月，马兰郇叛变，益都党组织再次遭劫。团县委书记金明等所有成员及中共益北特支陈树堂等 3 人被捕。7 月，省委组织部长宋鸣时叛变后，敌人再次来益都逮捕了 20 多名党、团员和互济会员。在不到一年的时间内，益都党组织 3 次遭到严重破坏，致使益都党的活动进入了一个极其艰难的阶段。

但是，益都的党、团员没有向敌人屈服，在失去与上级党组织联系的情况下，继续坚持党的工作。1934 年 2 月，潍县中心县委组织部长牟铭勋去东朱鹿村巡视，沟通了中共益北特支与省委的联系。春，十中建立了学生抗日救国会。秋，大陈庄共产党员陈锡德为了寻找党组织，考入济南第一乡村师范，与上级党组织取得联系后，利用假期在家乡大陈庄一带发展党员，于1935年夏建立了中共大陈庄党小组。1936年夏，四师“中华民族解放先锋队”建立，进行抗日宣传。在此期间，中共山东省委派组织员景晓村到大陈庄检查指导工作，推动了抗日救亡运动的开展。通过一系列的宣传发动，益都党的影响深深地扎根于群众之中，为以后进行抗日战争奠定了坚定的思想基础。

六、青州，在抗日战争时期

1937年7月7日，抗日战争爆发。在青州党组织领导下，青州各界人士迅速组织抗日救亡活动，进行抗日宣传，支援二十九军抗战。“八一三”事变以后，由于我党的努力和全国抗战形势迅猛发展，国民党接受了我党关于第二次国共合作的正确主张，抗日民族统一战线形成。中共山东省委根据中央指示，积极整顿和发展党的组织，号召共产党员脱下长衫到游击队去发动武装抗日。10月，胡维鲁、彭瑞林、李曦晨、李云鹤等共产党员先后从济南监狱和南京反省院来到益都，寻找地下党员，宣传组织抗日救亡活动。12月，在省委宣传部长林浩和鲁东工委宣传委员杨涤生主持下，建立了中共益都县整理工作委员会，书记胡维鲁。先后与益都北部战前的共产党员牛瑞庭、陈德义、王宗东、陈凤九、刘逢源及益都南部的战前党员冯毅之、陈锡德等取得联系，或为其恢复关系。从此，益都在党的领导下，进入了一个新的历史发展时期。

1938年1月9日，日军占领益都城。所到之处，烧杀抢掠，在铁路南制造了骇人听闻的“田庄惨案”，伤亡近百人；在城北连续“扫荡”朱鹿、良孟、段村一带，给人民造成严重损失。1月10日，中共益都县委建立。面对日军的暴行，全县人民在党的号召和黑铁山起义、牛头镇起义的影响下，抗战热情十分高涨，县委抓住有利时机，组建抗日救亡团，发动群众参军参战，在杨家营村召开抗日动员大会，号召各界人士团结一致，共同抗日。在共产党员和进步人士的率领下，先后为八路军鲁东游击队第八支队组建了十二中队、三十六中队、十七中队、十三中队。建立了八路军鲁东游击队第十支队。建立了益都县群众抗日救亡团。为了团结各阶层共同抗日，在西南山区由山东人民抗日救国军第五军司令廖容标、政委姚仲明同中共益都县委委员冯毅之一起，与淄河流域的吴鼎章等国民党游击队建立了“淄河流域抗日联军办事处”，冯毅之任办事处主任。击毙了妄图投敌的翟汝鉴部副司令李思亮，拉出一部，成立了八路军山东纵队第四支队新编第一营。在城北，县委派人到国民党徐振中部做统战工作，以徐部之一中队为基础，组成了“益都人民抗日游击大队”。1938年10月，根据斗争形势的发展，中共苏鲁皖边区省委决定，将中共清河特委胶济铁路以南各县划出，成立中共淄博特委。从此，益都县以铁路为界分属两个战略区。铁路以北地区始称益都县，后为益寿临广四边县、益寿县，隶属中共清河特委、中共清河地委、中共渤海区党委领导；铁路以南党的组织时称中共益南工委、中共益都县委、中共益临工委、中共淄河县委等，其工作先后隶属中共淄博特委、中共鲁中区党委领导。两地区党组织分别在其上级领导下，发动群众，同日伪顽进行了艰苦卓绝的英勇斗争。

在铁路以北，党组织于1939年2月，根据中共清河特委指示，将益都县陈景三中队与临淄大马岱李梦鼎中队合编为益北大队，活动于益（都）、寿（光）、临（淄）、广（饶）边缘地区。同时在该地区活动的还有八路军山东纵队第三支队。“太河惨案”发生后，三支队奉命从益北出发，挺进淄河流域，参加反顽作战；回师后在益北纸坊伏击日伪军，毙伤20余人。是春，县委根据中共清河特委苇子河会议精神，抓紧在敌人统治比较薄弱，群众条件较好，我党又有一定基础的益七区、寿五区、临二区、广二区先后建立了区委。中共清河特委进驻这一带地区后，对加强根据地的建设进行了具体指导，使益、寿、临、广地区成为中共清河特委领导全区抗日工作的中心基地。10月，

根据斗争的需要，撤销益都县，建立中共益寿临广四边县委和四边行政办事处，马巨涛任书记，杜振东任办事处主任。在中共益寿临广四边县委的领导下，工、农、青、妇各群众抗日团体纷纷建立，并建立了四边县“六大队”抗日武装，及四边兵工厂、印刷厂、被服厂。在铁路南，中共益南工委组织群众开展适合山区特点的斗争，不断取得胜利。1939 年 10 月，经第一区党委二地委决定，撤销中共益南工委，建立中共益都县委。同时建立了基层抗日政权——二、三、五区联合区公所。随之，建立了益都县参议会和县政府。

1940 年，在铁路北，四边县抗日根据地建设蓬勃发展，地方武装进一步壮大，先后组建了区中队、县青年中队和工农大队，发行了“益寿临广四边县流通辅币”，建立了益北抗日高小，使根据地初具规模。4 月，四边县撤销，建立中共益寿县委和益北行署。9 月，召开了益寿县第一次党代会，选举韩洪甫为县委书记和出席清河区党代会代表。同时，军事斗争形势也非常有利，益寿军民在取得 8 月份反“扫荡”胜利的基础上，10 月份又配合山纵三支队发起臧台战斗，歼灭反共顽固派徐振中部 300 余人。11 月，在阳河、河头阻击战中毙伤日伪军 40 余人，粉碎了日伪军长途奔袭计划。一连串的战斗胜利鼓舞着益寿军民。12 月，掀起改造地形高潮，共计挖地道、抗日沟 1000 余公里，为坚持平原游击战争创造了条件。在铁路南，形势比较严峻。日伪军在淄河流域增设据点，反共顽固派吴化文部新四师向淄河流域大举进攻。益都县大队在长秋、上张、下整充实了益寿县领导力量，并在党员中开展了形势教育和反自首、反动摇、反逃跑活动。在铁路南，中共鲁中区党委为加强淄河流域的领导，于 7 月建立了中共益临工委和益（都）临（朐）淄（川）博（山）四县联合办事处，领导淄河流域广大革命群众，采取多种方式同日伪顽进行坚决斗争。

1942 年，铁路南北两地区形势继续恶化。2 月，益寿县撤销，重建四边县。日军调集大量兵力对我军民反复“扫荡”，实行“铁壁合围”“梳篦拉网”等战术，在我根据地内安设据点 20 余处。由于日伪顽的联合“清剿”，我中共益寿临广四边县委书记丁亦民壮烈牺牲，大批干部群众遭杀害，尤其是“七一大扫荡”后，四边县全部被“蚕食”，昔日的益寿临广四边根据地变成了“一枪打透”的狭小地带。铁路南吉吉顶失守以后，李家峪等 13 个村庄被“蚕食”，中共益临工委、四联办及县大队也被迫撤到淄河以西活动。此外，党内叛徒对党组织的破坏，更使我两地军民处于极端困难环境之中。但是，益临边区及四边县党组织和人民不仅没有屈服，反而更加英勇顽强，采取灵活的战术同敌人进行斗争。四边县被“蚕食”后，县委将机关干部、战士及乡村干部300余人，分批转移到广北根据地。县委书记李荆和、县长赵治安率县独立营一个排就地同群众一起坚持斗争，并逐步建立起革命的两面政权、情报站和秘密联络站，干部实行“职业化”，与可靠的党员群众加强联系。8月，建立了四边特务大队，这支精干的武装，像一把钢刀插进敌人心脏。采取“翻边战术”，开展小型活动，实行“麻雀战”，不断袭扰敌人，在敌伪据点密布，碉堡林立，封锁沟纵横的艰苦环境中，站住了脚跟，一直坚持到抗战胜利。同年，中共清河区党委决定建立了中共益东工委，在敌占区六、八、九区一带开展工作，有力地配合了四边县的对敌斗争。在铁路南，虽然环境更加困难，我党政军民仍坚持了下来。7月，鲁中一军分区司令员廖荣标率部奇袭马鞍山，沟通了中共益临工委与中共泰山地委的联系。11月，2000余日伪军在两架飞机、六门重炮的配合下，对我马鞍山发起疯狂进攻，在血与火的考验面前，我40余名伤病员及抗战家属，毫不畏惧，英勇顽强地抗击了敌人的多次进攻。他们用鲜血和生命谱写了一曲气壮山河的凯歌。

经过一年多的艰苦斗争，到1943年春天以后，形势开始好转。在铁路南，泰山军分区副司令钱钧率部挺进淄河流域，进一步打击吴化文部。为了开展青州至临朐之间的对敌斗争，中共鲁中区党委决定建立了中共青州工委。夏秋之间，通过两次讨吴战役，消灭了吴伪的有生力量。10月，中共益临工委改为中共淄河县委。在铁路北，四边县军民在清河军区统一指挥下展开夏季攻势，取得了一系列战斗的胜利。同时，铁路南、北各级党组织在上级党组织的领导下开展了整风学习，加强了党的建设，带领群众开展了生产运动，同群众一起克服了灾荒，度过了黎明前的黑暗，迎来了胜利的曙光。

自1944年起，各级党组织带领广大军民进行战略反攻。2月至3月间，四边特务大队配合清河军分区主力在四边境内连续作战。7月，参加渤海军区发动的夏季攻势第一阶段作战。通过战斗，促使王道率“灭共建国军”第八团2600余人，苏景三率广饶伪警备第六中队同时反正，使四边根据地基本恢复，并与寿光清水泊根据地连成了一片。四边军民乘胜继续扩大战果，取得一系列胜利，同时在根据地内开展“双减”运动和副业生产，开办各种类型学校，发展教育事业，促进了根据地的建设。与此同时，鲁中军区部队发起第三次讨吴战役，拔掉部分敌伪据点，进一步促使淄河流域形势好转，建立了新二区、新三区及中共青张工委。7 月，淄河县撤销，益都县重建。

1945 年，四边、益都两县形势继续好转，四边特务大队频频出击，不断取得胜利；四边青年踊跃参军。5 月为加强胶济铁路中段敌占城市及沿线农村的工作，中共渤海区党委决定撤销中共益东工委，建立中共胶济工委。8 月，建立胶济大队。在铁路南，6 月中旬，益都县开始进行“双减”、反奸诉苦试点工作。8 月 22 日，鲁中区主力在山东独立第一旅的配合下，一举解放青州城，歼敌 2000 余人，活捉伪益都县保安大队长王葆团。中共益都县委随即进城，布告市民，恢复生产，整顿秩序。

七、青州，在全国解放战争时期

1945 年 8 月，抗日战争胜利后，根据新的斗争形势，中共鲁中区党委决定组建了中共青州市委、市政府；中共四边县委奉中共渤海区党委之命改为中共益寿县委。中共益都、益寿、青州三县（市）委领导地方武装和人民群众继续战斗，打击拒不投降的日伪军。胶济大队一、二、三、四中队分别于 8、9、10 月建立，活动在西起枣园东到谭坊一带，有力地打击了铁路沿线敌人。

1946 年 1 月，国共两党签订“停战协定”，三县（市）党组织抓紧停战机会在城乡普遍恢复、建立党组织和民主政权，开展“百日练兵”活动和“双减”反奸诉苦运动。由于国民党积极准备内战，不断制造摩擦，形势日益紧张。5 月，青州市撤销。6 月，正当人民群众欢庆翻身解放的时候，蒋介石悍然撕毁停战协议，向解放区发动进攻，内战爆发。国民党整编第八军侵占青州城和铁路南大部分乡村。铁路北徐振中部也卷土重来。益寿县根据中央“五四”指示，“没收地主土地分给无地或少地农民”的政策，经过试点逐步展开了土改运动。由于国民党反动派发动全面内战，其地主还乡团活动猖獗。为打击敌人的破坏活动，支持土改斗争，成立了以县委书记陈洪波、县长赵治安为首的对敌斗争委员会，提出“一手拿枪，一手分田”的口号，统一领导全县的对敌斗争。经过近四个月的艰苦斗争，毙伤敌190余人，获枪50余支，摧垮了反动乡村政权，收复了敌占区。

1947年，两县党组织发动群众积极支援莱芜战役，该役胜利之后，青州城随之解放，形势暂趋缓和。两县委抓紧武装剿匪、土改工作。益都县武装配合鲁中三分区主力歼灭国民党益都县保安队两个中队，俘敌30余人。在进行土地改革的同时，两县委大力开展动员参军、支前工作，组织数千人的运输大队和常备担架队支援孟良崮、南麻和临朐战役。其中益寿青年在“反蒋保田”口号鼓舞下，很快组建起一个新兵营，编入主力部队。7月30日，我军主动撤出临朐战役后，国民党整编第九军及张天佐部第十五团复占青州城，“还乡团”复辟，封建势力倒算，形势再度恶化。两县委一面组织老弱干部及烈军工属、村干部转移黄河北解放区，一面带领军民开展斗争。经过两个月的艰苦作战，至10月，益都县形势好转。12月，中共益临昌工委重建，何子健任书记。益都、益寿两县按照上级部署开展了以“三查三整”和“三大方案”为主要内容的整风运动，加强了党员和干部队伍的思想、组织和作风建设。

1948年，敌我双方在力量对比上发生了根本性的变化。我益都、益寿军民积极配合鲁中、渤海军区主力部队消灭敌人有生力量。2月9日，益都县独立团在龙山一带击溃徐振中部2000余人。3月，随着张（店）周（村）战役的胜利，青州城获最后解放。中共益都县委进城后，安抚工商各界，恢复生产，并成立了军事管制委员会，整顿社会秩序。中共华东中央局、华东军区进驻益都。其间，两县委认真贯彻华东局指示精神，发动群众生产救灾，县区机关干部节衣缩食支援群众，政府发放贷款、贷种，帮助群众克服困难，恢复生产。4月，潍县战役胜利后，益都、益寿两县获得完全解放。同时，华东局为了探索接管城市的经验，成立了中共青州建设委员会。是月，中共益

土改现场

临昌工委撤销。7月，益临县建立。8月，青州市重建。翻身后的人民群众在益都、益寿、益临、青州四县（市）党组织的领导下，积极参军支前，据统计，9至11月济南、淮海战役期间，共出支前民工23万人，有3500余名青年参军。

1949年1月，青州市合并于益都县。为支援全国的解放战争和开辟新区工作，三县委遵照上级指示，动员近200名干部南下，领导班子进行了调整。4月，华东局、华东军区南下，山东军区在益都重建。益都、益寿、益临三县干部认真学习、贯彻党的七届二中全会精神，带领群众继续完成土改、建政任务，大力开展生产救灾工作。10月1日，中华人民共和国建立。三县人民载歌载舞热烈庆祝这一光辉节日。从此，青州进入了一个新的历史发展时期。

第一单元

中共青州党组织的建立及其在大革命时期

（1921—1927 年）

虎门销烟

1840 年鸦片战争以后，中国由封建社会沦为半殖民地半封建社会。帝国主义列强在瓜分中国的过程中，将其魔爪伸向青州，进行疯狂的文化侵略、

八国联军侵华

精神奴役和经济掠夺，青州人民处于双层压迫之下和水深火热之中。1917 年俄国十月社会主义革命的胜利与 1919 年爆发的五四爱国运动，对青州产生了深远的影响，青州人民反抗帝国主义、封建主义剥削和压迫的斗争日益强烈。在党的创立和大革命时期，李耘生、刘俊才、赵文秀、王元昌等 30 余人先后参加社会主义青年团和共产党，为中国共产党的创立做出了重大贡献。随着

李耘生

赵文秀

五四运动的开展、中国共产党的创立和马克思主义的传播，加上共产党人和先进分子的影响，青州人民反抗帝国主义、封建主义剥削和压迫的斗争觉悟不断提高，为后来中共青州地方党组织的建立和发展奠定了思想基础。

五四时期青州的反帝反封建活动

1919年5月4日，北京学生3000多人在天安门前集会并举行示威游行，高呼“外争国权，内惩国贼”“废止二十一条”“还我山东”等口号，遭到北洋军阀政府的镇压。5月5日，北京学生宣布罢课，全国各地纷纷响应，反帝爱国运动迅速席卷全国。

为支援北京学生反帝爱国运动，青州广大学生组成了“青州学生联合救国会”，举行集会、游行和罢课，深入街道、工厂、农村进行反帝爱国宣传。7月17日驻青州火车站日军逮捕了爱国学生马怀忠、罗圣臣。各界爱国人士纷纷声讨，包围县政府，迫使当局与日方交涉，释放爱国学生，斗争取得了胜利。

1. 青州反帝国主义运动

帝国主义的暴行激起了全中国人民的愤怒，青州城内响起“打倒帝国主义”“废除不平等条约”的怒吼。反对帝国主义的民族运动浪潮汹涌澎湃。

2. 青州城内清查日货

山东省立第十中学（青州一中）学生愤怒声讨日本反动当局暴行。同时，联合发动四师、甲农学校学生轮流到商号清查日货，规劝农民不向日本人交售蚕茧。

3. 英勇反抗

面对反动军警的木棒、刺刀和镣铐，学生们结队游行、集会、演唱，“打倒列强，除军阀；国民革命成功，齐欢唱”，雄壮的歌声回响在云门山下，万年桥头。

全心全意为革命做贡献

1. 魏嵋

魏嵋（1852—1929），字蜀峰，青州市东圣水村人，是早期的同盟会会员之一，其家庭为青州党、团组织经常活动之地。其子魏复中是青州第一个农村党支部第一任支部书记。魏嵋于1929年病逝。1964年原益都县人民政府追认其为革命烈士。

2. 革命愤慨

魏嵋对军阀混战给老百姓带来的深重灾难非常愤慨。春节时，他写春联抨击军阀祸国殃民的罪恶行径，充分反映了他敢于同军阀政府挑战和爱国忧民的革命精神。

3. 接受无产阶级革命理论

1924年，魏嵋的孙子魏玉聪，将马克思主义书籍，从益都城里的山东第一甲种农业学校带回家去学习、宣传，使魏嵋和在家教学的两个儿子和女儿，逐渐开始接受无产阶级革命理论。魏嵋由此热情支持子孙参加革命活动。

接受无产阶级革命理论

4. 东圣水党支部成立

1925 年春，魏嵋的次子魏复中加入了中国共产党。然后在村内发展了一批共产党员，不久即成立了中共东圣水村支部委员会，由魏复中任支部书记。

魏嵋率子讨虏图

青州党团组织的建立

1921年7月23日，中国共产党第一次全国代表大会在上海举行，济南共产主义小组的王尽美、邓恩铭出席大会。党的第一次全国代表大会正式宣布中国共产党成立。

1922年10月，山东最早的共产党人之一王翔千从济南来到青州，宣传马克思主义，开展革命活动，揭开了马克思主义在青州的传播和党的创立时期的光辉一页。王翔千成为青州最早的马克思主义传播者和青州党、团组织的奠基人。

王翔千到青州后，在省立十中任国文教员。他以青州省立十中国文教员的公开身份，在学校进行革命宣传活动，向学生介绍马克思主义理论，介绍俄国十月革命，开展党的工作。并秘密发展社会主义青年团团员。在他的启发和教育下，一批进步学生走上了革命道路。同年冬，王翔千发展十中学生李殿龙（李耘生）加入了中国社会主义青年团，成为益都第一个团员。随后，刘俊才（刘子久）、赵文秀、王元昌、刘序功等经李殿龙介绍入团。卜荣华、刘地俊也相继入团。

1. 青州市第一批党员的诞生

王尽美、邓恩铭参加党的一大归来后，与王翔千等共产党员和社会主义青年团员多次到青州，深入到工人和青年学生中去，进行宣传发动，积极开展工作，帮助筹建党团地方组织，迅速壮大革命力量。

王翔千

1924年冬天，根据1924年5月中共中央扩大执行委员会的《S.Y.工作与C.P.关系决案》中有关团员转党员的决定，团青州特别支

邓恩铭

部的一批团员转为共产党员，成为青州第一批党员，党员有杜华梓、王元昌、赵文秀、李春荣、王懋坚等。

1925年1月，在中共济南地方执行委员会的具体指导下，建立了中共青州支部。随后又发展了涝洼、东圣水等农村支部，于1926年10月建立了中共益都地方执行委员会，隶属中共山东区执行委员会。负责益都、寿光、临朐、广饶等地的党、团组织工作。

2. 中共青州团支部

1925年1月，在中共济南地方执行委员会的具体指导下，建立了中共青州支部。随后又发展了涝洼、东圣水等农村支部，于1926年10月建立了中共益都地方执行委员会，隶属中共山东区执行委员会。负责益都、寿光、临朐、广饶等地的党、团组织工作。

邓恩铭、王尽美在省立十中讲话处

3. 王尽美

中国劳动组合书记部山东分部主任王尽美同志多次来青州指导工人运动。在他的指导下，中共青州支部广泛地深入到工人队伍中去，宣传和动员工人群众自觉组织起来，纷纷成立自己的工会组织。7月22日，青州车夫罢工，7000多人在北门外滚水桥集会，抗议县署强令增加车税。罢工取得胜利，迫使县署取消了车税，初次显示了青州工人阶级的巨大力量。觉悟了的青州车夫认识到团

王尽美

结起来的力量，是年冬，在社会主义青年团青州小组领导下，成立了自己的工会组织——“小车夫工会”。

革命家庭魏嵋一家

魏嵋在辛亥革命时期参加了孙中山领导和组织的同盟会。1911 年 9 月其四子魏复庄与当地同盟会会员一起，去上海参加淮泗讨虏军。1916 年魏嵋与魏复庄参加了讨伐袁世凯的斗争。1924 年魏嵋的孙子魏玉聪将马克思主义书籍带回家，使魏嵋一家逐渐开始接受无产阶级革命理论。是年魏玉聪加入社会主义青年团，1924 年春，他的次子魏复中加入中国共产党。从 1924 年至 1926 年他的次子、三子、五子、六子、七子和两个孙子、两个孙女都加入了中国共产党和社会主义青年团。

魏嵋的一生，对中国新民主主义革命做出了贡献。在他的熏陶下建立起来的革命家庭，成了后来益都党组织的坚强堡垒。

烈士名单：魏嵋、魏复中、魏复民、魏复庄、魏复功、魏玉新、魏玉文。（注：未搜集到魏玉文烈士照片）

魏复中

1. 魏复中

1925 年春，魏嵋的次子魏复中加入了中国共产党。然后在村内发展了一批共产党员，不久即成立了中共东圣水村支部委员会，由魏复中任支部书记。

学习马克思主义书籍

2. 魏玉聪

1924年，魏嵋的孙子魏玉聪，将马克思主义书籍从益都城里的山东第一甲种农业学校带回家去学习、宣传，使魏嵋及其在家教学的两个儿子和女儿逐渐开始接受无产阶级革命理论。魏嵋由此热情支持子孙参加革命活动。

魏复民

魏复庄

魏复功

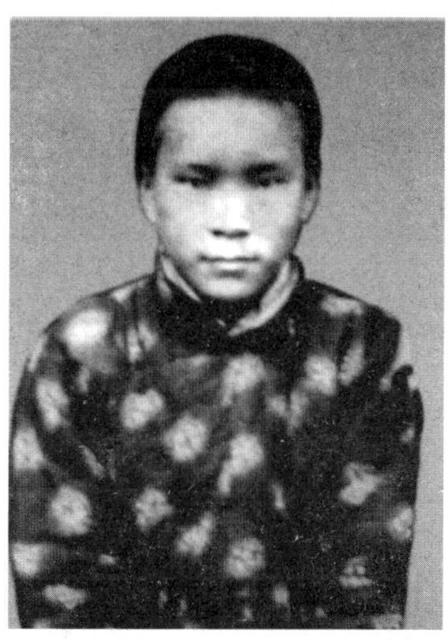
魏复新

呕心沥血献身工人运动

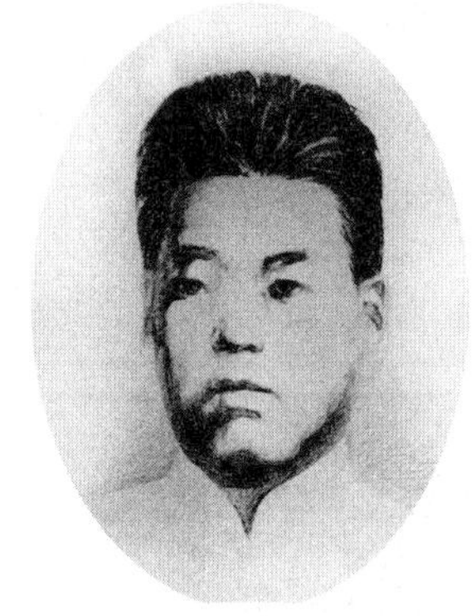
赵文秀

1. 赵文秀

赵文秀（1904—1927），字俊升，青州市谭坊镇魏家庙人。1925年加入中国共产党，1927年任中共南京地委职工部运动委员会两浦区委委员，在响应北伐与军阀作战中英勇献身。

2. 北伐战争

北伐战争是在共产党提出的反对帝国主义反对军阀的口号下进行的。在北伐进军的过程中，赵文秀等共产党人在军队政治工作和发动工农群众方面做出了巨大贡献。

壮丽的青春献身农运

1. 吴振东

吴振东（1899—1926），字晓初，青州市弥河镇梭庄人。1924年参加中国共产党。1925年广州农运讲习所结业后被派往河南做农运工作。1926年在洛阳被捕就义。

2. 吴振东宣传革命真理

吴振东在农村中广泛宣传革命真理，农民从村头张贴的传单上，从集会的讲演中，懂得了“耕者有其田”的道理，萌生了“天下属于劳苦大众”的信念，他们挥起镰刀、举起锄头，为了砸烂锁链，解放自己，举行武装暴动。

白色恐怖下的青州党组织建设

1928年1月，中共青州地执委组织部长叛变，青州党团组织遭到严重破坏。青州党组织遭受重大损失后，青州共产党人并没有屈服，在上级党组织的领导下，重新恢复了党组织。

1. 建立“中共益北特支”

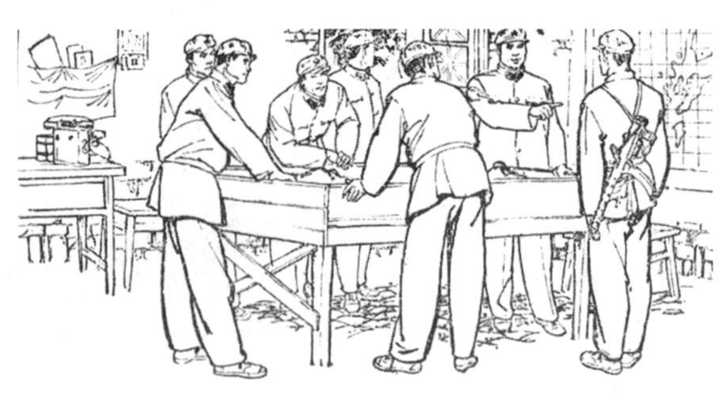

1928年2月，在中共山东省委派员指导下，在东朱鹿党支部的基础上，建立了“中共益北特支”，负责益都北部及寿光部分地区党的工作。在严重的白色恐怖下，中共益北特支经常组织党员进行秘密宣传活动，领导农民开展抗粮抗捐、“烧坡”、“抢坡”、短工罢市等斗争，并指示以教学为掩护的共产党员刘子科争取了一支武装。8月，中共益北特支发动朱鹿、段村、阳河一带农民在益都县边沿地带臧台村举行武装暴动。虽因遭到国民党寿光保安团的镇压而失败，但它却是益都党组织武装争取政权的第一次尝试。

1930年春，中共益北特支遭破坏，中断了与中共山东省委的联系。6月，中共山东省委书记任国桢来青州东朱鹿村巡视工作。7月，中共益北特支恢复。中共青州党组织又出现了比较活跃的局面。

星星之火永放光芒——追忆益北特支二三事

青州市高柳镇东朱鹿村是益北特支旧址，现在是红色旅游胜地，这里不仅烙印着革命先烈们可歌可泣的英雄事迹，更有着秀丽迷人的风光，让人流连忘返。

东朱鹿村自立村至今已经有千年的历史，这里有着优秀的革命历史文化传统，发生在这里的革命故事悲壮而又惨烈，也正是基于这种革命历史文化的积淀，这个极其不起眼的普通小村——东朱鹿村在大革命和抗日战争时期一度成为青州北部（时称益北地区）的革命活动中心，有“小苏维埃”的美誉。然而令东朱鹿村人乃至青州人民都感到自豪的是，这里曾是青州北部最早的农村党组织诞生地。发生在这里的故事感动着东朱鹿村一辈又一辈的革命先烈后代……历史的长河风风雨雨，90年过去了，人们记忆犹新。

1928年2月，益都党组织遭受严重破坏后，中共山东省委派员到益都，与当时益北地区仅存的东朱鹿支部取得联系，并以其为基础，建立中共益北特支，隶属中共山东省委。陈德义任书记，尹斐然任组织、宣传委员。益北特支在省委直接领导下，建立革命武装，发动武装暴动，组织党团员坚持农村革命斗争，发动农民抗粮抗捐，沉重打击土豪劣绅、帝国主义和反动军阀势力，扩大党在群众中的政治影响，在益北大地点燃了革命火焰。

益北特支建立的背景

1927年，蒋介石和汪精卫集团先后背叛革命，对共产党人和革命群众进行血腥屠杀。当时，以陈独秀为主要领导的中共中央，对国民党一味迁就退让，犯了右倾投降主义错误。轰轰烈烈的中国大革命遭到失败，全国陷入严重的白色恐怖之中，中国共产党受到很大损失，中国革命处于危急关头，青州的革命形势曾一度转入低潮。

中国共产党为了挽救革命，于 8 月 1 日在南昌举行武装起义，打响了武装反抗国民党反动派的第一枪。8 月 7 日，中共中央在汉口召开紧急会议（即八七会议），总结大革命失败的经验教训，纠正了陈独秀右倾投降主义错误，确定实行土地革命和武装反抗国民党反动派的总方针。这次会议给正处在思想混乱和组织涣散的中国共产党指明了出路，为挽救党和革命作出了巨大贡献。这是由大革命失败到土地革命战争兴起的历史转折点。为了向全党传达八七会议精神，中共临时政治局在 8 月 12 日和 19 日发出了第一、第二号《中央通告》，同时派出许多干部赴各地，恢复和整顿党的组织，建立党的秘密工作机关，组织全国的秘密交通网。八七会议的决议很快传达到大部分省委。10 月下旬，省委将《八七会议决议案》《山东省委通告》等文件发到青州，要求中共青州地执委和中共益都地执委进行讨论并贯彻执行。12 月，省委派组织部长丁君羊等同志到青州，进一步传达八七会议精神和省委关于“要急速进行武装”的指示。1928 年 1 月，中共青州地执委组织部长杜华梓等人自首叛变，给青州的党、团组织造成了严重破坏。书记宋伯行被捕牺牲；宣传部长田裕炀潜回原籍诸城不久，在发动农民暴动中牺牲；团地委书记李玉鼎被迫离开青州去青岛。但是，青州的党、团员和基层党、团组织没有屈服于反动派的屠杀政策。2 月，在中共山东省委派员指导下，在东朱鹿党支部的基础上，建立了隶属中共山东省委的中共益北特支（书记陈德义），负责益都北部及寿光部分地区党的工作。

根据八七会议精神和省委关于“要急速进行武装”“立即组织农民协会、开展工人运动”的指示，中共益北特支在极其困难的情况下，开始独立地领导工农群众进行土地革命和反对国民党反动派的屠杀政策和推翻张宗昌军阀政府的反动统治。在中共山东省委协助下，积极开展农民武装暴动的准备工作，准备武装斗争。

改组绿林好汉“大刀会”

1927 年秋，在益都县北部八户村一带，发生了以王存诚为首的、以“大刀会”为名义、规模较大、具有杀富济贫、绿林好汉性质的农民武装暴动。

中共益北特支根据中央八七会议精神，决定选派王木匠村小学教师、共产党员刘子科同志前往联系，改组这支农民起义队伍，建立革命武装。通过开展教育改造争取工作，很快与其首领王存诚议妥：组织革命委员会，成立土地革命军，并规定了旗帜。同时提出如下口号：1. 不准绑杀贫民及奸淫妇女；2. 联合一切革命群众，拥护工农利益；3. 反对屠杀工农之国民党；4. 打倒土豪劣绅和杀尽贪官污吏；5. 打倒军阀张宗昌；6. 打倒日本帝国主义；7. 反对抓丁拉夫和苛捐杂税。在农民起义队伍中，由于缺乏人才，组织比较涣散，军事能力低下。刘子科与其首领王存诚协商好，首先调配军事人才，充实力量。然后，对起义队伍进行军事训练。这样，中共益北特支成功地掌握了这支武装的领导权。这支武装虽然人数不多，装备也不精良，却是青州党组织第一次独立掌握的武装。从此，这支武装不断发展壮大，成了执行革命政治任务的武装集团。青州党组织利用这支武装开展了打击土豪劣绅的土地革命。这支武装的建立，标志着青州党组织对中国革命的特点有了新的认识，对武装斗争在土地革命斗争中的地位和作用也有了新的理解。

改造民团“红枪会”

1927 年，东朱鹿村共产党员陈德义组织成立了近 200 人的民团。益北各村也纷纷成立“红枪会”组织，这为党组织开展农民运动提供了有利的时机和条件。中共益北特支决定争取改造“红枪会”，取得“红枪会”领导权，使之成为共产党领导的农民武装。于是，在青州党组织的领导下中共益北特支派东朱鹿村共产党员尹斐然、陈居才、陈铭新、王士瀛等同志负责这项工作，他们很快打入本村“红枪会”组织，同国民党益都县党部特派员张心源进行了坚决的斗争，并取得了“红枪会”组织的领导权。并以此名义联合周围村庄的“红枪会”，建立了“联庄会”和“贫民会”。号召农民团结起来，抗捐抗税，打倒土豪劣绅，受到广大农民的热烈拥护。随后，附近村庄一些走投无路和衣食无着的贫苦农民，听说“贫民会”是贫苦农民自己的组织，是专和地主恶霸作对、联合起来抗捐抗税的，纷纷要求报名入会。为了保持组织的纯洁性，增强战斗力，“贫民会”主要吸收长工、佃户中具有强烈阶级仇恨的人员为会员，入会会员须经“贫民会”认真审查了解，认为符合会员资格，才能填表登记，吸收入会。不久，“贫民会”组织迅速发展壮大起来，很多村庄还建立了“贫民会分会”。青州党组织还及时选派部分党、团员加入“红枪会”和“贫民会”，利用晚上时间，召开“红枪会”和“贫民会”

会员会议，对他们讲解革命斗争形势，联系本地实际宣传革命道理，讨论“穷人为什么穷”“富人为什么富”和“谁养活谁”的问题，启发大家的阶级觉悟。他们还把苏联人民组织起来闹革命，推翻沙皇政府，翻身得解放的经验讲给大家听。这些道理穷人们听了很接茬，使他们懂得了受苦的原因及只有推翻地主阶级的统治，才能过好日子的道理，大家纷纷表示愿意跟共产党干，坚决把世道变一变。党组织不断将“贫民会”中的骨干进行重点培养，然后发展为共产党员。随着“红枪会”和“贫民会”组织的不断发展，革命力量不断壮大，青州各地人民展开了轰轰烈烈的抗租、抗粮、抗税、抗捐、抗丁和抢坡麦割运动。

6月上旬，青州党组织抓住麦收前广大贫苦农民青黄不接，忍饥挨饿的时机，利用“贫民会”等组织，广泛发动群众开展了抗租抢粮和抗抓丁拉夫的斗争，常利用夜间到附近村庄及胶济铁路沿线张贴标语、散发传单，组织群众抢收地主地里的庄稼，在社会上造成很大震动。工作有了基础之后，青州党组织迅速带领全县各区农民与反动军阀政权进行了剿匪除霸、安民保家、打倒土豪、废租减息等一系列不同形式的斗争，如1928年3月，中共益北特支组织党、团员领导群众开展抗粮抗捐、短工罢市、“烧坡”、“抢坡”斗争；阻止军阀部队从庄里行军，骚扰群众。5月30日，国民党益都县党部企图在东朱鹿村以建立“农民协会”的形式孤立中共益北特支。为了不让敌人的阴谋得逞，中共益北特支起草了《告民众书》，分别贴在村南和村北头，揭露蒋介石背叛孙中山，背叛革命，投靠帝国主义的真面目，并指出国民党县党部鼓吹的“三民主义”是假三民主义，号召人们不要上当。秋，中共益北特支又与广饶刘家集党组织联合行动，开展“烧坡”“抢坡”斗争，发动短工罢市，要求提高工价，取得胜利。

领导“臧台暴动”

根据山东省委指示，于1928年8月间，中共益北特支及阳河共产党员刘子科组织东、西朱鹿村及阳河一带村庄六七十人在臧台插上红旗举行暴动。通过这些斗争，沉重地打击了帝国主义和反动军阀势力，扩大了党在群众中的政治影响，表现出了人民群众顽强的反抗斗争精神。之后，益北特支带领劳苦大众展开了一系列的革命活动，并积极发展了一大批共产党员，培养和造就一大批党、政、军骨干，为抗日战争奠定了坚实基础。

屡遭破坏 顽强斗争

中共益北特支的革命活动，引起了敌人的注意，不久即遭到反动军阀政府和地主武装的残酷镇压，终因敌强我弱，于1930年春遭到破坏，特支书记陈德义被捕，但由于他机智勇敢，当晚逃出虎口。陈德义脱险后与陈凤九等同志外逃。中共益北特支与上级临时省委的联系一度中断。6月，陈德义与陈凤九返回东朱鹿村。下旬，中共山东省委书记任国桢来到东朱鹿村，与尹斐然取得联系，在张家庄陈德义家召开了有陈德义、尹斐然、陈锡林、陈志政参加的秘密会议，由尹斐然汇报了中共益北特支的工作。然后，任国桢传达了国际国内形势，并指出一省数省首先革命胜利，就影响全国胜利，转入社会主义革命。会后，由尹斐然陪同并护送中共山东省委书记任国桢到广饶县的刘家集、寿光县的张家庄、范于庄，分别会见了刘良才、王云生、孙惠敏（陈少敏）等同志。不久，陈景堂、尹斐然、孙惠敏同志经中共山东省委批准去青岛做地下工作。7月，中共益北特支恢复。中共青州党组织又出现了比较活跃的局面。中共四师党支部在进步学生中建立了左翼作家联盟、反帝大同盟、互济会等群众组织。

益都郑母暴动失败后，为尽快恢复党团组织，1932年8月底，中共山东省委派马兰屯来益都恢复党组织，与十中学生党员金明取得联系。9月，建立了共青团益都县委（亦称党团县委），金明任书记。根据上级指示，团县委代管党的工作。团县委建立后，恢复了一些党组织；建立了中共大官营村党支部；创办了刊物《赤峰》。

1933年2月，党团员再度发展到60余人，益都革命又趋活跃。1933年3月，马兰屯叛变，团益都县委又遭破坏，县委成员全部被捕，与此同时，中共益北特支亦遭破坏。益北特支陈树堂等3人被捕，陈德义、陈凤九等特支负责人被通缉搜捕，先后流亡外地。益北特支被破坏后，益北地区的党员失去了党的统一领导，处在各自为战的状态，但是他们没有停止工作，反而更加自觉地运用各种方式为党工作。绝大部分共产党员仍然怀着坚定的革命信念，在逆境中接受教训，改变斗争策略，坚持顽强斗争。以个人或少数人独立作战的方式，尽一切可能在艰险的环境中为革命保持和发展了宝贵的力量，为重新恢复组织，寻找上级党的领导进行着坚韧不拔的努力。中共益北特支书记陈锡德就是在失去上级党组织领导、白色恐怖极为严重的形势下，独立地担负起寻找、恢复和发展党组织的重任，为挽救青州党组织进行了百折不挠的斗争，做出了历史性贡献。特别是在恢复和发展青州党组织中，发挥了坚强的领导作用。他一方面坚持工作，发展党员，为党保存、恢复和发展了革命力量；一方面坚持积极寻找上级党组织。当年秋天在东阳河村发展了郑其善、郑玉善、孙廷栋三人入党，并建立了党小组。还在杜家庄吸收发展了刘明训入党。

1934 年 2 月，潍县中心县委组织部长牟铭勋去东朱鹿村巡视，沟通了中共益北特支与省委的联系。春，十中建立了学生抗日救国会。秋，大陈庄共产党员陈锡德为了寻找党组织，考入济南第一乡村师范，与赵健民等取得了联系，终于在乡师找到了上级党组织。1935 年 8 月，益北特支书记陈锡德同志又利用暑假，回到家乡大陈庄秘密开展党的活动和发展党组织。为方便计，陈锡德的公开身份是济南省立第一乡村师范学生。他以学生身份为掩护，以革命事业为己任，经常利用夜晚深入工厂、农村搞调查，做访问，并时常到中小学校去作政治报告，又见缝插针地找一些共青团员或积极分子谈心交友。经过一个多月艰苦细致的工作，发展陈锡珍、陈步峰、陈洪来等多人加入共产党，建立了大陈庄党小组，陈锡珍任组长。大陈庄党小组建立后，青州党的基层组织得到迅速恢复和发展。为在白色恐怖环境下坚持工作，不使党的基层组织再次遭受破坏和打击，青州党的基层组织活动一直处于地下状态，秘密开展着党的工作。

益北特支虽然规模很小，存在的时间断断续续只有七年，但先烈们的革命精神及益北特支点燃的星星之火却永放光芒！

作为基层党员领导干部，要始终不忘初心，牢记使命，永远奋斗。要全面准确学习领会十九大精神的精髓要义，深刻领会党的十九大主题，深刻领会习近平新时代中国特色社会主义思想的历史地位和丰富内涵，深刻领会党的十八大以来党和国家事业发生的历史性变革，深刻领会中国特色社会主义进入了新时代，深刻领会我国社会主要矛盾的变化，深刻领会新时代中国共产党的历史使命，深刻领会实现第一个百年奋斗目标和向第二个百年奋斗目标进军，深刻领会社会主义建设各方面的重大部署，深刻领会坚定不移全面从严治党的重大部署，切实增强学习贯彻的针对性和实效性。要以先烈们牢记劳苦大众的奉献情怀、勇于牺牲的博大胸襟和一往无前的革命精神为指引，把党的十九大精神内化于心、外化于行，把握机遇，无私奉献，真正在做实上下功夫、做文章，勇做全市“五强四宜”的弄潮儿，真正成为青州经济社会发展的引领者，为加快建设“五强四宜”新青州贡献力量。

2. 建立中共四师党支部

1929 年 8 月，北京共产党员马适安应聘到四师任教，以教学为掩护积极从事党的秘密活动。1930 年底建立了中共四师党支部。中共四师党支部在进步学生中建立了“左翼作家联盟”“反帝大同盟”“互济会”等群众组织。1931 年“五一”节后，四师学生在党组织的领导下，驱逐了压制反帝爱国学生运动的训育主任燕有林。因此，国民党省党部密令逮捕党员师生马适安、张训荣（张北华）等人，马适安、张训荣二人闻讯后迅速转移，中共四师党支部暂时停止了活动。是年，共产党员牛玉昌（牛瑞庭）重建中共四师党支部。

3. 建立中共益都特支

1930 年夏，为使中共青州党组织全面恢复，中共山东省委派段亦民同志来益都整理党组织，重新建立了中共益都特支，段亦民同志任书记。

4. 重建中共益都县委

在益都党的活动范围不断扩大的情况下，1932 年 5 月，在中共益都特支的基础上，重建了中共益都县委，段亦民任书记。益都的党组织再次蓬勃发展，先后建立了中共城区（一区）郑母区（十区）两个区委，基层支部发展到 21 处。群众组织也迅速发展，并成立了抗盐队、赤卫队等群众武装，活动也日趋活跃。中共十区区委发动群众捣毁了坑害百姓的官办盐店；中共四师党支部发动乡镇长训练班中的党员，开展反对国民党县党部常委赵若谦的斗争，打乱了国民党乡镇长训练班的计划。

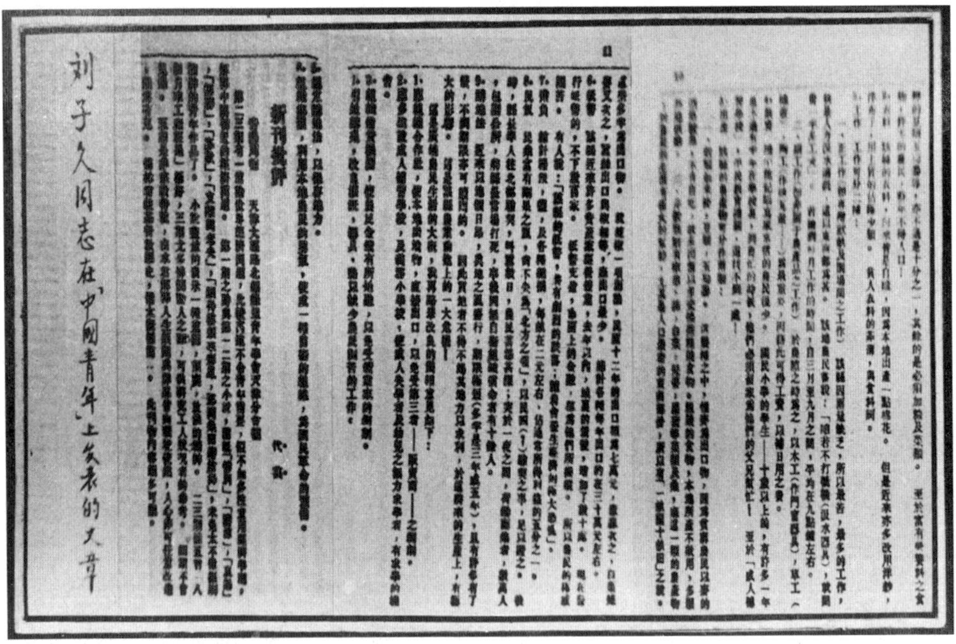

刘子久同志在《中国青年》上发表的文章

第二单元

中共青州党组织在土地革命战争时期

（1927 年 8 月—1937 年 7 月）

1927 年，蒋介石、汪精卫相继背叛革命后，国内阶级关系发生了重大变化，斗争形势陡然逆转，轰轰烈烈的大革命中途夭折，帝国主义、封建势力和买办资产阶级扶植国民党反动派充当新工具，妄图在全国范围内建立反革命独裁统治。为了挽救革命，中共中央临时常委采取了一系列紧急措施，决定实行武装反抗。8 月 1 日，南昌武装起义，打响了武装反抗国民党反动派的第一枪。8 月 7 日，中共中央在湖北汉口召开紧急会议（即“八七”会议），就国共两党关系、土地革命、武装斗争等问题进行了讨论，总结了大革命失败的经验教训，结束了陈独秀右倾投降主义的错误路线，确定了土地革命和武装反抗国民党反动派的总方针。从此，进入了土地革命战争时期。

南昌起义

烈火中的青春

李耘生和妻儿

1. 李耘生

李耘生（1905—1932），原名李殿龙，字耘生。广饶县人，1922 年 10 月在山东省立第十中学（现青州一中）上学时经山东早期党的领导人王翔千的介绍加入中国社会主义青年团，并任团组织负责人。1924 年春调济南地委工作，1925 年作为山东团的代表赴上海参加中国社会主义青年团第三次代表大会，后任济南地委书记。1925 年在广饶县刘家集建立山东省第一个农村党支部。1928 年调任中共南京市委书记，1932 年因叛徒出卖被捕，英勇牺牲。年仅 27 岁的李耘生烈士，以坚定的步伐走完了光辉的一生。

2. 铁路工人

1929 年 4 月，李耘生到上海与党组织接上关系，立即投入了紧张的革命工作，党组织派他来往于上海、南京铁路线上，专做铁路工人工作。

3. “四一二”反革命政变

1927年，“四一二”反革命政变后，年轻的中国共产党遭受到成立以后从不曾遇到过的严峻考验。据党的六大所作的不完全统计，从1927年3月到1928年上半年，共产党人和革命群众被杀害的达31万多人，其中共产党员2.6万余人。

郑母暴动

1932年5月到7月，中共山东省委军委书记张鸿礼多次到益都，传达省委指示，要求中共益都县委做好准备，在当年青纱帐起时，举行武装暴动。

6月，张鸿礼再次来益都县，决定由县委组织部长工经奎任中共益都县委书记，县委宣传部长郑心亭任暴动总指挥。冀虎臣为东乡暴动指挥，耿元贞协助。衣宏志任城区暴动指挥，王济生等人协助；具体分工是：城区攻打

国民党益都县政府。东乡十区攻打国民党十区区公所，然后会合，分别开展游击战争，建立县、区苏维埃政权。

8 月 18 日晨 7 时，武装起义爆发，按照原部署，冀虎臣以郑母高小校长身份，带领共产党员赵焕礼（太平乡乡长）、程心田（读书报所主任），郑母、崇家庄、吉林、山前李、宫家庄等十几个村庄的近百名党员和群众直奔驻郑母镇的民团三分队，同地下党员陈华亭里应外合，收缴了团丁 11 支步枪、1 支手枪，然后赶赴区公所。此时冀虎臣等在区公所同助理员贾希尧商量解除国民党武装，因贾突然变卦不从，当场被击毙，民团分队长张官云也同时毙命。这时，民团分队 30 多人赶到应战，冀、赵、程已越墙而出。起义党员和群众 100 多人，与民团经短时间激战，伤 1 人，被俘 2 人，遂解散，暴动失利。

当天，国民党益都县县长杨九五闻郑母暴动之情报，立即下令全城戒严。21 日并派县民团副团长冀瑞堂和警备队长钟家信，带领 300 名军警和民团前去郑母镇压，捕杀暴动队员和群众 30 余人。同日，国民党山东省党部捕共队长王天生赶到益都指挥捕共，在一区准备武装暴动的领导成员及起义群众。因缺乏思想准备，郑心亭、耿贞元、魏天民等 20 余名中共党员、共青团员、互济会员被捕。段亦民被叛徒出卖，与其爱人汤佩琛在淄博市南仇村一道被捕。1933 年秋，段亦民、郑心亭、耿贞元等 27 人先后惨遭杀害，暴动失败。

益都县的郑母暴动，与博兴、日照、沂水、苍山、龙须崮、昆嵛山等地的农村武装暴动，在历史上称为山东农村武装暴动的第二个高潮。

1. 郑心亭

郑心亭（1909—1933），学名云岫。青州市东阳河村人。1926 年入党。1932 年任中共益都县委宣传部长。在指挥郑母暴动中被捕。1933 年在济南西北黄河边马家道口就义。

2. 段亦民

段亦民（1900—1933），原名段明光，字耿文。临朐人。1926 年入党。1932 年任中共益都县委书记，郑母暴动失败后被捕。1933 年 8 月 18 日于济南泺口刑场英勇就义。

3. 冀虎臣

冀虎臣（1907—1936），字炳文。青州市郑母村人。1931 年入党。1932 年任东乡暴动指挥。暴动失败后去东北进行革命活动。在组织抗日武装时被伪满骑兵包围，壮烈牺牲。

4. “抗盐”斗争

1932 年 5 月，十区区委书记冀虎臣带领 400 余名学生和数百名群众开展“抗盐”斗争，捣毁了郑母镇官办盐店。同年夏天，积极筹备郑母暴动，任东乡暴动总指挥。

5. 英勇就义

郑母暴动失败后，益都县党组织遭到严重破坏。冀虎臣将起义群众分散潜伏后，辗转城里、济南、大连、察哈尔等地寻找党组织。1936 年 2 月到达察哈尔，并对保安总队进行策反工作。同年 5 月，策反工作基本成熟，爱国官兵自愿组成抗日武装。8 月 14 日，起义部队在热河省沽源县头股地宿营时，突遭伪满骑兵包围，双方展开激战，冀虎臣等同志壮烈牺牲。

血染高唐　浩气长存

李春荣（1906—1928），字华堂，化名赵秋华，青州市云门山街道十字村人。1925 年参加中国共产党。是青岛大康纱厂罢工运动负责人之一。后任中共鲁北特委书记。在高唐暴动中壮烈牺牲。

1. 领导工人大罢工

1925 年 4 月 19 日，他领导青岛日商纱厂工人 5000 余人举行大罢工。工人坚持斗争 22 天，迫使资本家接受部分条件后复工。

2. “青岛惨案”

5 月 25 日青岛日商纱厂工人再次举行抗议罢工，28 日遭到日本帝国主义及北洋军阀的联合镇压，工人死 8 人，伤十余人，被捕近百人，造成“青岛惨案”。

3. 荣任鲁北特委书记

李春荣任中共鲁北特委书记后，积极发展党员、组织农民协会和农民武装，明确提出了“打倒土豪劣绅”“铲除贪官污吏”“打倒新旧军阀”“平均地权”等政治口号。

4. 农民自卫团

1928 年 2 月，李春荣奉命去高唐一带领导农民运动。他同谷官屯的共产党员一起，加强了对农民武装的领导，将原来的“红团”改组为农民自卫团。

5. 壮烈牺牲

李春荣以谷官屯为中心，发展了 30 多名党、团员和 300 多名农民协会会员。在平原、禹城、清平等地相继建立了党支部，扩大了农民自卫团的武装力量。5 月 4 日，领导高唐暴动，因敌我力量悬殊，暴动失败，李春荣头部、腰部多处中弹，壮烈牺牲。

闪光的青春

陈景堂（1909—1931），别名陈伯桃，青州市高柳镇朱鹿村人。1929 年入党。1931 年在青岛秘密联络工作时被捕，同年 9 月在济南就义。

光辉事迹

陈景堂参加革命工作以后很快掌握了刻钢板和油印的本领，中共益北特支的一些宣传材料和党内文件全部由陈景堂刻印。1930 年他被省委安排到青岛做地下工作。后因叛徒出卖被捕牺牲。

第三单元

中共青州党组织在抗日战争时期

（1937 年 7 月—1945 年 8 月）

卢沟桥事变

1937 年 7 月 7 日，日本侵略者蓄意挑起冲突，向北平西南郊区卢沟桥一带的中国驻军发起攻击，中国驻军忍无可忍，不顾国民党当局的不抵抗命令，奋起还击。从此，抗日战争全面爆发。

抗日战争爆发后，青州地方党组织高举

抗日民族统一战线的旗帜，带领人民群众创建抗日武装和救国组织，与日、伪、顽进行了艰苦卓绝的斗争，并不断发展和壮大了党的队伍，为夺取全国抗日战争的伟大胜利，做出了应有的贡献。

抗日战争期间，青州人民的巨大贡献

日本投降

从 1931 年“九一八”事变，到 1945 年 8 月日本投降，中国人民经过十四年浴血奋战，取得了抗日战争的最终胜利。根据《中共抗日部队发展史略》记载，中共抗日部队人员损失共计 584267 人，其中伤 290467 人、亡 160603 人、被俘 45989 人、失踪 87208 人。中国平民则约有 900 万死于战火，另有

庆祝抗战胜利

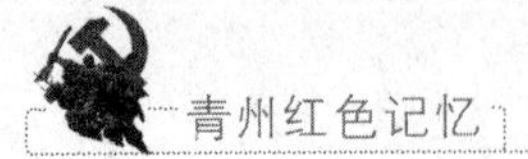

800 万平民死于其他因素，9500 万人成为难民。

在抗日战争中，日本侵略者给青州人民造成深重灾难，制造了骇人听闻的“金家、大田庄惨案”“朱石羊大劫难”“西王车惨案”“廉颇村惨案”“郭集惨案”“赵家庄惨案”“东朱鹿惨案”等。在中国共产党的领导下，青州人民进行了艰苦卓绝的抗日救亡运动，先后成立了八路军鲁东游击队第八支队、八路军鲁东抗日游击队第十支队等 11 支武装，我市军民有 653 名烈士为国捐躯。

“前事不忘，后事之师。”回顾青州人民的抗日救亡运动，教育引导全市人民莫忘中华民族的血泪史和抗争史，深刻铭记落后就要挨打的历史教训，居安思危，珍爱和平，为实现中华民族伟大复兴中国梦而努力奋斗。

大义凛然　视死如归

日本的全面侵华战争，使中华民族面临亡国的严重危险。在中国共产党倡导的抗日民族统一战线旗帜下，国共进行第二次合作，全国人民奋起抗击

五四运动

日本帝国主义的侵略，进行了一场伟大的民族革命战争。

1. 李志韶

李志韶（1916—1939），又名李耕漠。青州市李集村人。共产党员。1937年参加八路局鲁东游击队第八支队，后调往八路军三支队十团工作，1939年去鲁南联系部队途中遭秘密杀害。

2. 游击战

“我们都是神枪手，每一颗子弹消灭一个仇敌；我们都是飞行家，哪怕那山高水又深……”游击健儿神出鬼没，打得敌人心惊胆寒。

革命何惧断头台

1. 刘子明

刘子明（1917—1944），字雪琴，青州市高柳镇阳河村人。1938年入党，1939年参加革命，后受中共清河区党委派遣打入敌军做策反工作，任政

治部主任。1944年在执行任务中，于历城县五区石珩村为国捐躯。

2. 打入敌人内部

刘子明打入岳伯芬部队后，在共产党的领导下利用合法的身份与敌、伪进行了多次斗争，有力地打击了敌人，得到了上级的肯定和赞扬。

3. 英勇就义

1944年4月16日，在历城县石珩村南门外，子明烈士面对敌人的铡刀高呼：“抗战一定能胜利！”“中国共产党万岁！”碧血丹心，永载史册！

敌人闻风丧胆的特务大队长

1. 马功臣

马功臣（1891—1941），名德胜，号功臣，青州市朱家石羊村人。共产党员。1938 年参加八路军，后任清河军区特务大队长。1941 年因匣枪走火打伤左腿，伤势恶化，病逝。

2. 摸岗楼、惩汉奸

马功臣烈士生就了千里眼、顺风耳，练就了飞毛腿。他带领三四名队员活动在敌人心脏，抢军火、摸岗楼、惩汉奸。

3. 铲除汉奸

1939年，铲除汉奸马树寰时，他正在火车站饭店饮酒作乐，马功臣带领两名队员，手提送菜提盒闯了进来，枪声一响汉奸倒地，人心大快。

以身殉国　名垂青史

刘逢源

刘逢源（1902—1941），原名刘自德。青州市高柳镇阳河村人。1927年入党，1938年任中共寿五区区委书记。1941年任蒲台县动委会主任时被捕，惨遭杀害。

1928年7月，刘逢源在上级指示下，联络朱鹿、阳河的几名党员，组织群众30余人，筹措短枪10余支及土枪、大刀、长矛，约定时间汇集于臧台大庙内宣布起义。后被当局侦破，起义遭到镇压，未能成功。

瓦解伪军的政治攻势是多种多样的。“中国人不打中国人”，“要身在曹营心在汉”。区武工队还把“关公挑战袍”的漫画贴在伪军岗楼上。这样一来，有的伪军给武工队以暗中保护，甚至在日寇“扫荡”时武工队员还藏在汉奸的岗楼子里。

洒尽热血为人民

1. 丁亦民

丁亦民（1916—1942），原名高来吉。寿光县高家庄人，1939年入党，1942年任益寿临广四边县委书记。同年5月，被敌包围于南下庄，不幸被俘，英勇就义。

2. 精兵简政

丁亦民任书记期间，针对当时逆转的斗争形势，四边县委将许多县区干部相继撤走，励行精兵简政，留下的同志坚持白天集中野外、夜晚分散下去开展工作。这时每人带一条麻袋，晴天遮烈日，雨天避风雨，夜里铺着睡觉。

3. 发动袭击

益寿临广四边县委选准有利时机对南星落村、八户庄子、李马庄、刘家庄、纸坊、张高等日、伪军据点进行袭击，一次又一次粉碎了敌人的“清剿”和围捕，打击了敌人的嚣张气焰。

舍生忘死为祖国

1. 郭 民

郭民（1920—1943），原名郭同德，青州市高柳镇南星落村人。1938 年入党，1942 年任中共益寿临广四边县委组织部长。1943 年 5 月由于叛徒告密，被敌人围困于永和村，壮烈牺牲。

2. 英勇牺牲

1943 年 5 月，由于叛变告密，郭民被包围在永和村，和敌人展开了激烈的战斗。最后子弹打完，手榴弹打光，为了党的事业献出了宝贵的生命。

烈火丹心　气贯长虹

1. 一门九烈

刘旭东（1899—1941），名晓亭，字旭东，青州市南段村人。1938 年入党，1940 年任中共益寿县委组织部长。1941 年在东朱鹿村“腊八惨案”中遇难。刘旭东先后有八位亲人为革命事业壮烈捐躯，被誉为“一门九烈”。

2. 光荣之家

革命家庭，永垂史册。全家两代人，为了中华民族的解放和建立中华人民共和国，先后有九人为国捐躯，堪称是赤胆忠心为革命，前赴后继保祖国的光荣之家。

一门九英烈

一门九烈

在我市南段村，有一闻名的革命家庭，这就是原中共益寿县委组织部部长刘旭东烈士光荣之家。在抗日战争和解放战争期间，其家中有9人为国捐躯，被中共益寿县委和县政府授予“一门九烈士”光荣称号。

按牺牲时间的先后分别为：

刘兰英，1939年1月加入中国共产党，同年2月参加革命，在任益寿临广四边县寿五区妇救会主任时，1939年9月，在日寇一次大“扫荡”中，不幸牺牲于广饶县八大组。

刘芝亭，1939年7月参加革命，1940年1月，在清河军区直属团任司务长时，在日寇的一次大“扫荡”中，清河军区直属团与日寇军队激战于寿光县牛头镇，在与敌人激战中壮烈牺牲。

刘旭东，1941年1月5日，任中共益寿县委组织部长时，为掩护地洞内的革命同志，壮烈牺牲于朱良镇东朱鹿村，其英雄事迹，闻名于世。

王秀英，1939 年 10 月参加中国共产党，段村妇救会员，曾任中共益寿县委地下交通员，对革命贡献很大，1942 年 3 月 13 日，被日、伪军杀害于北段村五根道子墓地。

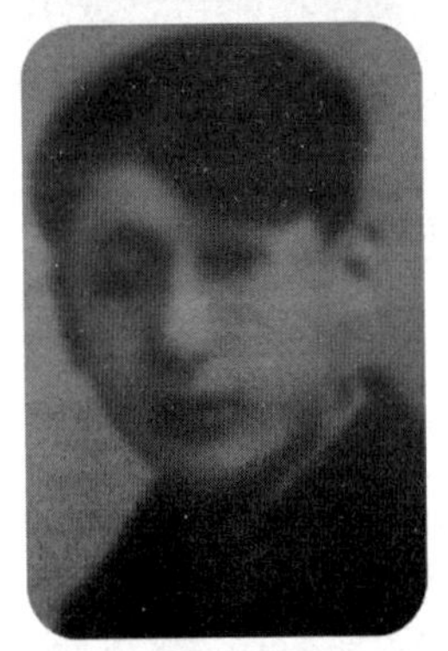

刘汉玉，1938 年 1 月加入中国共产党，1939 年 6 月参加革命，1942 年 5 月任中共寿五区区委书记时，在与日寇的一次作战中，在广饶县马头村光荣献身。

刘汉鼎，1938 年 1 月加入中国共产党，1939 年 6 月参加革命，1946 年 9 月，任胶济大队普通武工队指导员时，在临淄县境内毛家庄子驻防时，被混入武工队内部的特务分子杀害。全家先后有 9 为烈士为国殉难，确为英雄之家。

刘观亭，1937 年 8 月参加革命，1938 年 1 月加入中国共产党，1942 年任清河军区直属团的营长职务，1942 年 8 月，日寇疯狂“扫荡”我益、寿、临、广四边县抗日革命根据地，在与日寇的一次作战中，英勇牺牲于广饶县陈家寨。

刘汉儒，1939 年 3 月参加革命，同年 1 月加入中国共产党，1944 年 5 月，任清河军分区通讯科科员时，在高柳镇西水渠村执行任务中，与国民党徐振中部遭遇，光荣殉职。

刘汉鼐，1939 年 6 月参加革命，同年加入中国共产党，1942 年 6 月，在鲁南抗大学习时，因环境恶化，身染疾病，不幸病故，1947 年由政府追认为烈士。

人生自古谁无死
留取丹心照汗青

1. 一门忠烈

冯旭臣（1888—1942），名保初，字旭臣。青州市长秋村人。1939 年当选为益、临、淄、博四边县联合办事处参议长。1942 年在马鞍山战斗中牺牲。他一家被原鲁中行署和参议会授予“一门忠烈”匾额褒扬。

2. 英勇事迹

1942 年 12 月 9 日，日寇向马鞍山发动了猛烈进攻，54 岁的冯旭臣一边照料 3 个幼小的孙女，一边冒着枪林弹雨，在山上为八路军送水、送手榴弹。一发炮弹在冯旭臣和女儿冯文秀身边爆炸，冯旭臣壮烈牺牲。战斗中冯文秀勇敢地拖住一个敌人滚下山崖，与敌人同归于尽。儿媳和 3 个孙女也相继跳下悬崖为国捐躯。

一门忠烈

父亲：冯旭臣，益、临、淄、博四边县联合办事处参议长，1942 年 11 月马鞍山战斗中牺牲。

长子：冯登奎，八路军后勤修械所战士，1942 年 7 月牺牲。

次子：冯毅之，历任益、临、淄、博四边县联合办事处主任兼八路军山东纵队四支队新一营营长、青州市市长、华东局宣传部文艺部长、山东艺术学院院长等职。

儿媳：孙玉兰，1942 年 11 月在马鞍山战斗中牺牲。

孙女：冯新年、冯芦桥、冯平洋，1942 年 11 月在马鞍山战斗中牺牲。

三子：冯登恺，八路军战士。

女儿：冯文秀，益、临、淄、博四边县联合办事处妇联干部，1942 年 11 月在马鞍山战斗中牺牲。

赤诚为党　英名永存

1. 李寿岭

李寿岭（1915—1941），化名梁光一，长山县旧口村人，1937年参加八路军，同时入党。后任清东地委组织部长。1941年到益寿检查指导工作时，在东朱鹿“腊八惨案”中遇难。

2. 张鲁泉

张鲁泉（1917—1941），名硕年，字鲁泉。广饶县红盆村人。1938年入党，1940年任中共益寿县委宣传部长，1941年1月在东朱鹿“腊八惨案”中与战友一起遇难。

3. 东朱鹿村

东朱鹿村位于当时益寿临广四县交界处，是四县联防的枢纽。1941年半年时间敌人对东朱鹿村制造了三次骇人听闻的惨案，即“腊八惨案”“四二八惨案”“六一三惨案”。

东朱鹿惨案

东朱鹿位于青州市北部，是抗日战争时期益都县北部地区的革命根据地。在抗战初期，由国民党地方武装与日军相互勾结制造了三次惨案：

1.“四二八惨案”。1940年农历4月二十八日，叛徒陈锡三勾结日、伪军，血洗东朱鹿村，杀害我村妇救会长于素梅、农救会长陈频三、农救会委员尹法贤、共产党员陈培富、军属张淑贞、农会干部陈化文、妇救会员李桂兰等7人。

2.“六一三惨案”。1940年农历六月十三日深夜，叛徒陈锡三，又勾结日、伪军夜袭东朱鹿村，杀害我军人王玉的妻子及儿子，军属陈荣亭的母亲和陈文波的侄女等4人。

3.“腊八惨案”。1940年农历腊月初八日，国民党地方部队徐振中与日军勾结，出动兵力500余名，血洗东朱鹿村，杀害我中共清东地委组织部长李寿岭、益都县委组织部长刘旭东、益北县委宣传部长张鲁泉等干部、群众十余人。

日军扫荡

浩然正气陈龙图

陈龙图（1911—1944），曾用名陈凤亭，青州市赵坡村人，出身于贫农家庭。1938 年 1 月参加革命，同年 2 月加入中国共产党，与当地（东朱鹿村）早期党的组织者陈伯强、陈凤九接上了关系，开始进行地下党的活动，组织群众进行抗日，发展党组织，扩大地方武装，开展游击战争。益寿临广四边县组建时，任第一届县财政科长，后提任博兴县副县长。1944 年 9 月，回四边县联系工作，在返回博兴县时，途中在朱良村被汉奸王砚田部队逮捕，后押送到原临淄县城杀害，时年 33 岁。后人在悼念陈龙图烈士的英雄事迹时，赞道：四边县，多奇传，陈副县长气浩然。坚贞不屈成大义，气煞一眼王砚田。

大义凛然秦荣吉

秦荣吉（1911.3—1942.9），高柳镇后李户村人。自幼爱好习武，武功高强，并组织村内十余名青年一起习武。抗日战争爆发后，秦荣吉加入党组织，并牵头成立了民兵小分队，在党的领导下屡次打击日伪军的侵袭，日伪军惊叹：“宁过阴曹府，不进后李户。”在其带动下，二弟秦迎吉参加四边县特务大队；三弟秦保吉参加八路军，解放战争中参与孟良崮战役、淮海战役和渡江战役；堂兄秦明吉也参加民兵小分队。

敌人对秦荣吉和小分队恨之入骨。1942 年秋，因抗日形势恶化躲避在外的秦荣吉得知母亲患重病的消息后，暗中赶回家乡帮助收秋。由于叛徒告密，驻扎在龙泉寺的徐振中得知消息后，派几十名日伪军将其包围，他利用地形和手中的镰刀接连毙伤数名日伪军，终因寡不敌众被俘。被俘后敌人引诱他写“悔过书”“反共声明”，被严词拒绝，气急败坏的徐振中将其杀害。徐振中先后杀害李户村四名党员，制造了“李户惨案”。后人在悼念秦荣吉烈士的英雄事迹时，赞道：义勇感天地，忠烈泣鬼神。誓为真理死，立党为人民。

臧台歼灭战

1. 杨国夫

杨国夫（1905—1982），安徽省霍邱县人。中国共产党优秀党员、久经考验的忠诚共产主义战士、无产阶级革命家、中国人民解放军优秀的军事指挥员，中国人民解放军高级将领。1955 年 9 月被授予中将军衔，同年 9 月授予一级独立自由勋章和一级解放勋章，1957 年 6 月，被授予二级八一勋章。

2. 讨伐徐振中

1940 年 10 月 8 日夜，八路军清河军区主力部队三支队司令员杨国夫，在益寿临广四边县基干二营和益寿县六大队的配合下率部讨徐。

3. 臧台战斗

臧台高达 15 米，东西、南北各 150 米，这个地方有方圆五六十亩地的地盘，是益北地区最高的制高点，徐振中占据臧台以后，在这个村庄里两个十字路口修上了两个据点，据点里面四面都有岗哨，村里都掘满了沟，一直通到台顶上，台顶上面又修建了一个大型的碉堡，这个碉堡的四个方向，东南、东北、西北有四个射击口，一有紧急情况从村庄一直跑到臧台顶上。徐振中部在臧台一带无恶不作。

八路军山东纵队三支队基干二营在益寿县六大队的配合下，于1940年10月8日夜包围并攻克了臧台据点，围歼盘踞于此的徐振中部。9日凌晨3点，战斗打响，7点战斗结束，共打死打伤270人，徐振中及随从20余人换装逃走。

臧台遗址

无畏县长张文斌

张文斌（1924.2—1945.2），青州市高柳村人，出身富农家庭。1940年12月放弃学业参加了革命，当时才16岁。1941年1月入党后，在益北地区从事革命活动中，经受了艰苦生活和革命斗争的严峻考验。1944年任原蒲县区长，1945年任蒲博县县长。是年初，在新区开辟工作中，与“扫荡”的日寇遭遇，不幸被俘。敌人得知他的身份后，劝他投降自首，他义正词严地回答：“我们共产党人，愿意为共产主义而战死，不为活命而偷生，再过二十年，我不又长这么大？杀头、枪毙听便……”敌人见劝降不成，便恼羞成怒，在 1945 年 2 月将张文斌烈士杀害，时年仅 21 岁。后人在悼念张文斌烈士的英雄事迹时，赞道：十六弃学斗敌顽，二十县长成美谈。功名利禄似粪土，舍生取义保家园。

拥军模范张淑贞

张淑贞（1904—1941），女，青州市东朱鹿村人，1940 年春加入中国共产党，入党前后任本村妇救会分会长。1939 年，张淑贞先后送 14 岁的女儿参加八路军宣传队，13 岁的儿子参加益北特务大队，被称为送子参军的模范母亲。1941 年 1 月 5 日“腊八惨案”后，由于叛徒陈劝三出卖，1941 年 4 月 28 日，汉奸徐振中包围东朱鹿村、逮捕并残酷地杀害我革命家属多人，制造了东朱鹿村“四二八”惨案。在此惨案中，拥军模范张淑贞和陈培福等同志壮烈牺牲于东朱鹿村西的阳河河滩。后人在悼念张淑贞烈士的英雄事迹时，赞道：子女双入伍，模范张淑贞。杀了我一个，倍有后来人。

益都县第二游击大队打鬼子的故事

1940年春，中共益都县委建立后，县委常驻西南山区，距离敌占区益东平原地区100多里，中间地带多为顽伪和反动道会门所控制。驻守在青州境内胶济铁路以南、弥河以东地区（益东地区）的反动武装共计2000余人。为了加强武装力量，保卫新生的抗日民主政府，巩固扩大抗日根据地，准备长期坚持抗日游击战争，县委决定，由刘明训同志主持益东地区的工作，并与何子健、陈曰谦等同志组成核心小组。

刘明训到益东地区后，首先选定群众基础好的吉林村为活动基点，然后与何子健、陈曰谦等同志研究认为首要的任务是组建抗日武装，发动武装抗日。

他们以训练农民抗日为名，向“民团”和几家地主借枪，并分头动员了附近村庄的近200名青年农民和学生进行军事训练。有些大户人家主动献出了一部分枪支。一支拥有200多人、2支手枪、20多支长枪的抗日武装——益都县第二游击大队很快组织起来。刘明训亲自兼任大队长。

组织建立游击队

第二游击大队建立后，一面整顿训练，一面以各种形式进行抗日宣传活动，发动爱国知识分子，特别是在全县较有影响的知识文化界人士，向各派武装宣传救国思想，推动他们投入到抗日斗争的洪流中来。

益都县第二游击大队打鬼子的故事

（一）向“鬼子”借枪

游击大队队员有了，可是枪支弹药不足。打仗没有武器怎么办？刘明训大队长认为还得向“鬼子”借。刚好新来的一个队员是郑母村地主家的邻居，向他报告了郑母镇中心村据点、赵坡乡北陈村据点、郑母镇关帝庙村据点的鬼子们不几天就去他邻居地主家蹭一次饭的消息。

刘明训大队长认为这是向“鬼子”借枪的好机会。所以一有机会，刘大队长便揣着匣子枪带队员们来到郑母村地主家里，地主一看认识，鼎鼎大名的刘大队长，便赶紧张罗饭菜，队员们自然不客气，将一桌子鸡鱼肉蛋风卷残云般地吃个光。这边刚吃饱，那边“咚咚”又有敲门的，哨兵过来报“鬼子来了”。队员们的匣子枪都“嗖嗖”地拔了出来。地主立即惊慌失措，挤出笑脸，请刘大队长到里房“喝茶”，意思是让队员们避一下，别在他家打起来。刘大队长也不为难地主，挥挥手，队员们都进里屋“喝茶”了。那些鬼子也是来蹭饭的，在仅一墙之隔的两间房里，刘大队长在东屋“喝茶”，鬼子在西屋吃饭。这样遭遇的次数多了后，刘大队长一见鬼子来，不用地主劝，便给鬼子让个地方。等鬼子走后，刘大队长便给地主家留下饭钱，领着队员们跟上去，打鬼子黑枪，缴获枪支弹药，鬼子吃了不少苦头，一听到刘大队长的名字，腿肚子就转筋。

（二）偷袭日军运输线

日军控制的胶济铁路，是连接济南、青岛两大城市，横贯山东的运输大动脉，也是日军武器、物资经海运抵达青岛、烟台等港口的重要疏港通道，战略地位十分重要。1938 年 1 月 8 日，日军侵占益都后，先后派兵对胶济铁路严加防守，把沿铁路两侧的村庄，组成护路村，强迫农民在铁路两边挖了深 7 米、宽 5 米的护路沟。日军还在胶济铁路沿线和朱良、口埠、郑母、赤涧、大尹等村镇，拆除了大量的民房，到处修筑炮楼、设立据点，派重兵驻守胶济铁路运输线。同时，日军大规模的“清剿”和“扫荡”，给益东平原地区抗日军民带来严重威胁。

日军在铁路沿线修筑的炮楼

日军在铁路沿线修筑的炮楼

益都县第二游击大队建立不久，就派出一支小分队，在夜色掩护下偷袭日军运输线——胶济铁路，他们在胶济铁路线上益都至谭坊之间埋设地雷，炸毁日军车厢两节，铁轨一段，使敌人的运输线瘫痪了三天。他们的战斗，使敌人的运输线一次又一次瘫痪。他们不仅在军事上牵制住了敌人，有力地配合了西南山区主力作战，而且夺取了众多的武器弹药、布匹服装等军事物资以支援西南山区抗日根据地。他们的英雄业绩，鼓舞了抗日根据地军民的士气和坚持抗战的信心。他们就自然被敌人视为眼中钉肉中刺。

（三）刘明训壮烈牺牲

冬初，益都县第二游击大队队长刘明训同志，到中共益临工委驻地孙家岭汇报完工作，赶回益东地区时，行至牟家庄附近，被反动的“红枪会”抓住，押送到朱崖敌伪据点。刘明训面对敌人的严刑拷打和政治利诱，坚贞不屈。日本军官恼羞成怒，扬起寒光闪闪的东洋刀便向刘明训一刀劈去，刘明训机警地侧身一闪，避过刀锋之后又朝日本军官的脸上一口唾沫吐过去，破口大骂道：“你们这伙十恶不赦的强盗，中国人民自有收拾你们的一天！杀吧！……”刘明训壮烈牺牲了，但他杀身成仁、舍生取义的民族气节和昂扬的爱国精神如昭昭日月，永照人间！

这些中华民族的优秀儿女，他们用自己的生命抗日，为抗日战争贡献出了一份力量，我们应该牢记他们的精神，并把这种精神继承下来，发扬光大。

孤胆英雄陈洪庆

陈洪庆（1921.5—1942.3），青州市东朱鹿村人，1938 年参加中国共产党，同年参加革命工作。参加革命后，陈洪庆曾在中共清河区政府行署公安局工作，1941 年调蒲台县任第一任公安局长。

1942 年 3 月 15 日，时任蒲台县公安局长的陈洪庆在博兴县河头村开展工作时被敌人重重包围。危急关头，陈洪庆和警卫员为掩护县党委书记王友琴等同志突出重围，打光子弹后，和敌人短兵相接，最后壮烈牺牲。后人在悼念陈洪庆烈士的英雄事迹时，赞道：公安局长陈洪庆，十七入党闹革命。枪林弹雨五年整，勇猛杀敌尽义忠。

一门三英

刘福之、刘德之、刘安之系同胞三兄弟。青州市南段村人。1939 年 9 月，刘福之、刘德之同时参加革命，刘安之在家侍奉老母，同时和王秀英一同为我党做地下交通员工作。1944 年王秀英牺牲后，刘安之继续为我党做地下交通员工作。兄弟三人相继为革命捐躯，有“一门三英”之誉。

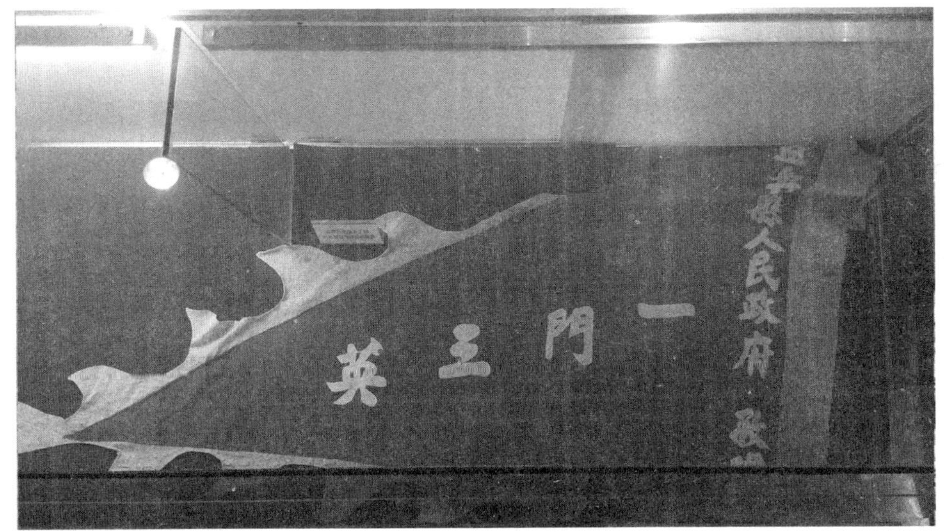

1. 刘德之

刘德之（1911.3—1943.5），1939 年 9 月同兄长刘福之一起参加革命，1938 年入党。自幼练就一身好功夫，善使两把钢刀。生前任四边县特务大队大队长。

1943 年 5 月 14 日拂晓，我英雄的特务大队在永和村执行任务的过程中，遭国民党张景月部“政工团”和张文斋连包围。巷战中，认识刘德之的张文斋高叫：“大个的就是刘德之，抓住他赏银元1000块！”紧急关头，为了掩护大队突围，刘德之双刀上下翻飞着杀入敌群，向村西方向拼杀。激战中有九个敌人成了刘德之的刀下之鬼。最后，敌人见活捉刘德之无望，下令开枪……我英雄的特务大队长刘德之，就这样倒在了敌人罪恶的枪下……在刘德之的掩护下，英勇的特务大队，穿过永和村东裙带河芦苇丛后，成功突出重围。后人追悼刘德之烈士时由衷地赞道：双刀虎将刘德之，寒光起处如风驰。危急关头挺身出，饮恨韬略未展时。

2. 英勇牺牲

刘德之参加革命后，被选入四边特务大队，1943年5月14日，任特务大队长的刘德之，在永和村为掩护特务大队突围，英勇牺牲。刘安之，1945年6月因汉奸告密，被徐振中逮捕，关押半月后，被活埋于张孟口以南的淹子湾。

3. 刘福之

刘福之（1907.2—1940.3），1939年9月参加革命，1938年入党，生前系四边县政府干部。刘福之1939年参加革命后，一直在四边县委工作。生前，多次深入敌后开展秘密工作，成功地截获敌人的扫荡情报，为我抗日根据地的发展壮大和粉碎敌人的“扫荡”阴谋做出了杰出贡献。1940年3月，刘福之化装深入盘踞在朱良的日寇据点搜集情报时，不幸被敌人识破，严刑拷打之下，刘福之视死如归，最后被敌人凌迟杀害，牺牲时年仅 33 岁。后人追缅刘福之烈士事迹时，赞道：忠心赤胆刘福之，视死如归胜磐石。千刀万剐浑不惧，无愧党的好男儿！

4. 刘安之

刘安之（1924.1—1945.8），刘德之三弟，1945 年 6 月，国民党徐振中部西撤济南的前夕，段村民兵在西段前村南十字路口集结操练时，由于汉奸出卖，被徐振中部包围，当场捕走了刘安之、刘汉致、刘汉川三人。关押半月后，三人被徐振中在张孟口以南的淹子湾同坑活埋。1945 年 8 月 19 日，陈景三指挥的张孟口伏击战胜利后，刘氏后人曾去淹子湾移尸。因尸体高腐，只好就地撮土为墓。后人追缅刘安之烈士事迹时，赞道：英雄埋名六十载，盛世家书日光开。告慰英灵当安息，人民永记在心怀。

坚贞不屈于素梅

于素梅（1892—1941），女，曾用名陈于氏，青州市东朱鹿村人。1939 年参加中国共产党，是抗日战争初期四边县闻名的拥军支前模范。抗日战争时期，于素梅经常为我党站岗放哨，并时常在家接待革命同志，照顾伤员，多次冒险密送情报，为我党的对敌斗争做出了巨大贡献。1941 年 4 月 27 日晚被汉奸逮捕。于素梅被捕后，面对敌人的百般折磨，始终严守党的秘密，无计可施的敌人将其杀害于东水渠北门的湾塘。

后人在悼念于素梅烈士的英雄事迹时，赞道：

素梅非等闲，智勇胜儿男。傲骨凌敌寇，舍身迎春还。

抗日堡垒——长秋村

长秋地处青州西南地区，淄河东岸，背山临水，地理位置显要。在八年抗战期间，这个100多户的小山村有30多人参加自卫团，119人参加了八路军和地方武装，39人牺牲在战场上，还有63人或死于敌人的监狱或被抓去东北做苦工而摧残致死。英勇的长秋村人面对日寇侵略同仇敌忾，誓死保卫家园，像一面旗帜屹立在益、临、淄、博抗日根据地。

1938年1月青州沦陷，共产党员冯毅之根据党组织的指示回到家乡长秋，开展抗日工作。冯毅之发展党员，建立党组织。党员有长秋村的孙玉兰、冯文秀、赵俊美、冯敏、冯佃笃、冯玉香及附近村庄的孙世锡、孙树棠、白金、丁可学、郑之奎、宋岳等。冯毅之积极宣传党的方针、政策和我党的抗日主张，使广大群众树立了抗战必胜的信心。冯毅之还在本村组织了30多人的抗日自卫团。1938年8月10日冯毅之从国民党地方武装翟汝鉴部拉出200余人，成立了山东人民抗日救国军第五军三支队新编第一营，任营长。1939年

10 月益都县政府成立，冯毅之任县长兼县大队长。县政府驻长秋村。长秋村成为淄河流域的抗日中心，也是南北往来党政军领导人的落脚之地。时任山东省代理书记郭洪涛，八路军三东纵队司令员张经武、副司令员王建安，八路军三支队政委司令员霍士廉、杨国夫，四支队政委司令员姚仲明、廖容标以及淄博特委书记金明等同志都曾在该村住过。

益都县大队建立后，得知伪军唐应三部驻防马鹿据点，杀人放火，无恶不作，每隔 3—5 天就派人去上庄接粮，决定根据敌人的行动规律，由长秋村游击队配合县大队，采用布袋战术，在马鹿、长秋之间设伏，予敌以击。等唐应三部 50 余名伪军进入阵地后，冯毅之一声令下，枪声四起，手榴弹在敌群中爆炸，敌人措手不及，完全失去抵抗能力，有的干脆缴械投降。此次战斗，我方只有 3 人轻伤，敌人大部被俘虏。等马鹿据点的敌人赶来救援时，战斗已结束，战士和老百姓已安全转移。

1940 年 6 月驻扎张店的日军出动 1000 余兵力，对淄河流域进行扫荡。当鬼子行进到与长秋村一河之隔的西崖头村时，县大队立即组织长秋村民兵迎击，当场击毙敌人 11 人。

朱崖据点的鬼子小队长小林三天两头到长秋一带扫荡，百姓恨之入骨。途经阳明山时，被预先埋伏的县大队和从长秋村赶来的老百姓包抄，打死打伤日伪军数十人，鬼子小队长小林被冯毅之击毙。

长秋村村民多次配合地方武装给敌人沉重的打击，被敌人视为眼中钉、肉中刺，多次遭到报复。1941 年 9 月 5 日夜，日伪军从张店、洪山等据点出动上千名兵力，包围长秋村，捉去干部、群众 23 人，除 3 人趁夜晚混乱之际逃跑外，有 20 人当场被杀。

但是，英勇的长秋人没有被敌人吓倒，前赴后继，一如既往地参与支持抗战，直到最后胜利。

马鞍山战斗

马鞍山在淄川区太河镇，淄河流域上游。抗日战争时期，是胶东、渤海到鲁南的交通要道，也是抗日根据地腹地，在军事上极为重要。山周围陡壁千仞，悬崖如削，远望形似马鞍，故有马鞍山之称。

1942 年，是抗日战争最艰苦的一年，日本鬼子频繁对我抗日根据地进行扫荡。扫荡期间，马鞍山住有我军一个班正式部队、28 名伤员，及四边县参议长冯旭臣一家。

11 月 9 日，敌伪数千人包围马鞍山并进行攻击，敌人在飞机、大炮的掩护下，对马鞍山进行了疯狂地进攻。但在我军民的英勇阻击下，虽然进攻一天，伤亡百余人，并没有攻下。第二天敌人在三架飞机的配合下，组织了强大的火力，把山上的防御工事全部摧毁，步兵才开始进攻。敌人遭到我军的顽强抵抗，一次又一次地失败，伤亡极大。到最后，我守山的战士弹药全部用完，石块成了唯一的武器，一直战斗到最后一分钟。在弹药用尽以后，幸存的同志跳崖牺牲。

马鞍山

青州连

1945年8月21日前几天，在八路军鲁中军区三分区司令员孙继先的指挥下，鲁中军区十二团、山东军区独立一旅与地方武装开始围攻青州城。首先廓清了青州城外围的国民党军队和伪军，控制了城区周围制高点和交通要道，为全面攻城做好了准备。8月21日下午，前线部队总指挥部，在城南涝洼村召开扩大会议，研究部署了解放青州城的具体方案。旅、团首长及沂北、临朐、益都3县地方武装主要负责人出席了会议。具体战略部署：十二团三个营打主攻，以两个营从城东门向南到西门一线进攻，另一个营从城北门攻城，并兼防阻击北面日、伪军增援；独立一旅打佯攻，并负责阻击火车站东西两翼的日、伪军，阵地在城北门西侧。益都县独立营在城西一线防守，阻止淄博日、伪军增援；沂北特务连陈兵弥河西岸，封锁要道渡口，切断昌乐日、伪军增援之路；临朐县独立营，集中转移到城南，与十二团特务一连，负责运送作战物资，转运伤病员，押送俘虏。并且决定，8月22日晚8时开始攻城。

按战斗总部署，22日下午2点半，位于青州城西一线的炮兵部队，在连

长孟光指挥下，30 多门火炮齐发，开始了攻城前的炮轰，霎时，城内硝烟弥漫。同时，十二团三个连和一旅两个连，也集中轻、重机枪火力，向城内开火。晚 7 点半，攻城部队按预定计划进入阵地。

晚 8 时整，前线总指挥部司令孙继先，命令十二团和一旅两个团的司号员，一齐吹响了向青州城进攻的冲锋号。顿时，城区周围炮火连天，杀声阵阵，攻城全面开始。

担任主攻突击任务的十二团三营八连，26 名勇士在火力掩护下，抬着沉重云梯，飞快攀上东城墙，后续部队紧接着登上城头，把国民党保安特务旅二团团长张经文指挥的某营打下城头。接着十二团又一举突破了城防线，进入城区。山东军区独立一旅，在王道旅长指挥下，二团在西门北侧，一团从东北边发动进攻。晚上 9 点钟，突破防线，进入城区。

各路部队密切配合，英勇善战，经过一夜激烈战斗，光复了青州城。俘虏国民党保安特务旅 2500 多人，特务旅长王葆团被击毙，打死打伤日、伪军 2000 余人，缴获汽车 3 辆，轻、重机枪 30 多挺，长短枪 2800 多支，“八二”迫击炮 4 门，电话机 8 部，战马 30 多匹和一大批弹药物资。

十二团八连仅用了 23 分钟就攻破了青州城。同年 10 月，被鲁中军区授予“青州连”荣誉称号。2015 年青州连战旗在抗战胜利70周年大阅兵仪式上接受检阅。

第四单元

青州党组织在解放战争时期

（1945年8月—1949年10月）

抗日战争胜利后，中国社会的主要矛盾，已由中华民族同日本帝国主义之间的矛盾，转化为以中国共产党为代表的人民大众同美帝国主义支持的以蒋介石集团为代表的中国大资产阶级大地主阶级之间的矛盾。拥有430万军队的蒋介石统治集团，企图将中国恢复到抗战前的状态，实行其独裁统治，使中国继续处于半殖民地半封建的社会，他们在美国政府的支持下，指令侵华日军不得向共产党领导的人民武装投降，同时将其远在大后方的军队空运、海运到全国各战略要地，妄图独吞抗战胜利果实。中国共产党则主张团结一切爱国民主力量，依靠广大人民群众，把中国建设成为独立、民主、富强的新国家。针对这一新的形势，中共中央要求各地党组织继续放手发动群众，坚决保卫胜利果实，巩固已有的阵地，扩大解放区和人民军队，在不损害人民根本利益的条件下，力争通过和平途径实现建设中华人民共和国的目的。

在伟大的解放战争中，中共青州地方组织领导各县人民，同国民党反动派、地主“还乡团”和各种暗藏的敌人进行了顽强的斗争，踊跃参军参战，支援前线，为推翻国民党的反对统治，解放全中国，做出了巨大贡献。在漫长的斗争历程中，青州各县党组织也不断得到巩固与发展，党的队伍不断壮大。

中共中央华东局、华东军区、山东省政府机关在青州

1947年6月，华东野战军发起临朐战役，攻打国民党精锐部队第八军。

陈毅在青州期间居住的小楼

陈毅、粟裕的华东野战军指挥部就设在青州市弥河镇境内。

1948 年 3 月，中共中央华东局和华东军区领导机关进驻青州城南闵家庄一带。山东省政府机关进驻城南闫刘一带。

1. 中共中央华东局、华东军区、山东省政府机关在青州的主要活动：

（一）1948 年 4 月指挥华东野战军山东兵团解放潍县，歼敌 4.5 万。

（二）华东军区在东朱鹿村一带举办国民党被俘军官训练班。

（三）华东局在闵家庄召开新区工作会议。

（四）山东省及华东局直属学校纷纷在益都办学。

（五）山东省教育研究会在益都城里和益寿县召开。

（六）华东局决定加强益都县委领导。

（七）华东保育院落址青州大官营村。

（八）成立“青州建设研讨会”，为顺利接管济南做准备。

（九）华东局负责人张鼎丞、郭子化到青州市视察工作。

（十）华东首届妇女代表大会在青州市城里召开。

（十一）山东军区在益都建立。

（十二）昌潍地委驻地迁到益都城。

（十三）组织领导了解放和支援潍县战役、济南战役、淮海战役、渡江战役等一系列重大战役。

（十四）组织领导并顺利接管了潍坊和济南两大特别市 。

华东保育院创办时的工作人员合影

解放战争身先士卒
民兵建设再立新功

1. 陈德民

陈德民（1917—1956），曾用名陈作星。青州市大章庄人，共产党员，1944 年随王道起义编入八路军鲁中军区警备一旅，中华人民共和国成立后在浙江省军区政治部工作，1956 年在浙江富阳县兵役局任政委时，积劳成疾，病故。

2. 济南战役

在济南战役中，陈德民率领战士奋不顾身地冲上战斗的第一线，将伤员及时抢救下来，安全运往战地医院，对不幸牺牲的战友，均详细登记记录在案，妥善掩埋，多次受到战地指挥部表扬。

3. 国民党战线瓦解

1949年4月21日，毛泽东主席和朱德总司令发布向全国进军的命令。在西起湖口、东至江阴的千里战线上，百万雄师分三路强渡长江。国民党苦心经营的长江防线顷刻瓦解。

建政建军 功勋显著
抗日抗美 率先垂范

1. 陈伯强

陈伯强（1908—1975），字毅斋。青州市东朱鹿村人，1938年入党。历任益寿临广四边县长，渤海军区作战科长、志愿军司令部副参谋长，解放军总后勤部西安办事处主任，1975年病故于上海。

2. 益都县独立团英勇反击

1748 年 2 月，国民党徐振中部配合益都“还乡团”2000 余人，对龙山、普通等区进行“扫荡”。我益都县独立团英勇反击，将敌人压在龙山前一线，战斗持续 6 个多小时，打退敌人数次进攻，毙伤敌 20 余人。

鞠躬尽瘁　死而后已

秦洪洲

秦洪洲（1920—1970），青州市葛口村人，出身农民家庭，1937年12月参加革命，在抗日战争时期，从事地方党的领导工作，对加强益寿临广四边县党和政权的建设，巩固扩大革命根据地，做出了突出成绩。抗日战争结束后，调往部队工作，参加多次著名的战役，立下了很大功劳。中华人民共和国成立后，在济南军区从事国防工业工作，忠于职守，成绩突出，是青州市参加革命较早的主要领导干部之一。

1938年6月，光荣地加入了中国共产党。在地方工作时，历任通讯员、区委组织干事、乡党总支书记等职。1939年调中共清河特委组织部，任组织科长。到鲁中党校学习后，调任渤海区党委组织部组织科长。1944年调任中

共蒲台县县委书记。1945 年 10 月，调渤海军区政治部任组织部副部长，继又调任山东军区政治部组织部副部长。在此期间，他参加了莱芜战役、孟良崮战役、济南战役、淮海战役等著名战役，多次立功受奖。

1956 年调任济南军区政治部组织部副部长，后又任济南军区政治部工业部部长，济南军区国防工办政治委员，对国防工业的发展呕心沥血，做出了突出的贡献。

1969 年身患癌症，1970 年 8 月病情恶化，医治无效，在济南市病故，同年 8 月批烈。

永不褪色的革命军人

张洪发（1923.6—1969.10），青州市东夏镇史铺村人，原籍泗水县谢家村。1940 年参加八路军，工作积极，作战勇敢，很快成长为一名出色的机枪手。1942 年 1 月，加入中国共产党。1944 年在攻打泗州城时，被炮弹击中，身负重伤，治疗后被评为一级残废。在济南疗养院休养期间，多次被评为模范休养员。1956 年被济南军区授予“独立自由奖章”和“解放奖章”各一枚。1969 年 10 月因伤口复发病故，当年追烈。

为革命奋斗终生

李云鹤

李云鹤（1894—1969），号卫华。安徽省金寨县人。1925年入党，1938年任中共益都中心县委书记。后任中共淄博特委书记兼专员，安徽省委统战部部长、安徽省政协第一副主席。1957年被错划为“右派”，1969年含冤离世，粉碎“四人帮”后平反。

“为有牺牲多壮志，敢教日月换新天”，在社会主义建设洪流中，先烈们“公而忘私的共产主义风格；奋不顾身的无产阶级斗志”，受到人民景仰，激励人民前进。

功遍齐鲁 誉满云南

王华瑞

王华瑞（1923—1956），别名王化祥，青州市口埠村人，1945年参军，同年入党。1948年升级到主力部队。中华人民共和国成立后任云南省保山边防军分区公安六十九团营救导员，积劳成疾，1956年病故。

1945年王华瑞加入益寿县独立营，1946年秋，王华瑞任班长，在一次伏击战中，他带领全班英勇战斗，缴获“马克新”式重机枪一挺，步枪十余支。他荣立二等功，全班记集体一等功。

青春常在

刘悦华

刘悦华（1955—1979），青州市黄楼街道办事处刘家大路村人。1976年参军，1978年入党，1979年提升为班长。在对越自卫反击战中壮烈牺牲。

铮铮铁骨畏敌胆

郇肇纪

郇肇纪（1913—1964），青州市大官营村人，1932 年 8 月参加中国共产主义青年团，任共青团益都县委秘书，同年转为中国共产党党员。1932 年 8 月“郑母暴动”失败后，他在共青团益都县委的领导下，积极地从事党的秘密活动，1933 年 3 月被国民党山东省党部逮捕入狱。在狱中五年，表现了共产党人的高风亮节。1937 年出狱后，经党组织审查批准，恢复了党的组织关系。从此之后，他先后辗转于西安、延安、东北等广大地区，为中华民族的解放事业做出了重要贡献。从 1949 年开始，从事于党的组织和纪律检查工作。历任中共中央组织部管理科长、淄博地委副书记，中共山东省委纪律检查委员会副书记等职。1964 年病故，同年追烈。

原中共山东省委副书记兼青岛市委书记滕景禄，腐化堕落，违法乱纪，无人敢于问津。郇肇纪带工作组前往青岛查处。他不顾盯梢、窃听、威胁、恫吓，坚持实事求是查处。最后滕畏罪跳楼自杀，郇肇纪在干部群众中的威信更高了。

一身正气英名传

谭佃友

谭佃友（1922—1951），青州市钓鱼台村人。1942年在国民党吴化文部当兵，1944年被我军解放入伍，1945年10月入党，曾参加过泰安、济南、淮海、京沪杭等著名战役和大大小小的无数次战斗。中华人民共和国成立后，随我大军辗转大西南，任一一四团二营副教导员，在保卫祖国边陲事业中再建功勋。1951年8月在云南剿匪时牺牲。

1947年4月间，在山东泰安的一次战役中，谭佃友身负重伤，牙齿打掉了，左手臂被子弹打穿，他坚持不下火线。

1949年2月，在豫西的一次战斗中，他不惧艰险，率领一个连队插入敌后，直捣敌人心脏，出色地完成了战斗任务，为整个战役的胜利起了决定性的作用。战斗结束后，被豫西第十三军分区授予二等功臣，向家乡发了喜报。

中华人民共和国成立初期，国民党在潜逃时遗留下的大批残余力量，同当地恶势力相勾结，不断进行反抗和捣乱。对此，我人民解放军采取大迂回、大包围的作战方针，进行了大规模的剿匪作战。很多青州籍子弟兵参与了剿匪作战。

青州群众拥军支前

1946—1948年我市青年参军者4500人，1949年1月又有1771名青年参军。

1946年我市出动民工3238人、牲口1873头、铁轮大车26辆、二把手推车1727辆、小推车1485辆，运送军粮1626万斤。出动民工4003名，组织担架1000多副，运送伤员。

1947年，为配合华东野战军，粉碎国民党军队对山东的重点进攻，全市有269500人次参加支前工作，完成运送军粮338万斤。

1948—1949年，全市组织23000名支前民工支援潍县战役、济南战役、淮海战役，有的民工牺牲在支前战场，全市年龄最小的烈士（16岁）就是在支前战场上牺牲的。

青州三县人民载歌载舞，热烈庆祝中华人民共和国的诞生

在国民党反动政府已被推翻，成立中华人民共和国的条件业已成熟的情况下，经中国共产党精心筹划与准备的中国人民政治协商会议第一届会议，于1949年9月21日在北平召开。会议一致通过了《中国人民政治协商会议共同纲领》《中华人民共和国中央人民政府组织法》等纲领性文件，选举产生了中央人民政府委员会和第一届中国人民政治协商会议全国委员会。毛泽东当选为中央人民政府主席和全国第一届全国政协主席，朱德、刘少奇、宋庆龄、李济深、张澜、高岗当选为中央人民政府副主席。

10月1日，中央人民政府举行第一次会议，宣布中华人民共和国成立，接受《中国人民政治协商会议共同纲领》为中央人民政府的施政方针；任命毛泽东为中央人民政府人民革命军事委员会主席，周恩来为中央人民政府政务院总理兼外交部长，朱德为中国人民解放军总司令。当日下午3时，北京30万军民在天安门广场隆重举行开国大典。毛泽东宣读了中央人民政府公告，庄严宣告了中华人民共和国的成立。

中华人民共和国的成立，使青州三县人民沉浸在前所未有的欢乐喜庆之中。10月1日下午3时，中共昌潍地委和中共益都县委全体干部集聚在青州城里，一起怀着激动的心情收听了北京开国大典的实况广播。

同日，中共昌潍地委和中共益都县委在青州城里联合举行庆祝大会，与会群众达2万余人。地委宣传部长王人三、军区副政委崔济民和县委书记董子宜在庆祝大会上讲了话。中共益寿县委在北马兰村召开了万人庆祝大会，县委书记马沂泉在大会上讲了话。中共益临县委在郑母村也召开了万人大会，县委书记何子健在大会上讲了话。在讲话中，他们都强调指出，中国人民政治协商会议代表了全国人民的意志，表现了全国人民的空前大团结，中国四万万七千五百万人民有了这个团结，任何帝国主义的阴谋挑拨，都无法阻挡中国人民的前进；中国人民政治协商会议，宣告了中华人民共和国的诞生，

标志着封建买办法西斯专政的国民党反动统治已经溃灭，被奴役被压迫的中国人民，已经变成了中华人民共和国的主人。他们分别代表县委、县政府号召各县人民，一定要坚决实行政协的共同纲领，建设和巩固青州三县的人民民主专政；一定要发挥青州三县人民勇敢、勤劳、积极支前的光荣传统，继续支援人民解放军迅速消灭国民党反动派的残余势力，解放全国领土，完成统一中国的伟大事业！

会后，青州三县人民载歌载舞，举行了声势浩大的庆祝游行，热烈庆祝中华人民共和国成立。当晚，益都县城的广大市民又自发地在青州城里举行了大规模的提灯游行庆祝活动。刹那间，城中心的各条街道，到处都是欢乐的海洋，震天的锣鼓声、口号声、鞭炮声此起彼伏，响成一片，无数的火把照亮了城市的上空，数不尽的各种花灯，在人海里晃动，广大市民尽情狂欢。与此同时，益寿县和益临县广大人民也在各县委驻地举行了大规模的集会和提灯游行，热烈庆祝中华人民共和国的诞生。青州三县广大人民群众，十分热爱用鲜血和生命换来的中华人民共和国，决心在中国共产党和中央人民政府的领导下，努力建设新民主主义的国家。

青州人民革命胜利的基本经验

胜利来之不易。青州人民在自求解放的道路上，选择了中国共产党的领导，经过长期艰苦卓绝的斗争，终于获得了彻底的解放。据不完全统计，青州党组织建立以来，共有 2000 多名革命志士为人民解放事业捐躯。共产党人前仆后继，不屈不挠，用血肉筑成了胜利的丰碑。青州人民正是从这血与火的斗争实践中认识到，没有共产党，就没有中华人民共和国。

中华人民共和国的诞生，是中国共产党领导人民、军队奋斗了 28 年，经历了无数的挫折和失败后才取得的。它标志着中国革命进入了一个新阶段。在近 30 年的艰苦奋斗中，青州党组织和青州人民作出了巨大牺牲，积累了极其丰富的历史经验，也有过极其沉痛的教训，正如中国人民的伟大领袖毛泽东在总结新民主主义的革命的历史经验时指出的那样：“一个有纪律，有马克思列宁主义的理论武装的，采取自我批评方法的，联系人民群众的党，一个由这样的党领导的军队，一个由这样的党领导的各革命阶级各革命派别的统一战线，这是我们战胜敌人的主要武器。”青州各县新民主主义革命的胜利，主要也是依靠了这三件法宝。

首先，青州党组织建立较早，同人民群众有着血肉联系，并且十分注意自身建设，党员在人民群众中始终起着骨干、带头和先锋模范作用，发挥了不屈不挠的献身精神。青州党组织自 1925 年建立以来，始终把马克思列宁主义的真理同青州的斗争实际结合起来，始终把党组织自身的思想建设、组织建设和作风建设放在第一位，尤其是最艰苦的土地革命战争时期和抗日战争时期，在白色恐怖严重，斗争环境恶劣，生活条件极端艰难，党组织和广大党员凭着对共产主义和人类解放事业的崇高信仰和坚定信念，坚持地下斗争，开展敌后斗争，并且在远离上级组织或高度分散的情况下，做到了县自为战，区自为战，村自为战，前赴后继。在 20 多年的斗争历程中，各县委、特支、支部被破坏数十次，党员、干部牺牲数近 2000 人，有的党员家庭“一门九烈”，甚至全家为革命捐躯。斗争，失败，再斗争，再失败，再斗争，直到胜利，这便是青州党组织走过的道路；奋斗，牺牲，再奋斗，再牺牲，再奋斗，前赴后继，鞠躬尽瘁，这便是青州广大党员的形象。

其次，青州各县党组织十分重视武装斗争，掌握军队。大革命失败后，中共益北特支就建立和领导了“红枪会”和“联庄会”等农民武装，多次组织农民同反动军阀政府作斗争，有的党支部还秘密成立地下武装，进行武装自卫，为后来举行抗日武装起义创造了条件。在抗日战争时期，中共益都县委相继在益北东朱鹿村一带建立的八路军鲁东游击队第八支队和第十支队。它不仅在青州抗日根据地立下了赫赫战功，而且在山东抗日根据地乃至在全国解放、抗美援朝战争中也功不可没，在八路军、解放军的战斗序列中占有一定位置。还有在抗日战争时期和全国解放战争时期的各县独立营（县大队）、自卫团、武工队及民兵等，都对建设抗日根据地，保卫人民的胜利果实，打退国民党反动派的进攻起了重要作用。在整个抗日战争和解放战争中，各县仅独立营升级达几千人，参军人数总计超过 5000 人，极大地支援了解放战争。

再次，青州各级党组织在 20 多年的斗争中，坚持和发展了统一战线，团结了社会各界的进步力量，组成了浩浩荡荡的革命队伍。早在大革命时期，青州各县党组织就积极推动以国共合作为基础的人民革命统一战线在青州的实现，大力宣传国民会议促成会，帮助国民党培训干部，发展党员，改造组织，扩大影响，使各县国民党组织在迎接北伐中起了较好的作用；在抗日战争时期，各县党组织高举民族解放的大旗，团结一切可以团结的阶级、阶层、人民团体、社会名流，调整阶级关系，为民族解放服务，实现了全民抗战的局面；在对日作战中，各县地方武装，一贯支持和配合国民党军队的抗日行动，即使在发生摩擦之后，党和抗日根据地人民仍然援助他们对日作战，使抗日阵线不断扩大；在解放战争中，虽然国民党推行内战政策，但各县党组织仍坚持统一战线政策，尤其在城市工作中，团结一切热爱和平民主的进步党派和无党派人士，使新民主主义建立在了最广大的群众、最广泛的统一战线的基础上，从而极大地壮大了人民革命力量，夺取了解放战争的伟大胜利。

总之，青州人民革命的胜利，是马克思列宁主义的胜利，是毛泽东思想的胜利，是中国共产党的路线和政策的胜利，青州人民的革命斗争是中国人民革命斗争的一部分，青州人民革命的胜利，是青州各级党组织把马克思主义、毛泽东思想与青州地区的革命实践相结合，领导军队和人民群众浴血奋斗的结果。青州党的历史是一部光荣的历史，是留给后人的一份丰富内涵的宝贵财富。认真学习这段历史，汲取这段历史的经验教训，必定会激励人们继承前人的革命意志，继承和发扬党的优良革命传统和革命精神，继往开来，勇于探索，开拓进取！

第二编　青州市党性教育基地

青州市党性教育基地——段村烈士祠教学点解说词（一）

◎樊光湘

（参观人员下车后，在院外广场列队站好）

各位学员，欢迎来到青州市党性教育基地——段村烈士祠教学点参观学习。

在南段村与北段村之间，原本有一个铁塔寺，抗日战争期间被鬼子炸为废墟。1945 年 8 月 15 日，日本鬼子投降后，四边县人民政府将此处改建为段村烈士祠。烈士祠于 1947 年惨遭国民党反动派破坏，1952 年益都县政府出资重建，以后又历经多次修缮。

段村烈士祠展区分五个部分，正面的烈士纪念堂内主要展示的是 648 位烈士的简要生平及烈士用过的战斗遗物；东侧的第一展区是党史大事展区，主要介绍中共党史和青州北部党组织发展史；西侧的第二展区展示的是“一门九烈”和“一门三烈”的英雄事迹及烈士遗物；南侧的第三和第四展区主要介绍抗日和解放战争时期的典型人物和事迹。今天咱们主要参观的是正厅烈士纪念堂，以及西侧展厅“一门九烈”和“一门三烈”的英雄事迹及烈士遗物。

目前，段村烈士祠是潍坊市境内最早、山东省境内最大的烈士祠；被评为潍坊市“重点文物保护单位”、山东省“重点文物保护单位”以及潍坊市国防教育基地；也先后被青州市作为“青州市干部教育基地”“青州市党外代表人士教育基地”等。

下面，请大家跟随我到烈士纪念堂，缅怀革命先烈，感受爱国情怀。

（烈士纪念堂内列队站好）

各位学员，烈士纪念堂主要祭奠（某某地域）抗日战争、解放战争中牺牲的648位烈士英灵，其中包括省级著名烈士2名和“一门九烈”“一门三烈”等英雄群体。

大家看到的三块大匾，分别（是某某人）题写的“英名千古”“忠勇壮烈”“浩气长存”。

在八年的抗日战争时期，为国殉难的烈士有340余名，其中县团级以上干部11名，荣获二等功烈士2名。

解放战争时期300余名，其中县团级以上干部8名，荣获二等功以上著名烈士9名。厅内陈列着烈士们的生平简介、英烈遗照及枪支、徽章旗帜、文件书信等重要物品。每逢重大节日，都会有各级党组织和社会群众纷至沓来，组织党章宣誓等活动以示警醒。

提到青州抗日时期的重大事件，不得不提到在青州革命史上占有相当地位的东朱鹿村。东朱鹿村位于当时益寿临广四县交界处，是四县联防的枢纽，是益北抗日救亡的核心，有“小苏维埃”的光荣称号。东朱鹿村革命组织非常活跃，群众基础良好，一次参军近百人，以东朱鹿村民兵为骨干，组建了益北四大队。益北四大队积极参加苏维埃政府的政权建设与生产建设，在加强军事训练的同时，帮助建立起兵工厂、被服厂、印刷厂、医院和小学校，为抗日游击队提供了可依托的根据地。益北四大队还先后参加了纸坊伏击战、岳家庄村公路西侧公路伏击战、智取石槽盛据点、臧台战斗等，在敌强我弱的情况下，战士们从容不迫、沉着应战，发挥不怕疲劳、连续作战的精神，与敌人展开了一次次激烈战斗。战斗中，战士们巧妙地避开敌人大队人马的攻击，利用有利地形，抓住战机，走走打打，打打走走，先后歼敌 100 余人，屡建奇功。后晋升到八路军山东人民抗日游击第三支队杨国夫司令员领导的三支队。他们曾拦截击毙刺探情报的女特务，痛歼进村扫荡的日寇，打土匪，灭恶霸，除汉奸，为开辟益北抗日根据地、巩固革命政权、夺取革命胜利做出了巨大贡献。正因如此，敌人恨之入骨。1941 年半年时间内，日伪军就在东朱鹿村制造了三次骇人听闻的惨案，也就是“腊八惨案”“四二八惨案”“六一三惨案”。在这三次惨案中，敌人利用汉奸、叛徒提供的情报，包围村庄，烧杀掳掠，往地道里打机枪，扔手榴弹，用柴禾和辣椒点着火，架上风车往洞里灌烟，吊打逼供，刀砍枪击，致使刘旭东、李寿岭、张鲁泉、陈庆祥、罗洪功、于素梅、尹法贤、张淑贞、陈频三等 38 名烈士、27 名群众为了中国人民的解放事业，献出了宝贵的生命。

其中，李寿岭烈士是长山县旧口村人，1937 年参加革命，1941 年 1 月任中共清东地委组织部长时，因开展反“扫荡”斗争的需要，到益寿县检查指导工作，在东朱鹿事件中光荣殉国，年仅 26 岁。

张鲁泉烈士是广饶县红盆村人，任中共益寿县委宣传部长时，为巩固广大益北抗日根据地，做出了很大贡献，在东朱鹿事件中为国捐躯，年仅 24 岁。

面对我们正前方的纪念碑，我提议大家一同鞠躬以表示对烈士的缅怀。

一鞠躬！二鞠躬！三鞠躬！

（西侧展厅内列队站好）

各位学员，我们现在看到的是“一门九烈”与“一门三烈”的典型事迹。在抗日战争和解放战争时期，青州市北部党组织团结带领广大人民群众开展了艰苦卓绝的斗争。英雄儿女们为了革命事业，前赴后继、勇往直前，在艰苦的环境中不惧困难、忘我工作；在险恶的地下斗争中，置生死与度外，坚贞不屈，视死如归。在高柳这片热土上，涌现出了一大批为国捐躯、英勇就义的革命志士。其中，益寿临广四边县（今青州市高柳镇）南段村的刘旭东烈士一家，为了民族的解放和共和国的建立，先后有 9 人为国壮烈捐躯，被誉为“一门九烈” 之家，抗战胜利后，1945 年益寿县人民政府赠给他的后人一面“群英齐荣”的锦旗（珍藏于青州市博物馆）。

刘旭东（1899—1941），名晓亭，字旭东。1937年加入中国共产党，1941年1月牺牲。在长达40多年的革命生涯中，他当过教师、医生，历任中共益寿临广四边县七区区委书记、中共益寿县委组织部长等职。回顾他人生中的不同时期，刘旭东始终不忘国家忧难，体现出英勇顽强、不怕牺牲的革命斗志。

1. 接受进步思想教育，宣传抗日救国道理

1899年，刘旭东出生于名门之后，一个中医家庭。刘家的老祖宗，是第五代衡王定王朱翊镬的姑爷，而今他们家的“钉子门”保存尚为完好。刘旭东的父亲刘裕祥，是中医，精通针灸，自己兼坐堂医生，是益北地区的知名人士。在古大道西侧开有“聚祥堂”药铺，欲祥生意做得很红火。

刘旭东自幼好学，聪慧伶俐，性格活泼，遇事乐观，长于演说论辩，先天组织才能。6岁的时候就被望子成龙的父母送进了私塾，进行启蒙教育，7岁就读完了《论语》《孟子》，八九岁就能把刚学习的《大学》《中庸》倒背如流，10岁的时候花了近一年时间融会贯通了《孝经》，11岁的时候，已经能很流利地把《春秋左氏传》默写出来了。他以勤而好学，聪明睿智，深得塾师赏识。

后考入益都师范讲习所，在校学习期间，受新文化运动影响，他生出了“中国不自救，便将亡于外人之手”的想法。面对清政府的腐败无能，他满腔激愤，希望有一天可以参加救国的行动，做些有益的事情。因此，他一边努力学习文化知识，一边在同学中进行革命宣传，带领同学进行反帝、反封建斗争。

1916年，17岁的刘旭东从益都师范讲习所毕业后，一边在朱良高级小学任教，一边跟父亲习医。他在教授《论语》等古籍的同时，还把孙中山先生的事迹编成小故事，在课堂上讲给学生听，鼓励学生要善于思考，勇敢面对现实，摆脱束缚，走革命的道路，在国家民族危亡的时刻，承担起拯救民族的重任。

1919年5月4日，五四反帝爱国运动爆发。青州人民奋起响应。20岁的刘旭东受党组织委派，曾给革命青年讲过政治理论，教育青年要把革命理论记在脑子里，落实在革命行动上。同时，组织数百名学生纷纷上街举行以集会、游行示威、街头演讲宣传、抵制日货为主要形式的群众爱国运动，声援北平学生，历数西方帝国主义列强在中国的累累罪行，慷慨激昂地痛斥北京政府曹汝霖、章宗祥、陆宗舆等人的卖国行经，反帝爱国热情进一步迸发出来。

教学 7 年后，刘旭东效仿孙中山先生，子承父业，弃教从医，在暗中从事革命活动。贫苦农民一旦有病，他主动登门施治，不收取医疗费用，在附近村中享有盛誉。

刘旭东在北伐战争时期曾加入过国民党，积极宣传北伐，从事救国活动；国共分裂后，他不满国民党的作为，自动脱离了国民党组织；抗日战争一爆发，他便积极响应中共中央北方局“脱下长衫，到游击队去”，“有人出人，有钱出钱，有力出力，有枪出枪”的号召，成为自发的抗日宣传员，对他的弟子和族属们大讲抗日救国道理，鼓励他们投笔从戎，报效祖国。

2. 投身抗日救亡运动，建立段村第一个党支部

1937 年 10 月，山东省党组织派遣在我党多方努力下营救出狱的共产党员胡维鲁、彭瑞林、李云鹤等先后到青州活动，宣传抗日主张，组织开展抗日救亡运动，寻找失掉关系的共产党员，恢复和建立党的地方组织。11 月底的一天深夜，潜居于东朱鹿村领导益北人民抗日的胡维鲁因得急性绞肠痧，陈诚一陪伴他来到一河之隔的南段村，求旭东医治。一来二去，两个人混熟了，从此结为好友。在胡维鲁的启发和引导下，刘旭东的阶级觉悟逐步提高，不久后就在段村一带组织起了抗日救亡团，带领村民与官府和豪绅进行坚决斗争。

1938 年 1 月 8 日，日军侵占益都县城，到处奸淫烧杀，大肆掳掠，无恶不作，特别是火烧郭集村，血洗金家、大田庄村的残忍行径，激起了热血青年刘旭东的满腔怒火。他多次对家人说：“一个小日本，占我们大半个中国，我能坐当亡国奴吗？”对日军的暴行，他忍无可忍，决心亲自动手，为民报仇，为国杀敌。就在这一年，胡维鲁介绍 39 岁的刘旭东加入了中国共产党，成为中共东朱鹿村党支部建立后发展的第一批党员，刘旭东从此走上了追求革命真理的道路，同时，也点燃了段村抗日救亡运动的星星之火。

为筹集党的活动经费、抗日经费和购置枪支弹药费用，积极发动组建并参加抗日武装工作，刘旭东不惜卖掉一个自家药铺。同时，他积极建立农村基层组织——儿童团、妇救会、农民协会等，在本村抗日积极分子中发展党员，建立南段村第一个党支部，并担任南段村第一任党支部书记。

教师与医生，是农村中最受人们敬仰的两类人物。刘旭东既是教师，也是医生，自然被当地人视作圣人。在旭东的影响下，他的兄弟刘观亭、刘芝亭，儿子刘汉鼐、儿媳王秀英，侄子刘汉玉、刘汉鼎、刘汉儒，侄女刘兰英，以及南段村的一大批村民先后加入了共产党，成了益北抗日力量中的一批生力军。

3. 走上领导岗位，带头扩大发展益北抗日组织

1939 年，组织上调刘旭东任中共益寿临广四边县七区区委书记，期间，他亲自派出大批干部，深入到各镇区和村庄大搞群众组织发动工作。利用召开各界民众大会、走村串户个别启发教育等各种形势，宣传党的路线和革命理论，通过发动反奸除霸等群众斗争，激发群众的抗日积极性，然后在群众觉悟不断提高、抗日激情越来越高涨的基础上，在七区各镇、村都陆续建立了抗日救国自卫团、农民抗日救国会、青年抗日救国会、妇女抗日救国会、儿童团等群众抗日团体。

1940 年 4 月，为了加强领导，扩大发展益北（胶济铁路北益都县各区）抗日根据地，中共清河地委决定撤销四边县委、行政办事处，建立中共益寿县委、益北行署，辖胶济铁路北益都县各区及寿光五区。韩洪甫任书记，刘旭东任组织部长，张鲁泉任宣传部长，李明村任民运部长。县委建立后，在刘旭东的努力下，益北党组织发展很快。到冬天，南段村周围已有 18 个村建立党支部，并建立了四边县抗日武装“六大队”，成为益北地区发展抗日武装的核心力量，为开辟、巩固和发展益北地区抗日根据地做出了贡献。

4. 英勇就义，群英齐荣，光耀古州

1941 年，益北抗日根据地形势恶化到了“南北一炮打透，东西一枪打穿”的地步。1 月 4 日上午，为坚守和扩大抗日根据地，益寿县委在寿五区八户村开会，得到敌人要来扫荡寿五区洋河一带根据地的情报，当时正在益寿县视察工作的清东地委组织部长李寿岭，由县委组织部长刘旭东和宣传部长张鲁泉陪同，由县委秘书陈诚一同志带领，傍晚顺着洋河两岸，秘密潜入了东朱鹿村隐蔽起来。

1月5日拂晓，伪军徐振中带领朱良据点的日寇熊谷曹长、汉奸杨荆山（外号杨勾鼻子）等300多人，包围了抗日堡垒村——东朱鹿村，制造了当年在山东清河区抗日根据地轰动一时的东朱鹿惨案。因那天是农历腊月初八，故又称“腊八惨案”。

当时，李寿岭、刘旭东、张鲁泉等藏在陈凤春家的地窝内，由于叛徒陈劝三出卖，敌人逼着陈凤春下地窝抓人，陈宁死不屈，被活活烧死。汉奸杨勾鼻子又命其警卫下地窝，被刘旭东开枪打死。敌人在无计可施的情况下，在洞口点上柴草和辣椒，用扇车往地窝内煽风。在这紧急关头，刘旭东、李连臣为了掩护同志和群众，冒着生命危险上来，一出洞就被敌人捆绑毒打，威逼追问洞里的情况。他俩坚定地说：“洞里没有别人了。”狡猾的日寇熊谷曹长不相信，命令继续向洞里吹烟。中午，日本鬼子和汉奸把抓捕的抗日革命同志和群众统统押送到该村的十字路口。被打得鲜血淋漓的刘旭东同志，被押在队伍的前面。汉奸徐振中曾是刘旭东的学生，他向日寇熊谷曹长密语了几句后，走到刘旭东面前，假惺惺地叫了声老师，想在刘旭东面前施展什么伎俩。当即，刘旭东同志破口大骂道：“安（徐振中的乳名），你这个狗汉奸，民族的败类，谁是你的老师？我早晚要看到你们这些畜生的灭亡！”徐振中立即露出了凶残的嘴脸，命令汉奸将刘旭东同志绑在路边的老槐树上，残忍地挖掉了他的双眼，但刘旭东始终骂声不绝，敌人又割去了他的舌头，然后将其活活砍死。

张鲁泉在地窝内用自己的身体堵住进火口保护其他同志，腰部左侧被烧烂，因伤势过重，医疗条件极差抢救无效而牺牲，这次惨案有12名同志牺牲，另有6名群众受伤。

恶有恶报！1948年，在解放济南的战役中杀害共产党干部群众的罪大恶极的国民党投降派、汉奸徐振中被我军活捉。在益寿县广大群众的强烈要求下，在当年益寿县抗日根据地阳河村召开了万人公审控诉大会，将血债累累的汉奸徐振中执行了枪决。

5. 刘家族属们先后有8人为国壮烈捐躯，被誉为“一门九英烈”

刘旭东牺牲后，受其影响，刘家族属们相继走上革命道路，积极投身于抗日救国的伟大洪流之中，为革命胜利做出了重要贡献，也付出了重大牺牲，先后有8人为国壮烈捐躯，被誉为“一门九英烈”。

有关人物知识：

刘芝亭，刘旭东之三弟，中共党员。1939年参加革命，生前任清河军区直属团司务长，在寿光县牛头镇与敌人激战中壮烈牺牲。

刘观亭，刘旭东之四弟，中共党员。清河军区直属团营长，1942年英勇牺牲于广饶县陈家寨。

刘汉玉，刘旭东之堂侄，中共党员。生前任中共寿五区区委书记，1942年在广饶县码头村光荣献身。

刘汉鼐，刘旭东之独子，中共党员。鲁南抗日军政大学学生。1942年因身染疾病，不幸病故。1947年被追认为革命烈士。

刘兰英，刘旭东之堂侄女，中共党员。任益寿临广四边县寿五区妇救会主任，1939年牺牲于广饶县八大组。

王秀英，刘旭东之儿媳，共产党员。村妇救会员、我党地下交通员，1942年被日伪军杀害于北段村。

刘汉儒，刘旭东之堂侄。中共党员，清河军分区通讯科科员，1944年在执行任务途中，与国民党顽固派徐振中部遭遇，光荣殉职。

刘汉鼎，刘旭东之堂侄。中共党员，益都县普通区武工队指导员，1946年被混入武工队内部的特务分子杀害于临淄县境内的毛家庄子。

还有值得我们一提的是：刘花荣，刘旭东的女儿、刘保同的姑母，一个平凡中凸显着伟大和坚强的农村女性。在众多亲人为国捐躯、家境突遭灭顶变故之时，一个不到20岁正值豆蔻年华的大姑娘，为了抚养两代烈士的遗孤，义无反顾地带着不满4岁的侄子刘保同出嫁，并且婚后刘花荣自己还生有二子四女，在那样极端艰难的环境下，含辛茹苦地将其抚养成人并结婚成家，其艰辛程度可想而知。她为此做出的巨大牺牲，同样值得我们向她表示最崇高的敬意。

注：刘保同是刘旭东烈士的孙子、刘汉鼐和王秀英之子。

各位学员，今天我们来到段村烈士祠，缅怀先烈、追循足迹，就是为了能够更深切感受到老一辈革命先烈对共产主义的坚定信仰，体会在当时那艰苦卓绝的年代，我们的革命先辈们为什么会那样做，为什么有那么多先辈为革命抛头颅洒热血，是一种什么力量指引着他们前赴后继，视死如归。在当代社会，在拥有美好幸福生活的今天，虽然少了战火的磨砺与斗士的牺牲，但是革命先烈的精神不能丢，要学习他们心有大我、至诚报国的爱国情怀，学习他们不怕牺牲、敢为人先的敬业精神，学习他们淡泊名利、甘于奉献的高尚情操，做到秉承遗志，弘扬精神，不忘初心，砥砺前行。

作为革命后辈的我们，要结合“两学一做”学习教育常态化制度化，在开展形式多样的学习英雄人物的过程中，让英雄人物的光辉事迹时刻在我们心中传颂，使英雄人物成为我们心目中的偶像和健康成长道路上的路标；要进一步提升自身的政治素养和党性的修养，更加坚定理想信念，强化宗旨意识，净化思想品德，把爱国之情、报国之志融入祖国革命和解放的伟大事业之中、融入人民创造历史的伟大奋斗之中，从自己做起，踏实做好本职工作，为实现“两个一百年”奋斗目标、实现中华民族伟大复兴的中国梦贡献智慧和力量！

参观到此结束，谢谢大家！

青州市党性教育基地——段村烈士祠教学点解说词(二)

◎ 樊光湘

各位学员，欢迎来到青州市党性教育基地——段村烈士祠教学点参观学习。在南段村与北段村之间，原本有一个铁塔寺，抗日战争期间被鬼子炸为废墟。1945 年 8 月 15 日，日本鬼子投降后，益寿临广四边县人民政府将此处改建为段村烈士祠。烈士祠于 1947 年惨遭国民党反动派破坏，1952 年益都县政府出资重建，以后又历经多次修缮。

段村烈士祠展区分五个部分，正面的烈士纪念堂内主要展示的是 648 位烈士的简要生平及烈士用过的战斗遗物；东侧的第一展区是中共青州党史展区，主要介绍中共党史和青州北部党组织发展史；西侧的第二展区展示的是“一门九烈”和“一门三烈”的英雄事迹及烈士遗物；南侧的第三和第四展区主要介绍抗日和解放战争时期的典型人物和事迹。今天咱们主要参观的是第一展区——中共青州党史展区。

目前，段村烈士祠是潍坊市境内最早、山东省境内最大的烈士祠；被评

为潍坊市“重点文物保护单位”、山东省“重点文物保护单位”，以及潍坊市国防教育基地；也先后被青州市作为“青州市干部教育基地”“青州市党外代表人士教育基地”等。

下面，请大家跟随我到第一展区——中共青州党史展区。

中共青州地方史是中共党史的一个有机组成部分，学习和掌握中共青州地方史，对于全面了解和掌握中共党史的内容，对于认清青州的市情，了解它的昨天和前天，将起着积极作用。著名教育家加里宁认为：“关于爱国主义教育，是从深入认识自己家乡开始的。”为了加强爱国主义教育，突出精神文明建设，使大家能知我家乡。爱我家乡、建设家乡，学习中共青州地方史不仅重要，而且也是必不可少的。对此，大家要有充分的认识。

各位学员，我们首先了解一下中共青州地方史第一个 30 年。

十月革命后，民主革命的先行者王尽美、邓恩铭、王翔千等同志陆续将上海共产主义小组成员邵力子、沈立庐主编的《民国时报》《星期评论》以及《新青年》《新生活》《中国建设》等进步书刊传入青州，青州的知识分子以及青年学生视之为“唤醒民众，改造社会主义的有力武器”。这标志着马克思主义在青州开始扎根并产生了深远影响。

1922 年 10 月，山东最早的共产党人之一王翔千从济南来到青州，宣传马克思主义，开展革命活动，揭开了马克思主义在青州的传播和党的创立时期的光辉一页。王翔千成为青州最早的马克思主义传播者和青州党、团组织的奠基人。

王翔千是诸城县人，济南共产主义小组成员之一。1922 年由王尽美介绍加入中国共产党，并在中共济南支部工作。他到青州之前的公开职业是济南育英中学的教员，到青州的公开身份是青州十中国文教员。

到青州十中后，王翔千迅速展开工作。利用课堂，他经常向学生介绍社会主义思想，启发学生关心国家前途和命运。他在讲课中，向学生灌输马克思主义理论，介绍俄国十月革命，引导学生关心国家的前途和命运。他选印的第一篇讲义是《阶级斗争》。他引导学生创办读书会，向学生推荐进步书刊，如《共产党宣言》《唯物史观》《社会主义讨论集》《中国青年》《向导》《铁路工人》周刊等。这些全新的内容，给同学们开辟了新的知识领域，使同学们的思想境界进入了一个新的天地。除去在课堂上进行宣讲以外，他还利用课余时间指导和组织学生创办了“新剧社”，编演新戏，宣传新思想、新文化和反帝反封建的革命道理。在他的指导下，“新剧社”编演了许多生动感人、富有教育意义的新剧。他还利用各种形式广泛接触同志，并推荐一些马克思主义的书籍和进步书刊给同学们看。一时间，一些马克思主义的书籍和进步刊物，在广大青年学生中广为流传。他还深入工厂，接近青年工人，同青年工人交朋友，宣传马克思主义的基本原理。通过这些宣传教育，使广大学生、青年工人逐渐领悟到只有革命才是中国人民翻身解放的唯一道路，只有共产党才是劳苦大众光明前途的希望。

1923 年春天，王翔千离开青州回济南工作。他在青州虽只有不到半年的时间，但却把马克思主义的种子播撒在青州大地。王翔千离开青州后，其弟王振千又在青州接替他的工作。王振千原为青州十中教员，王翔千来青州后，他与王翔千对换，到济南育英中学接替王翔千的教学工作 。由于受其兄影响，进步很快。王振千回到青州十中后，边教学，边进行马克思主义宣传，并为青州党、团组织的创建做了大量工作，也为青州团组织活动提供了条件。

1923 年 5 月，益都四师学生王为铭受到马克思主义熏陶后，在青岛《胶澳日报》副刊发表了一篇为纪念马克思诞辰 105 周年而写的文章，题为《马克思主义与中国革命》。这篇文章引起了当时在《胶澳日报》任副刊主编的中共一大代表邓恩铭的注意。随后，邓恩铭便

到青州以探亲（其舅父黄泽沛在益都县任知事）为掩护找到王为铭，向其进一步宣传马克思主义的革命观，并赠给王为铭《共产党宣言》（现存于山东省第一个农村党支部——广饶县刘家集村党支部党史展览馆）和《第三国际代表大会决议》两本书。从此，邓恩铭借其叔父黄泽沛在益都县任知事的方便条件，经常到青州与学生进行广泛的接触，启发青年学生的革命觉悟，扩大马克思主义的影响。在邓恩铭的影响下，5 月 29 日，青州十中、四师、甲农的 27 名学生在城里冯家花园成立了青州平民学会。学会骨干有赵文秀、石毓冥、祝树蕃、王元昌、刘序功等。平民学会组织会员参加座谈会、讲演会、文艺演出等活动，探讨改造社会的理论和方法，进行反帝爱国活动宣传，推动了全市新文化运动的发展和马克思主义的传播。6 月份，益都四师校长刘尚敬压制反帝爱国学生运动。刘尚敬是前清举人，思想陈腐，视新文化为异端。学生略有不满，动辄开除，并借期末考试压制学生的读书活动。刘尚敬压制民主、专横跋扈的行径，激怒了全校老师和学生。在邓恩铭的鼓动下，四师掀起驱刘学潮，并发动全校老师和学生对学校当局推行法西斯教育、开除进步学生的行径进行了斗争；掀起了改革封建落后的法西斯教育制度、进行反帝爱国教育、传播进步思想的热潮。8 月，十中学生联合会创办青州《学生联合会》会刊，在会刊第一期上发表了宣言。宣言指出：会刊供全体学员发表学生时代的新思想，以便交换知识，研究学术；供学员发表对社会的看法，站在改造社会的前列；介绍新文化、新思想，补救社会方面知识的空虚，让会员明了现在的急务，并在改造旧制度、旧恶习中自觉地改造自己。

《青州学生联合会》会刊创办后，广大青年学生利用会刊介绍苏俄革命、宣传马克思主义以及民主自由思想，研究各种新思潮，探索救国救民、改造社会的道路和方法。刊载了一些宣传社会主义，鼓动进行社会革命的文章，号召无产阶级团结起来，同地主、资本家做坚决的斗争，从地主、资本家手中夺回权利；号召工人中的先觉者投入工人运动中去，宣传群众，组织群众，为无产阶级的解放事业而奋斗。还发表论述劳动阶级、阶级斗争、社会制度的根本改造等问题的文章，通过具体事实，剖析社会，痛斥反动当局的罪恶，抨击社会时弊，启发青年学生的觉悟。对推动革命形势的发展和学生运动的兴起，起了重要作用，也标志着青州学生在马克思主义的影响下，达到了一个新的思想境界。

在这期间，王尽美二次来青州，在十中做旅欧考察报告，历数第一次世界大战期间，帝国主义国家统治集团加紧压迫剥削劳动人民，大发战争横财的罪行；而苏联在列宁的领导下，建立了第一个共产党领导的劳动人民当家做主的社会主义国家，给广大青年学生指明了中国革命的前途。一时间，社会主义成为人民公认的新思潮。尽管当时人们对社会主义的认识还很肤浅，对各种社会主义流派的实质还分辨不清，但十月革命的成功，苏俄社会主义制度的建立，却促使先进知识分子以苏俄为榜样，开始思索、探求改造中国社会的道路和方法。研究和宣传社会主义逐渐成为进步思想界的主流，这是五四运动以后新文化运动的突出特点。

11 月，中共中央特派员尹宽来青州检查指导工作，历时一周，同进步青年谈话，了解情况，指导工作，强调学生运动必须与工农民众相结合。鼓励青年学生结识工人，与工人交朋友，使学生运动沿着健康道路发展迈出了重要一步。

五四运动以后马克思主义的广泛传播，构成了在青州建立共产党组织的思想基础；最早接受和宣传马克思主义的知识分子和青年学生，有的完成了由旧民主主义向新民主主义的过渡，有的完成了民主主义向社会主义和共产主义的过渡，参加了中国共产党，这又在组织上为青州建立共产党组织提供了干部准备，因此，青州建立党组织的条件已基本成熟。

青州，是山东最早建立地方党组织和开展党的活动的县市之一。青州党组织的建立有一个显著的特点，就是经历了一个先建团、后建党，由学生到工农，从城市到农村的过程。1921 年，中国共产党诞生后，同年冬，共产党员王翔千介绍学生李耘生（李殿龙——山东省第一个农村党支部——广饶县刘家集村党支部创始人）加入了中国社会主义青年团，成为青州历史上第一个团员。随后，刘俊才（刘子久）、刘序功、王元昌、赵文秀等相继入团。1923 年 1 月，中国社会主义青年团青州团小组建立，负责人李耘生。1924 年春，李耘生调济南地委工作后，青州团的工作由刘俊才负责。4 月，团中央决定在青州建立团支部，中共一大代表王尽美、邓恩铭先后来青州，具体指导帮助建立了中国社会主义青年团青州支部，刘俊才任支部干事长，团员有十数人。

6月，刘俊才十中毕业后，调中共济南地执委工作，团青州支部书记由王元昌担任。团支部发起了反对帝国主义利用基督教进行文化侵略的收回教育活动；并通过东关县立第一高小教员杜华梓组织发动了全县小学教员增薪罢课运动，迫使县教育当局答复了教师的合理要求。8月，经团中央局批准，建立团青州特别支部，直属团中央领导。1924年冬天，根据1924年5月中共中央扩大执行委员会的《S.Y.工作与C.P.关系决案》中有关团员转党的决定，团青州特别支部的一批团员杜华梓、王元昌、赵文秀、李春荣、王懋坚等转为共产党员，成为青州第一批党员。

1925年1月，在中共济南地方执行委员会的具体指导下，建立了中共青州支部。杜华梓任支部书记，隶属中共济南地方执行委员会；2月，改属中共山东区执行委员会，驻地涝洼村。中共青州支部的建立，是青州历史上开天辟地的大事，标志着马克思主义的根基已经扎入了青州大地，揭开了中共青州地方党组织发展的新篇章，青州的共产主义运动进入了一个崭新的阶段。

在第一次大革命高潮来临时，新成立的青州支部相继领导建立了商学联合会、农民协会、益都儿童团组织；领导组织恢复平民学校、创办农民学校；开展了阻止奸商贩小麦给日本人、青州车夫罢工、声援青岛工人罢工、上海五卅（五卅惨案）运动，反抗土豪劣绅压榨农民、反基督教活动、郑母暴动等一系列运动，有力地打击了帝国主义和封建势力。并把愿意起来革命的东圣水村小学教员魏复中（魏嵋之次子）发展入党，魏复中入党后，在东圣水村向热爱祖国、渴求进步的青年宣传反帝反封建的革命道理，宣传马克思、列宁主义。很快就在东圣水村小学和东圣水村培养了一批积极分子，使东圣水村很快就成为当时青州党组织乃至山东党组织政治活动的中心，为青州党组织在农村的发展壮大创造了条件。东圣水魏嵋一家是整个青州红色历史的一个起始点，它与辛亥革命、五四运动以及山东和青州地区早期党的建设都有着千丝万缕的联系，可以说，东圣水是研究青州近代革命史的一个切入点。革命初期，我们党面临的最大的难题就是缺经费，魏嵋家庭富裕，从 1911 年，他就支持孙中山的辛亥革命，我党初建，他又支持中国共产党，提供会议场地，提供食宿，因此当时中共山东区执委、中共青州地执委的领导都常住东圣水。当时就有个说法，"南陈北李中圣水，南陈是陈独秀，北李是李大钊，中就是山东的东圣水。" 东圣水魏家，继 1925 年魏复中加入中国共产党后，魏家三子魏复民、四子魏复庄、六子魏复功、女儿魏复丽都先后加入共产党，就连魏家的孙辈，孙女魏玉生、魏玉新、孙子魏玉聪、魏玉成都成了中国社会主义青年团团员，其中，魏玉生、魏玉新还分别与宋伯行、王伯阳结为了革命夫妻。在整个革命战争年代，魏家先后有八人为革命捐躯。可是，不论是为劝降土匪而被杀害的魏复功烈士，还是为掩护和保全革命武器而英勇牺牲的魏玉新烈士，还是因叛徒出卖在济南被害的宋伯行烈士、在开封被害的王伯阳烈士，大都尸骨无存，难觅英雄的最后归宿。只有 1946 年被还乡团杀害的魏复功烈士被埋在北城社区一个荒废的院落里——魏复功 1946 年任 13 个村的联防大队长，有一天，他不幸被敌人捕去，在狱中受尽了酷刑，但是，始终保守党的机密，最后，敌人拿他没办法，就把他杀害了。

1926 年 10 月，宋伯行根据中共山东区执委指示，到益都县城东东圣水村，代表区执委领导益都、寿光、临淄、广饶、临朐、昌乐六县的党、团组织。经过努力工作，整顿健全了青州、寿光、临淄、广饶等地党、团组织，并利用各种关系，通过多种渠道，选派党、团员到临朐、昌乐等地开展工作，发展党、团员，建立党、团组织。同时，建立起益都城关、涝洼、东圣水三个村党支部。随之，在此基础上，建立了中共益都地方执行委员会，隶属中共山东区执行委员会，驻地涝洼村。宋伯行任书记，杜华梓任组织部长，商勤学任宣传部长。中共益都地方执行委员会下辖益都城关、涝洼、东圣水三个村党支部：城关村党支部，商勤学兼任支部书记；涝洼村党支部，杜华梓兼任支部书记；东圣水村党支部，魏复中任支部书记。是月，中共山东地执委在青州东圣水村召开扩大会议，组织学习党的重要议决案，总结“五卅”运动以来的经验教训，研究部署党、团组织的发展等问题。

1927 年 5 月，原属潍县县委领导的中共尧沟支部，拨归益都领导。此时中共益都地执委下辖城关、涝洼、圣水、东朱鹿、尧沟等 16 个村党支部，全县党员发展到 170 人。

鉴于青州革命形势的发展和党组织的壮大，尤其是以益都为核心的昌乐、临淄、临朐、广饶、寿光等县党的活动更加活跃，已具备建立地执委的条件，因此，中共山东区执行委员会决定在青州建立中共青州地方执行委员会，代行区委职权，统一领导潍坊西部的益都、寿光、临朐、昌乐以及临淄和广饶六县的党组织。

1927 年 4 月，中共青州地方执行委员会在东圣水村正式建立，隶属中共山东区执行委员会，下辖益都、寿光、临朐、昌乐以及临淄和广饶六县的党组织。宋伯行任书记，杜华梓任组织部长，田裕炀任宣传部长，商勤学任总务兼交通员。交通点有：寿光县的张家庄、崔家庄和于家尧河；临朐县的吴家辛兴；昌乐县的尧沟；临淄县的呈羔和商王庄；广饶县的延家集、刘家集、耿家集、吕家王镇和封庙等地。中共青州地执委的成立，对于所属各县党组织的发展，起到了积极的促进作用。

至此，中共青州党组织实现了由中共青州支部——中共益都地执委——中共青州地执委的三级跳。

“四一二”反革命政变发生后，中共山东区执委、青州地执委于 5 月下旬在东圣水村举办青州地方各县党、团组织负责人短训班，山东区执委书记吴芳亲自来讲课。之后，中共益都地执委对全县党、团员进行政治训练，使党、团员受到了一次形势教育，在思想上对国民党叛变革命作了精神准备。

1927 年，蒋介石、汪精卫相继背叛革命后，国内阶级关系发生了重大变化，斗争形势陡然逆转，轰轰烈烈的大革命中途夭折，帝国主义、封建势力和买办资产阶级扶植国民党反动派充当新工具，妄图在全国范围内建立反革命独裁统治。

大革命失败后，青州的革命形势曾一度转入低潮。1928 年 1 月，中共青州地执委组织部长杜华梓等人自首叛变，给青州的党、团组织造成了严重破坏。书记宋伯行被捕牺牲；宣传部长田裕炀潜回原籍诸城不久，在发动农民暴动中牺牲；团地委书记李玉鼎被迫离开青州去青岛。但是，青州的党、团员和基层党、团组织没有屈服于反动派的屠杀政策。2 月，在中共山东省委派员指导下，在东朱鹿党支部的基础上，建立了“中共益北特支”（隶属中共山东省委），负责益都北部及寿光部分地区党的工作。在严重的白色恐怖下，中共益北特支经常组织党员进行秘密宣传活动，领导农民开展抗粮抗捐、“烧坡”、“抢坡”、短工罢市等斗争，并指示以教学为掩护的共产党员刘子科争取了一支武装。8 月，中共益北特支发动朱鹿、段村、阳河一带农民在益都县边沿地带臧台村举行武装暴动。虽因遭到国民党寿光保安团的镇压而失败，但它却是益都党组织武装争取政权的第一次尝试。

1929 年 8 月，北京共产党员马适安应聘到四师任教，以教学为掩护积极从事党的秘密活动。12 月，他领导了四师、十中学生反对帝国主义文化侵略的基督教的斗争。1930 年，马适安利用国民党的内部矛盾，开展了反对叛徒杜华梓的斗争，并于年底建立了中共四师党支部。同年春，中共益北特支遭破坏，中断了与中共山东省委的联系。6 月，中共山东省委书记任国桢来青州东朱鹿村巡视工作。7 月，中共益北特支恢复。中共青州党组织又出现了比较活跃的局面。中共四师党支部在进步学生中建立了左翼作家联盟、反帝大同盟、互济会等群众组织。1931 年“五一”节后，四师学生在党组织的领导下，驱逐了压制反帝爱国学生运动的训育主任燕有林。因此，国民党省党部密令逮捕党员师生马适安、张训荣（张北华）等人，马适安、张训荣二人闻讯后迅速转移，中共四师党支部暂时停止了活动。是年，共产党员牛玉昌（牛瑞庭）重建中共四师党支部。

同年夏，为使中共青州党组织全面恢复，中共山东省委派段亦民同志来益都整理党组织，重新建立了中共益都特支，段亦民同志任书记。“九一八”事变后，全国人民抗日怒潮不断高涨。中共益都特支组织四师、十中、甲种农业学校和东关高小学生罢课，参加南下向国民党南京政府请愿活动。在遭到国民党县政府的压制后，东关高小教师、共产党员冯毅之带领十数名学生深入西南山区进行革命活动，为日后在山区建立武装，进行抗日游击战争，打下了一定的基础。在益都党的活动范围不断扩大。1932 年 5 月，在中共益都特支的基础上，建立了中共益都县委，段亦民任书记。益都的党组织再次蓬勃发展，先后建立了中共城区（一区）、郑母区（十区）两个区委，基层支部发展到 21 处。群众组织也迅速发展，并成立了抗盐队、赤卫队等群众武装，活动也日趋活跃。中共十区区委发动群众捣毁了坑害百姓的官办盐店；中共四师党支部发动乡镇长训练班中的党员，开展反对国民党县党部常委赵若谦的斗争，打乱了国民党乡镇长训练班的计划。益都革命斗争形势不断高涨，引起了中共山东省委的重视，多次派中共山东省委军委书记张鸿礼来益都研究发动武装暴动。在 6 月的一次会议上，因县委书记段亦民坚持暴动时机不成熟，遭到张鸿礼的严厉斥责，当即被撤销县委书记、暴动总指挥职务，指定县委宣传部长郑云岫（郑心亭）为暴动总指挥。8 月 18 日拂晓，中共十区区委发动十几个村的党员群众举行郑母暴动。但最终因客观条件不具备，郑母暴动归于失败。暴动总指挥郑云岫、原县委书记段亦民及大批共产党员被捕牺牲，益都党组织遭到严重破坏。

益都郑母暴动失败后，于 8 月底，中共山东省委派马兰邨来益都恢复党组织，与十中学生党员金明取得联系。9 月，建立了共青团益都县委（亦称党团县委），金明任书记。根据上级指示，团县委代管党的工作。团县委建立后，恢复了一些党组织；建立了中共大官营村党支部；创办了刊物《赤峰》。正当益都党的活动重新活跃起来之时，1933 年 2 月，马兰邨叛变，益都党组织再次遭劫。团县委书记金明等所有成员及中共益北特支陈树堂等 3 人被捕。7 月，省委组织部长宋鸣时叛变后，敌人再次来益都逮捕了 20 多名党、团员和互济会员。在不到一年的时间内，益都党组织 3 次遭到严重破坏，致使益都党的活动进入了一个极其艰难的阶段。

但是，益都的党、团员没有向敌人屈服，在失去与上级党组织联系的情况下，继续坚持党的工作。1934 年 2 月，潍县中心县委组织部长牟铭勋去东朱鹿村巡视，沟通了中共益北特支与省委的联系。春，十中建立了学生抗日救国会。秋，大陈庄共产党员陈锡德为了寻找党组织，考入济南第一乡村师范，与上级党组织取得联系后，利用假期在家乡大陈庄一带发展党员，于 1935 年夏建立了中共大陈庄党小组。1936 年夏，四师“中华民族解放先锋队”建立，进行抗日宣传。在此期间，中共山东省委派组织员景晓村到大陈庄检查指导工作，推动了抗日救亡运动的开展。通过一系列的宣传发动，益都党的影响深深地扎根于群众之中，为以后进行抗日战争奠定了坚定的思想基础。

1937 年 7 月 7 日，抗日战争爆发。在青州党组织领导下，青州各界人士迅速组织抗日救亡活动，进行抗日宣传，支援二十九军抗战。“八一三”事变以后，由于我党的努力和全国抗战形势迅猛发展，国民党接受了我党关于第二次国共合作的正确主张，抗日民族统一战线形成。中共山东省委根据中央指示，积极整顿和发展党的组织，号召共产党员脱下长衫到游击队去发动武装抗日。10 月，胡维鲁、彭瑞林、李曦晨、李云鹤等共产党员先后从济南监狱和南京反省院来到益都，寻找地下党员，宣传组织抗日救亡活动。12 月，在省委宣传部长林浩和鲁东工委宣传委员杨涤生主持下，建立了中共益都县整理工作委员会，书记胡维鲁。先后与益都北部战前的共产党员牛瑞庭、陈德义、王宗东、陈凤九、刘逢源及益都南部的党员冯毅之、陈锡德等取得联系，或为其恢复关系。从此，益都在党的领导下，进入了一个新的历史发展时期。

1938 年 1 月 9 日，日军占领益都城。所到之处，烧杀抢掠，在铁路南制造了骇人听闻的“田庄惨案”，伤亡近百人；在城北连续“扫荡”朱鹿、良孟、段村一带，给人民造成严重损失。1 月 10 日，中共益都县委建立。面对日军的暴行，全县人民在党的号召和黑铁山起义、牛头镇起义的影响下，抗战热情十分高涨，县委抓住有利时机，组建抗日救亡团，发动群众参军参战，在杨家营村召开抗日动员大会，号召各界人士团结一致，共同抗日。

抗日战争期间，在中共鲁东工委的具体领导帮助下，青州各地的党组织与广大共产党员，积极响应中共中央北方局“脱下长衫，到游击队去”，“有人出人，有钱出钱，有力出力，有枪出枪”的号召，按照省委的统一部署，要求各级党组织与广大共产党员、青年工人、农民、知识分子都应迅速行动起来，大力开展抗日民族统一战线工作，广泛组织抗日救亡团体，集中力量筹集抗日经费和枪支弹药，积极发动组建并参加抗日武装的工作。从 1937 年底开始，青州党组织先后组建了：

（一）八路军鲁东抗日游击队第十支队；

（二）八路军鲁东游击队第八支队、十二、十七、十三中队；

（三）益北大队；

（四）四边县青年中队和工农大队；

（五）益寿临广四边县地方武装——六大队；

（六）益寿临广四边县独立营；

（七）益寿临广四边县特务大队；

（八）八路军第四支队新编第一营；

（九）益都县大队；

（十）益都县第二游击大队 ；

等一批党直接领导的人民抗日武装，有效地同日伪顽进行了不屈不挠的斗争。创建了青州胶济铁路北抗日根据地、青州胶济铁路南西南山区抗日根据地、益寿临广四边区抗日根据地。为抗日战争的胜利和推翻国民党反动政府做出了很大的贡献。

在共产党员和进步人士的率领下，先后为八路军鲁东游击队第八支队组建了十二中队、三十六中队、十七中队、十三中队。建立了八路军鲁东游击队第十支队。建立了益都县群众抗日救亡团。为了团结各阶层共同抗日，在西南山区由山东人民抗日救国军第五军（后编入八路军山东纵队第四支队）司令廖容标、政委姚仲明同中共益都县委委员冯毅之一起，与淄河流域的吴鼎章等国民党游击队建立了“淄河流域抗日联军办事处”，冯毅之任办事处主任。击毙了妄图投敌的翟汝鉴部副司令李思亮，拉出一部，成立了八路军山东纵队第四支队新编第一营。在城北，县委派人到国民党徐振中部做统战工作，以徐部之一中队为基础，组成了“益都人民抗日游击大队”。1938 年 10 月，根据斗争形势的发展，中共苏鲁皖边区省委决定，将中共清河特委胶济铁路以南各县划出，成立中共淄博特委。从此，益都县以铁路为界分属两个战略区。铁路以北地区始称益都县，后为益寿临广四边县、益寿县，隶属中共清河特委、中共清河地委、中共渤海区党委领导；铁路以南党的组织时称中共益南工委、中共益都县委、中共益临工委、中共淄河县委等，其工作先后隶属中共淄博特委、中共鲁中区党委领导。两地区党组织分别在其上级领导下，发动群众，同日伪顽进行了艰苦卓绝的英勇斗争。

在铁路以北，党组织于1939年2月，根据中共清河特委指示，将益都县陈景三中队与临淄大马岱李梦鼎中队合编为益北大队，活动于益（都）、寿（光）、临（淄）、广（饶）边缘地区。同时在该地区活动的还有杨国夫司令员领导的八路军山东纵队第三支队。“太河惨案”发生后，三支队奉命从益北出发，挺进淄河流域，参加反顽作战；回师后在益北纸坊伏击日伪军，毙伤20余人。是春，县委根据中共清河特委苇子河会议精神，抓紧在敌人统治比较薄弱，群众条件较好，我党又有一定基础的益七区、寿五区、临二区、广二区先后建立了区委。中共清河特委进驻这一带地区后，对加强根据地的建设进行了具体指导，使益、寿、临、广地区成为中共清河特委领导全区抗日工作的中心基地。10月，根据斗争的需要，撤销益都县，建立中共益寿临广四边县委和四边行政办事处，马巨涛任书记，杜振东任办事处主任。在中共益寿临广四边县委的领导下，工、农、青、妇各群众抗日团体纷纷建立，并建立了四边县“六大队”抗日武装，及四边兵工厂、印刷厂、被服厂。在铁路南，中共益南工委组织群众开展适合山区特点的斗争，不断取得胜利。1939年10月，经第一区党委二地委决定，撤销中共益南工委，建立中共益都县委。同时建立了基层抗日政权——二、三、五区联合公工所。随之，建立了益都县参议会和县政府。

1940年，在铁路北，四边县抗日根据地建设蓬勃发展，地方武装进一步壮大，先后组建了区中队、县青年中队和工农大队，发行了“益寿临广四边县流通辅币”，建立了益北抗日高小，使根据地初具规模。4月，四边县撤销，建立中共益寿县委和益北行署。9月，召开了益寿县第一次党代会，选举韩洪甫为县委书记和出席清河区党代会代表。同时，军事斗争形势也非常有利，益寿军民在取得8月份反“扫荡”胜利的基础上，10月份又配合山纵三支队发起臧台战斗，歼灭反共顽固派徐振中部300余人。11月，在阳河、河头阻击战中毙伤日伪军 40 余人，粉碎了日伪军长途奔袭计划。一连串的战斗胜利鼓舞着益寿军民。12 月，掀起改造地形高潮，共计挖地道、抗日沟 1000 余公里，为坚持平原游击战争创造了条件。在铁路南，形势比较严峻。日伪军在淄河流域增设据点，反共顽固派吴化文部新四师向淄河流域大举进攻。益都县大队在长秋、上张、下张、窦家崖、孙家岭、西崖头等战斗中，顽强地阻击了敌人的进犯。不仅如此，党组织于 8 月份改编了游散在西南山区的杨敬坤部，建立了益都县大队第二大队。同时，刘明训、何子健带领第二游击大队在城东平原坚持斗争，进而建立了抗日民主政权——益东行署。

1941 年，“皖南事变”发生后，国民党地方顽固派由消极抗战到积极反共，益寿、益都两县形势进一步恶化。1 月 5 日、18 日，相继发生了“东朱鹿惨案”和“刘集事件”，中共清东地委组织部长李寿岭、中共益寿县委组织部长刘旭东、宣传部长张鲁泉等 12 名同志及近百名干部战士光荣牺牲。6 月，中共益七区区委书记周永胜等同志被伪徐振中部杀害；月底，中共青州敌工委书记黄绍远公开叛变投敌，益都百余名党员群众被捕。为应付严峻的形势，中共清河区党委调整充实了益寿县领导力量，并在党员中开展了形势教育和反自首、反动摇、反逃跑活动。在铁路南，中共鲁中区党委为加强淄河流域的领导，于 7 月建立了中共益临工委和益（都）临（朐）淄（川）博（山）四县联合办事处，领导淄河流域广大革命群众，采取多种方式同日伪顽进行坚决斗争。

1942 年，铁路南北两地区形势继续恶化。2 月，益寿县撤销，重建四边县。日军调集大量兵力对我军民反复“扫荡”，实行“铁壁合围”“梳篦拉网”等战术，在我根据地内安设据点 20 余处。由于日伪顽的联合“清剿”，我中共益寿临广四边县委书记丁亦民壮烈牺牲，大批干部群众遭杀害，尤其是“七一大扫荡”后，四边县全部被“蚕食”，昔日的益寿临广四边根据地变成了“南北一炮打穿，东西一枪打透”的狭小地带。铁路南吉吉顶失守以后，李家峪等 13 个村庄被“蚕食”，中共益临工委、四联办及县大队也被迫撤到淄河以西活动。此外，党内叛徒对党组织的破坏，更使我两地军民处于极端困难环境之中。但是，益临边区及四边县党组织和人民不仅没有屈服，反而更加英勇顽强，采取灵活的战术同敌人进行斗争。四边县被“蚕食”后，县委将机关干部、战士及乡村干部 300 余人，分批转移到广北根据地。县委书记李荆和、县长赵治安率县独立营一个排就地同群众一起坚持斗争，并逐步建立起革命的两面政权、情报站和秘密联络站，干部实行“职业化”，与可靠的党员群众加强联系。8月，建立了四边特务大队。这支精干的武装，像一把钢刀插进敌人心脏，采取“翻边战术”，开展小型活动，实行“麻雀战”，不断袭扰敌人，在敌伪据点密布，碉堡林立，封锁沟纵横的艰苦环境中，站住了脚跟，一直坚持到抗战胜利。同年，中共清河区党委决定建立了中共益东工委，在敌占区六、八、九区一带开展工作，有力地配合了四边县的对敌斗争。在铁路南，虽然环境更加困难，我党政军民仍坚持了下来。7月，鲁中一军分区司令员廖荣标率部奇袭马鞍山，沟通了中共益临工委与中共泰山地委的联系。11月，2000余日伪军在两架飞机、六门重炮的配合下，对我马鞍山发起疯狂进攻，在血与火的考验面前，我40余名伤病员及抗战家属毫不畏惧，英勇顽强地抗击了敌人的多次进攻，用鲜血和生命谱写了一曲气壮山河的战歌。

经过一年多的艰苦斗争，到1943年春天以后，形势开始好转。在铁路南，泰山军分区副司令钱钧率部挺进淄河流域，进一步打击吴化文部。为了开展青州至临朐之间的对敌斗争，中共鲁中区党委决定建立了中共青州工委。夏秋之间，通过两次讨吴战役，消灭了吴伪的有生力量。10月，中共益临工委改为中共淄河县委。在铁路北，四边县军民在清河军区统一指挥下展开夏季攻势，取得了一系列战斗的胜利。同时，铁路南、北各级党组织在上级党组织的领导下开展了整风学习，加强了党的建设，带领群众开展了生产运动，同群众一起克服了灾荒，度过了黎明前的黑暗，迎来了胜利的曙光。

自1944年起，各级党组织带领广大军民进行战略反攻。2月至3月间，四边特务大队配合清河军分区主力在四边境内连续作战。7月，参加渤海军区发动的夏季攻势第一阶段作战。通过战斗，促使王道率“灭共建国军”第八团2600余人，苏景三率广饶伪警备第六中队同时反正，使四边根据地基本恢复，并与寿光清水泊根据地连成了一片。四边军民乘胜继续扩大战果，取得一系列胜利，同时在根据地内开展“双减”运动和副业生产，开办各种类型学校，发展教育事业，促进了根据地的建设。与此同时，鲁中军区部队发起第三次讨吴战役，拔掉部分敌伪据点，进一步促使淄河流域形势好转，建立了新二区、新三区及中共青张工委。7月，淄河县撤销，益都县重建。

1945年，四边、益都两县形势继续好转，四边特务大队频频出击，不断取得胜利；四边青年踊跃参军。5月为加强胶济铁路中段敌占城市及沿线农村的工作，中共渤海区党委决定撤销中共益东工委，建立中共胶济工委。8月，建立胶济大队。在铁路南，6月中旬，益都县开始进行“双减”、反奸诉苦试点工作。8月22日，鲁中军区主力在山东独立第一旅的配合下，一举解放青州城，歼敌2000余人，活捉伪益都县保安大队长王葆团。中共益都县委随即进城，布告市民，恢复生产，整顿秩序。

不能忘却的屈辱历史

抗日战争全面爆发后，1937年12月9日，国民党县长杨九五弃城而逃，日军侵占了青州城。从此，日军开始在青州土地上设立据点，建筑岗楼，对革命根据地利用“拉网”战术，进行“大扫荡”，采取烧光、杀光、抢光的“三光”政策。先后制造了骇人听闻的田庄、郭集、东朱鹿、长秋、南仇村等多次惨案，给青州人民带来了家破人亡的重大灾难。一是田庄惨案，1938年2月17日，日军在没口村开枪打死国民党临朐县大队士兵1人，村民1人，伤4人。路过金家楼子村时，放火烧毁了房屋不计其数，抢走了财物若干，杀死无辜百姓13人，烧死4人，伤3人。接着又窜到田庄（原属临朐县），这个不足150户的村庄被杀死无辜百姓42人，重伤6人，杀绝6户。其中宋云端一家就摊上5口。有30多名妇女失去了丈夫，许多孩子成了孤儿，制造了骇人听闻的田庄惨案；二是朱石羊大劫难，1938年4月5日，30多名日军火烧朱石羊村部分房屋。同月，又先后两次放火将全村房屋烧毁，使朱石羊村化为一片灰烬，制造了朱石羊大劫难；三是郭集惨案，1938年9月4日，200名日伪军包围了郭集村，放火烧毁房屋100余间，杀害百姓30余人，制造了郭集惨案；四是赵家庄惨案，1939年2月27日，日军包围了赵家庄，将未来得及逃避的老人妇女11人，全部残杀于村头，制造了赵家庄惨案；五是东朱鹿惨案（亦称腊八惨案），1941年1月5日（农历1940年腊月初八）的这一天，国民党顽固派徐振中（刘旭东之学生）

为报臧台战败之仇，趁中共清河地委组织部长李寿岭、中共益寿县委组织部长刘旭东、宣传部长张鲁泉等人到东朱鹿村检查工作的机会，纠集敌顽、日寇、汉奸200多人，将东朱鹿村团团包围。在这种情况下，刘旭东等人不得不转移到地洞内与敌人周旋。最后由于叛徒告密，包括地委组织部长李寿岭，县委组织部长刘旭东，宣传部长张鲁泉等12名党组织领导人和革命群众壮烈牺牲，制造了骇人听闻的东朱鹿惨案（亦称腊八惨案）；刘旭东牺牲后，他的家人先后又有8人被敌人杀害。他家被群众誉为“一门九烈”之家，抗战胜利后，1945年益寿县人民政府赠给他的后人一面“群英齐荣”的锦旗(珍藏于青州市博物馆)；六是“四二八”惨案，1941年5月23日，在日军对益北根据地推行第一次“治安强化运动”期间，日伪军将经常掩护我地下党员，救护八路军伤病员的四边县有名的拥军模范、东朱鹿村妇救会主任于素梅抓住后，用尽了惨无人道的酷刑，让她供出八路军，她始终坚贞不屈，敌人砍下了她的左臂，她仍高喊“打倒汉奸！”“共产党万岁！”她是喊着革命口号英勇就义的，终年49岁。翌日，日军在东水渠村北门外河滩中，残杀了村妇救会长张淑贞和益七区组织委员赵世福等7人。尹卓然之妻怀孕8个月，也未幸免，被剖腹杀婴，暴行惨状，目不忍睹。是日为农历四月二十八日，因此，这次惨案亦称“四二八”惨案；七是马鞍山惨案，1942年11月9日，2000多名日伪军包围了马鞍山，山上有山东纵队一旅二团副团长王凤麟等伤病员及抗战干部家属40余人，英勇抗击着日伪军的猖狂进攻。激战两天一夜，消灭敌官兵100余人。最后，由于敌众我寡，弹尽粮绝，除少数人脱险外，王凤麟等28名同志壮烈牺牲。益都县参议长冯旭臣先生一家6口同时遇难。为了表彰冯旭臣一家的献身精神，鲁中地委赠冯旭臣后人“一门忠烈”的匾额；八是南仇村惨案，1945年8月，普通区区长韩祥德率区中队在邵庄北西坡村被日伪军蔡建亭部包围。韩祥德等大部分突围，有9人被捕后活埋在南仇村的南门外，制造了南仇村惨案。

抗日战争期间，在益东牺牲的烈士有：温学厚同志，东圣水村人；陈锡珍，大陈家庄人；郑其善，阳河村人；李传锡，宫家庄人；赵焕成、赵文汉、赵文山，南吉林村人；潘延绅、潘世忠，韩家庄人；韩均、孟宪章，建德庄人；张耀廷，桃园村人；何玉彬，营子庄人；杨立芳、周玉明、李志绍，霍陵村人；王得善，老鸦窝村人；陈庆贵，陈家庄子人；刘学彦，四区人；赵昆、王开田，赤涧人……另外还有北阳河村以身殉国、名垂青史的刘逢源烈士；李集村大义凛然、视死如归的李志韶烈士；南星落村舍生忘死、壮烈牺牲的郭民烈士；杜家村坚贞不屈的刘明训烈士；大官营村铮铮铁骨畏敌胆的郇肇纪烈士；四边县建军建政功勋卓著的陈伯强烈士；等等。

在艰苦的八年抗战中，为了民族的解放，青州人民在党的领导下，发扬了光荣的革命传统，涌现出众多的英雄人物。他们抛头颅、洒热血、前赴后继、浴血奋战，为国为民，献身捐躯，英烈们的丰功伟绩，将永留在青州人民的心中。

青州是抗日战争时期的革命根据地，在八年抗日战争和根据地建设中，有1529名革命先烈为国捐躯。在抗日战争胜利后，为了表彰、纪念烈士的丰功伟绩，教育人民，党和政府先后建成了段村烈士祠，灵堂内载有396位烈士的英名；王桑青州烈士陵园，灵堂正厅悬挂1511位烈士的英名，后迁火石山；庙子镇革命烈士纪念堂，灵堂内有庙子镇的129位革命烈士的英名；长秋村抗日烈士纪念碑，碑的南侧刻有长秋村许孝田等26名革命烈士的英名。

“千古壮烈，万载光荣”。没有先烈的奋斗和牺牲，就没有今天的幸福生活，先烈们的丰功伟绩，以及烈士们的英名，将与日月同在，与山河共存，永垂青史，光耀千秋！烈士们勇于献身的精神，将永远教育和激励青州人民热爱祖国，热爱家乡。青州人民正在发扬光荣的革命传统，继承先烈的遗志，为建设美好的家园新青州做出应有的新的更大的贡献。

青州在解放战争期间

1945年8月，抗日战争胜利后，根据新的斗争形势，中共鲁中区党委决定组建了中共青州市委、市政府；中共四边县委奉中共渤海区党委之命改为中共益寿县委。中共益都、益寿、青州三县（市）委领导地方武装和人民群众继续战斗，打击拒不投降的日伪军。胶济大队一、二、三、四中队分别于8、9、10月建立，活动在西起枣园东到谭坊一带，有力地打击了铁路沿线敌人。

1946年1月，国共两党签订“停战协定”，三县（市）党组织抓紧停战机会在城乡普遍恢复、建立党组织和民主政权，开展“百日练兵”活动和“双减”反奸诉苦运动。由于国民党积极准备内战，不断制造摩擦，形势日益紧张。5月，青州市撤销。6月，正当人民群众欢庆翻身解放的时候，蒋介石悍然撕毁停战协议，向解放区发动进攻，内战爆发。国民党整编第八军侵占青州城和铁路南大部分乡村。铁路北徐振中部也卷土重来。益寿县根据中央“五四”指示，“没收地主土地分给无地或少地农民”的政策，经过试点逐步展开了土改运动。由于国民党反动派发动全面内战，其地主还乡团活动猖獗。为打击敌人的破坏活动，支持土改斗争，成立了以县委书记陈洪波、县长赵治安为首的对敌斗争委员会，提出“一手拿枪，一手分田”的口号，统一领导全县的对敌斗争。经过近四个月的艰苦斗争，毙伤敌196人，获枪50支，摧垮了反动乡村政权，收复了敌占区。

1947年，两县党组织发动群众积极支援莱芜战役，该役胜利之后，青州城随之解放，形势暂趋缓和。两县委抓紧武装剿匪、土改工作。益都县武装配合鲁中三分区主力歼灭国民党益都县保安队两个中队，俘敌30余人。在进行土地改革的同时，两县委大力开展动员参军、支前工作，组织数千人的运输大队和常备担架队支援孟良崮、南麻和临朐战役。其中益寿青年在“反蒋保田”口号鼓舞下，很快组建起一个新兵营，编入主力部队。7月30日，我军主动撤出临朐战役后，国民党整编第九军及张天佐部第十五团复占青州城，“还乡团”复辟，封建势力倒算，形势再度恶化。两县委一面组织老弱干部及烈军工属、村干部转移黄河北解放区，一面带领军民开展斗争。经过两个月的艰苦作战，至10月，益都县形势好转。12月，中共益临昌工委重建，何子健任书记。益都、益寿两县按照上级部署开展了以“三查三整”和“三大方案”为主要内容的整风运动，加强了党员和干部队伍的思想、组织和作风建设。

1948年初，国民党的重点进攻被粉碎，敌我双方在力量对比上发生了根本性的变化，人民解放军转入全面反攻。我益都、益寿军民积极配合鲁中、渤海军区主力部队消灭敌人有生力量。2月9日，益都县独立团在龙山一带击溃徐振中部2000余人。3月10日至20日，华东野战军山东兵团发起胶济铁路西段春季攻势，在鲁中、渤海军民大力配合下一举攻克张店、周村等15座城镇，乘胜向东推进。驻守青州城的国民党军政人员，见大势已去，仓皇逃往昌乐、潍县。我鲁中军区基干武装积极配合主力部队作战，一举收复青州城。青州城获得最后解放。中共益都县委进城后，安抚工商各界，恢复生产，并成立了军事管制委员会，整顿社会秩序。随之，中共中央华东局、华东军区和山东省政府机关、山东军区、昌潍地委进驻青州，实现了益都县城与解放大军以及上级党组织的领导胜利会师，古邑青州在中国共产党的正确领导下，焕发了青春，青州的历史从此翻开了崭新的一页。其间，益都、益寿两县委认真贯彻华东局指示精神，发动群众生产救灾，县区机关干部节衣缩食支援群众，政府发放贷款、贷种，帮助群众克服困难，恢复生产。4月，潍县战役胜利后，益都、益寿两县获得完全解放。从此，青州全境最终永久地掌握在人民手中。同时，华东局为了探索接管城市的经验，成立了中共青州建设委员会。是月，中共益临昌工委撤销。7月，益临县建立。8月，青州市重建。翻身后的人民群众在益都、益寿、益临、青州四县（市）党组织的领导下，积极参军支前，据统计，9至11月济南、淮海战役期间，共出支前民工23万人，有3500余名青年参军。

1949年1月，青州市合并于益都县。为支援全国的解放战争和开辟新区工作，三县委遵照上级指示，动员近200名干部南下，领导班子进行了调整。4月，华东局、华东军区南下，山东军区在益都重建。益都、益寿、益临三县干部认真学习、贯彻党的七届二中全会精神，带领群众继续完成土改、建政任务，大力开展生产救灾工作。10月1日，中华人民共和国建立。三县人民载歌载舞热烈庆祝这一光辉节日。从此，青州进入了一个新的历史发展时期。

青州人民革命胜利的基本经验

胜利来之不易。青州人民在自求解放的道路上，选择了中国共产党的领导，经过长期艰苦卓绝的斗争，终于获得了彻底的解放。据不完全统计，青州党组织建立以来，共有 2000 多名革命志士为人民解放事业捐躯。共产党人前仆后继，不屈不挠，用血肉筑成了胜利的丰碑。青州人民正是从这血与火的斗争实践中认识到，没有共产党，就没有中华人民共和国。

中华人民共和国的诞生，是中国共产党领导人民、军队奋斗了 28 年，经历了无数的挫折和失败后才取得的。它标志着中国革命进入了一个新阶段。在近 30 年的艰苦奋斗中，青州党组织和青州人民做出了巨大牺牲，积累了极其丰富的历史经验，也有过极其沉痛的教训，正如中国人民的伟大领袖毛泽东在总结新民主主义革命的历史经验时指出的那样："一个有纪律，有马克思列宁主义的理论武装的，采取自我批评方法的，联系人民群众的党，一个由这样的党领导的军队，一个由这样的党领导的各革命阶级各革命派别的统一战线，这是我们战胜敌人的主要武器。"青州各县新民主主义革命的胜利，主要也是依靠了这三件法宝。

首先，青州党组织建立较早，同人民群众有着血肉联系，并且十分注意自身建设，党员在人民群众中始终起着骨干、带头和先锋模范作用，发挥了不屈不挠的献身精神。青州党组织自 1925 年建立以来，始终把马克思列宁主义的真理同青州的斗争实际结合起来，始终把党组织自身的思想建设、组织建设和作风建设放在第一位，尤其是最艰苦的土地革命战争时期和抗日战争时期，白色恐怖严重，斗争环境恶劣，生活条件极端艰难，党组织和广大党员凭着对共产主义和人类解放事业的崇高信仰和坚定信念，坚持地下斗争，开展敌后斗争，并且在远离上级组织或高度分散的情况下，做到了县自为战，区自为战，村自为战，前赴后继。在 20 多年的斗争历程中，各县委、特支、支部被破坏数十次，党员、干部牺牲数近 2000 人，有的党员家庭"一门九烈"，甚至全家为革命捐躯。斗争，失败，再斗争，再失败，再斗争，直到胜利，这便是青州党组织走过的道路；奋斗，牺牲，再奋斗，再牺牲，再奋斗，前赴后继，鞠躬尽瘁，这便是青州广大党员的形象。

其次，青州各县党组织十分重视武装斗争，掌握军队。大革命失败后，中共益北特支就建立和领导了"红枪会"和"联庄会"等农民武装，多次组织农民同反动军阀政府做斗争，有的党支部还秘密成立地下武装，进行武装自卫，为后来举行抗日武装起义创造了条件。在抗日战争时期，中共益都县委相继在益北东朱鹿村一带建立的八路军鲁东游击队第八支队和第十支队，不仅在青州抗日根据地立下了赫赫战功，而且在山东抗日根据地乃至在全国解放、抗美援朝战争中也功不可没，在八路军、解放军的战斗序列中占有一定位置。还有在抗日战争时期和全国解放战争时期的各县独立营（县大队）、自卫团、武工队及民兵等，都对建设抗日根据地，保卫人民的胜利果实，打退国民党反动派的进攻起了重要作用。在整个抗日战争和解放战争中，各县仅独立营升级达几千人，参军人数总计超过 5000 人，极大地支援了解放战争。

再次，青州各级党组织在 20 多年的斗争中，坚持和发展了统一战线，团结了社会各界的进步力量，组成了浩浩荡荡的革命队伍。早在大革命时期，青州各县党组织就积极推动以国共合作为基础的人民革命统一战线在青州的实现，大力宣传国民会议促成会，帮助国民党培训干部，发展党员，改造组织，扩大影响，使各县国民党组织在迎接北伐中起了较好的作用；在抗日战争时期，各县党组织高举民族解放的大旗，团结一切可以团结的阶级、阶层、人民团体、社会名流，调整阶级关系，为民族解放服务，实现了全面抗战的局面；在对日作战中，各县地方武装，一贯支持和配合国民党军队的抗日行动，即使在发生摩擦之后，党和抗日根据地人民仍然援助他们对日作战，使抗日阵线不断扩大；在解放战争中，虽然国民党推行内战政策，但各县党组织仍坚持统一战线政策，尤其在城市工作中，团结一切热爱和平民主的进步党派和无党派人士，使新民主主义建立在了最广大的群众、最广泛的统一战线的基础上，从而极大地壮大了人民革命力量，夺取了解放战争的伟大胜利。

总之，青州人民革命的胜利，是马克思列宁主义的胜利，是毛泽东思想的胜利，是中国共产党的路线和政策的胜利。青州人民的革命斗争是中国人民革命斗争的一部分，青州人民革命的胜利，是青州各级党组织把马克思主义、毛泽东思想与青州地区的革命实践相结合，领导军队和人民群众浴血奋斗的结果。青州党的历史是一部光荣的历史，是留给后人的一份内涵丰富的宝贵财富。认真学习这段历史，汲取这段历史的经验教训，必定会激励人们继承前人的革命意志，继承和发扬党的优良革命传统和革命精神，继往开来，勇于探索，开拓进取，努力争取建设中国特色社会主义的更大光荣！

各位学员，接下来我们了解一下中共青州地方史第二个 30 年，同样是“成绩是主要的”，“光明是主要的”。

1949 年 10 月，青州人民迎来了中华人民共和国成立的盛大节日。境内处于执政地位的益都、益临、益寿三县党组织，肩负起了建设新政权，恢复和发展国民经济的新的历史使命。

1951 年至 1956 年，青州三县及三县合并后的益都县党组织认真贯彻执行党中央的路线、方针、政策，领导青州人民开展了抗美援朝、“结束土改”、镇压反革命和“三反”“五反”运动，基本完成了对农业、手工业和资本主义工商业的社会主义改造，巩固了新生的人民民主政权，为开始全面建设社会主义作了充分的准备。

1957 年，我国进入开始全面建设社会主义时期。在党的社会主义建设总路线的指引下，益都县广大党员、干部和人民群众发挥了高度的社会主义积极性和创造精神，各项事业都取得了很大成就，为国民经济进一步发展奠定了物质基础和技术基础。但是，由于党在探索社会主义建设道路上发生的某些严重失误，党组织经历了曲折的发展过程。1961 年以后，县委认真总结经验教训，端正工作指导思想，坚决贯彻中央调整国民经济的“八字方针”，带领全县人民勠力同心，努力工作，使国民经济很快得到了恢复和发展。这一时期，县委根据中央“关于加速进行党员、干部甄别工作”的指示，对受到错误批判和处分的党员、干部，给予了认真的甄别平反。1963 年至 1965 年间全县开展了“社教”“四清”运动。

这段时期，尽管在当时政治气候条件下，出现过一些严重失误，但县委始终抓紧了党的思想、组织和作风建设，保持和发扬了党的光荣传统和优良作风，党的组织和党员队伍都有了迅速发展。至1965年底，县委共辖24个党委，4 个党组，20 个党总支，945 个党支部，共有党员 12035 名。

1966 年 5 月至 1976 年 10 月，是“文化大革命”十年内乱时期。益都县党政工作和经济建设遭到了中华人民共和国成立以来最为严重的挫折和损失。

在“文革”动乱年代中，益都县国民经济虽然受到严重破坏，但广大共产党员、干部群众，坚持生产和工作，到“文革”后期，工农业生产和文教科技事业仍取得了很大的发展，农田水利建设成绩突出，粮食产量逐年增长。到 1976 年，县委设工作部门 5 个，辖 23 个党委，1 个党组，25 个党总支，

1033 个党支部；共有党员 21960 名。

各位学员，下面我们继续了解一下中共青州地方史第三个 30 年的发展：

1976 年 10 月，党中央一举粉碎了“四人帮”反革命集团，结束了“文化大革命”十年内乱，我国进入了社会主义现代化建设新时期。益都县委带领全县干部群众，深入开展了揭批“四人帮”反革命罪行的运动，进行了拨乱反正和全面整顿工作，各项事业有了新的发展。

1978 年召开的党的十一届三中全会，重新确立了马克思主义的思想路线、政治路线和组织路线，把党的工作重点转移到经济建设上来。益都县党的思想建设和组织建设都获得了新的生机和活力。在这个伟大的转折中，益都县党的工作，特别是组织建设，紧紧围绕经济建设这个中心，开展了一系列卓有成效的工作，为振兴青州经济，全面开创社会主义建设新局面，提供了组织上的重要保证。益都县各级党组织全面贯彻执行党的十一届三中全会制定的路线、方针和政策。开展了真理标准问题大讨论，认真清理和纠正了“左倾”错误影响，从思想上、政治上、组织上进行拨乱反正，平反冤、假、错案，落实党的各项政策，解决了一大批历史遗留问题。坚持四项基本原则和改革开放的方针，大力加强社会主义物质文明和精神文明建设，发扬社会主义民主，健全社会主义法制，开创了社会主义建设的新局面。

如今，放眼青州古城，一座座桥梁巍然屹立，一条条道路宽阔平坦，一栋栋高楼拔地而起，一座现代化中等城市正在转型科学全面发展中崛起。

此时此刻，我们更加怀念、更加感恩那些为青州市解放、社会主义革命和建设做出牺牲和贡献的革命先辈们。是上万名青州儿女奔赴鲁中乃至全国抗日战场，为保家卫国同日本侵略者浴血奋战，许多人牺牲在战场上，葬身异乡，才打下江山，使青州人民获得新生，也是他们追随先辈们的足迹，怀着对青州这片红土地的特殊感情，以各种方式关心支持青州革命老区建设和发展。

革命先辈的功勋永志不忘，我们也在追问，要以怎样的努力、实现怎样的发展来告慰先烈、回报人民。这些年来，在他们曾经战斗过的地方，在他们洒下鲜血和汗水的红土地上，青州历届市委、市政府在党中央、国务院的亲切关怀和省委、省政府的正确领导，以及一大批老首长、老将军的支持帮助下，青州大地和全国全省一样，正发生着深刻变化，正在不断进步与发展。

近年来，我们紧紧围绕建设开发繁荣秀美幸福青州的目标，大力推动“现代化中等城市建设”，经济社会发展呈现良好态势，经济实力不断增强，城乡面貌日新月异——

“两城四区建设”发展格局逐步形成。古城，严格控制拆迁规模和建筑高度，稳步推进古城保护修复建设。新城，以综合商务中心为起步区，完成道路网络体系，配套完善基础设施；东部花卉旅游区，努力建设以花卉产业为支撑的农业观光基地；西部工业项目区，建设新型生态工业园区；南部生态文化区，打造生态文化体验和休闲度假胜地；北部高新区，加快园区向高新化转型。

产业特色突出。农业——培育形成了瓜菜、畜牧、花卉、果品、优质粮五大支柱产业。弥河银瓜、青州蜜桃、敞口山楂等特产远近闻名，弥河银瓜、青州蜜桃曾是朝廷贡品；是江北最大的蔬菜生产基地，产品以瓜果和时令蔬菜为主，直供北京、上海等各大城市；年销量达 220 万吨；特别是花卉产业异军突起，被评为山东省“十大产业集群”之一，入选中国产业集群品牌 50 强，被中国花卉协会命名为“中国花木之乡”和“中国改革开放 30 年最具影响力花木之乡”称号，连续九年成功举办省级花卉博览交易会，2009 年中国第七届花卉博览会在青州举办。工业——全市上下突出工业重点，全力打造以江淮汽车为龙头的汽车及零部件、以卡特彼勒山工为龙头的工程机械、以弘润石化为龙头的石油化工三个 500 亿级产业集群；液压件、太阳能光伏、食品加工三个 200 亿级产业集群；烟草包装、起重机械、电力设备、生物医药、风电装备五个 100 亿级产业集群；纺织服装、新型建材、建筑机械、石油机械、电子信息、农机制造、家具家装七个 50 亿级产业集群。全市规模以上工业企业 518 家，2014 年完成工业总产值 1572.1 亿元，实现主营业务收入 1380 亿元，实现利税 137.4 亿元、利润 71.9 亿元。旅游业——是“中国优秀旅游城市”，境内自然景观、历史人物等旅游资源十分丰富，拥有国家 AAAAA 级景区 1 处，国家 AAAA 级景区 3 处，国家级风景名胜区 1 处，国家森林公园 1 处，国家地质公园 1 处，国家级文物保护单位 2 处，省级文物保护单位 11 处。通过整合区内旅游资源，新建龙兴寺、宋城、花卉博览园等大型旅游项目，形成了古城文化、佛寿文化、山地森林、东方花都、齐文化五大旅游片区。建有银座佳悦、青都国际等星级酒店 9 处，其中五星级酒店 2 家，四星级酒店 7 家；

2013 年接待中外游客 489.9 万人次，旅游总收入 44.7 亿元。商贸物流业——现代物流发展迅速，现有专业物流企业 980 家，建设了钢铁物流园、港天保税物流中心等一批物流项目；商贸流通发达，有主营陶瓷卫浴、灯具灯饰、五金、板材、机电等商品的新创宜佳商贸城，主营水产品、海产品、干货、调味品的海天干鲜市场，主营箱包皮具、鞋帽、礼品饰品、洗化日用百货的亿丰义乌小商品城等，年交易额过亿元的专业市场达 40 余处。文化产业——文化经营单位 400 多家，形成书画艺术城、钰铧文化市场等较大文化市场 4 处，年交易额 10 亿多元。

政务环境良好。坚持“旅游立市、工业强市、商贸活市、和谐发展”的发展战略，千方百计为投资者创造良好的生产和生活环境，加强城市交通环境、生态居住环境、法制环境建设，继续完善“人民办事中心”这一独具特色的行政管理和服务模式，30 个市直部门的 119 项事权全部下放，集中办理各类行政审批、为民服务、会计核算和招投标等事宜，着力打造高效、廉洁、服务型政府，已进驻部门 70 个，工作人员 400 余名，纳入各类服务、审批事项 506 项，实现了“进一个门办一切事”，平均每天接待办事群众 5000 余人次，办理各类事项 4300 多件，按时办结率达 100% ，大大方便了投资者，提高了行政效率。

青州市旅游景点众多。云门山——云门山是 1985 年省政府公布的第一批省级风景名胜区之一，位于青州城南 2.5 公里处，海拔 421 米。驼山——驼山位于青州城西南，离城 6 公里，与云门山东西相望，主峰海拔 408 米，为古青州八景之一，被称为“驼岭千寻”。驼山因山形似驼，故称“驼山”。玲珑山——玲珑山在青州城西南 16 公里处，海拔 567 米，面积 2.73 平方公里。仰天山——仰天山为国家 AAAA 级旅游景点，位于山东青州城西南 46 公里。2000 年 2 月 22 日，经国家林业局正式批准为国家森林公园。黄花溪——黄花溪位于国家级风景名胜区青州市，被誉为“北方九寨沟”。从青州市庙子镇圣峪口村西南行 2 公里，过泰和山风景区，通过泰和隧道，就到了黄花溪。范公亭——范公亭公园占地面积 300 余亩，位于青州市范公亭路西端，因范仲淹惠政知青州而得名。顺河楼——顺河楼建于清咸丰年间。1988 年在顺河楼北建李清照纪念馆，面积 3000 平方米，有归来堂、金石斋、易安室、人杰亭、词廊等景点。青州市博物馆——青州市博物馆是中国唯一一座县级一级博物馆，馆藏文物达3万余件，国家珍贵文物就有1000多件。国家级湿地公园——弥河文化旅游度假区位于青州城区的东郊，在弥河大桥以南500米处。它西望青州花博园，东眺青州黄楼花卉基地，这几个景点连成一线，就组成了一条青州近郊休闲旅游的黄金线路，是青州近郊游不可或缺的一个旅游景点。

青州市特产丰富。青州柿干、青州银瓜、青州仙客来、青州辣椒、青州柿果、青州敞口山楂、隆盛糕点、冬雪蜜桃、青州大椒干、青州全蝎、五里蜜桃等远近闻名。

近年来，青州市先后获得了国家历史文化名城、国家卫生城市、国家园林城市、中国优秀旅游城市、全国社区建设示范市、国家级生态建设示范区、国家地质公园、全国园林绿化先进市、全国科技进步先进市、全国粮食生产先进县（市）、全国老龄工作先进市、全国文化工作先进市等荣誉称号，连续六次被表彰为“全国民族团结进步模范集体”，是2016年度中国中小城市综合实力百强市（全国科学发展百强县市）（列63位）、山东省经济30强县（市）之一，乡亲们的日子越过越红火。

同时，我们也清醒地认识到，面对与全国全省同步建成小康的历史任务，面对革命老区人民对幸福生活的热切期盼，我们唯有身怀对革命先烈的崇高敬意和对革命老区人民的浓厚感情，大力弘扬井冈山精神，认真贯彻落实党的十八届三中、四中、五中、六中全会和习总书记系列重要讲话精神，不辜负党中央和省委的殷切期望与重托，团结带领革命老区干部群众按照市委提出的“一二四三”发展战略（围绕“一个目标”，突出“两个加快”，紧抓“四个着力”，强化“三大保障”，动员全市上下“树立正气、敢于担当、全面发展、再创辉煌”，为建设美丽、富强、文明、和谐新青州而努力奋斗。“一个目标”，即“再创新辉煌、实现青州梦”；“两个加快”，即“加快构建现代产业体系、加快构建新型城镇化体系”；“四个着力”，即“着力加强生态建设、着力推动文化建设、着力改善民本民生、着力抓好党的建设”；“三大保障”，即“全面激发社会创新创造活力、全面深化改革和对外开放、全面加强干部作风建设”），“树立正气、敢于担当”，自力更生、奋发图强，坚定不移地推进工业化、信息化、城镇化、农业农村现代化与绿色化同步发展，坚定不移地推进经济、政治、文化、社会、生态建设和党的建设，努力建设五强（工业强市、旅游强市、文化强市、花卉强市和生态强市）四宜（宜居宜业宜游宜养）新青州，为实现四个全面战略布局，为实现中华民族伟大复兴中国梦，为实现青州经济社会“全面发展、再创辉煌”做出新贡献。以此告慰心系人民、情牵老区的革命先辈，回报那些为中国革命做出巨大贡献和牺牲的老区人民。

参观学习到此结束。谢谢大家！

参考文献：

[1] 中红网：《向青州抗日英雄学习，致敬！》，2016-07-12 18:04:24 / 作者：樊光湘

[2]《中共青州地方史》（第一卷 1925—1949）（308 千字），樊光湘编著，中共党史出版社 2006 年 7 月第 1 版。

[3]《中共青州历史大事记》（1949—1999）（500 千字），樊光湘、杨朝晖主编，中国档案出版社 2005 年 5 月第 1 版。

[4]《青州抗战专辑》（306 千字），樊光湘主编，中国文史出版社 2016 年 1 月第 1 版。

[5]《云门抗日烽火》（155 千字），樊光湘主编，中共党史出版社 2016 年 12 月第 1 版。

[6]《青州市抗战时期人口伤亡和财产损失》（765 千字），樊光湘主编，中国文史出版社 2016 年 3 月第 1 版。

[7]《青州人在抗日战场上》（530 千字），樊光湘主编，中共党史出版社 2005 年 8 月第 1 版。

[8]《中共青州地方史》（第二卷 1949—1978）（308 千字），樊光湘编著，中共党史出版社 2006 年 7 月第 1 版。

[9]《中共青州党史资料专题探讨与研究》（1921—1978）（314 千字），樊光湘主编，青海人民出版社 2010 年 11 月版。

[10]《发展中的青州革命老区》（1949—1978）（680 千字），樊光湘主编，中共党史出版社 2016 年 8 月第 1 版。

[11]《青州市青少年党史教育》（243 千字），樊光湘主编，中共党史出版社 2016 年 8 月第 1 版。

青州市党性教育基地——胡林古原益都县委旧址解说词

◎樊光湘

尊敬的各位领导：

欢迎来到青州市党性教育基地——胡林古原中共益都县委旧址参观指导。

胡林谷也叫“胡林古”，原名“槲林崮”，位于孙胡流域最顶端的一个村庄。这里人稀地广，盛产林果，山泉不竭，冬暖夏凉，四面环山，绿树辉映，只有五孙公路通向外面，俨然“世外桃源”。全村77户，285人。有“先有胡林谷，后有青州府”之说。说明这个地方是鲁中地区最早有人生活的地方。抗战时期，中共益都县委曾在胡林谷办公。老县委的办公场所、所在的院落、迎宾墙、吃水用过的水井、武器库、兵工厂、靶场等遗址还保存完好，村中一处房屋的后墙上还保存有20世纪五六十年代生产队的工分榜。村内的街道和村民依山而建的房屋全是石头造型，古朴别致，村东长岭有千年栗子林、日观峰、门楼峪、窟窿山、母牛泉、神仙台、石牛屋等十多处自然景观。

胡林古这个较偏远的小山村，之所以成为省内外游客敬仰和缅怀先烈的红色胜地，这一切都是缘于70年前，中共益都县委、县政府一度曾经在此办公，指挥抗战，领导革命，为巩固和发展西南山区革命根据地浴血奋斗，谱写了一曲曲壮丽辉煌的赞歌。

1939年10月，山东分局第一区党委（大鲁南区党委）二地委（鲁沂地委）决定撤销中共益南工委，建立中共益都县委，辖益都县铁路南各区。成立地点在益都城西南长秋村，后因抗日形势严峻转移至西南山区王坟镇胡林古村。中共益都县委在这里建立抗日根据地，发展抗日武装，加强群团建设，发展各界群众参加抗日武装，为抗日斗争做出了很大贡献。

为充分发挥教育基地在党员干部教育培训中的重要作用，青州市对这处旧址进行了修复。2016年，为了丰富培训形式，提升培训品质，青州市委组织部牵头对全市干部教育基地进行了建设提升，本着“秉承遗志，追寻足迹”的目标要求，胡林古原中共益都县委旧址作为首批教育基地示范点被挂牌“青州市干部教育基地”。

我们兴建这个“青州市干部教育基地”，就是要以历史的事实让人们进一步认识到，只有实现民族独立和人民解放，建立人民当家做主的中华人民共和国，才能真正实现民族振兴、人民幸福。以事实说明，人民群众是战争胜利的基础。中国人民抗日战争胜利是全民族抗战的胜利，是全体中华儿女的共同荣光！

我们这个“青州市干部教育基地”的主题是“砥柱青州”，讲述的是在1937年至1945年的抗日战争时期，青州各党派、各民族、各阶级、各阶层、各团体在中国共产党倡导建立的以国共合作为基础的抗日民族统一战线旗帜下，众志成城，同仇敌忾，抗击侵略，救亡图存，共赴国难的爱国主义篇章。着重讲述了以中共益都县委在中共山东省委、八路军山东军区的领导下，依靠益

都县党政军民的共同努力，依靠人民群众的大力支持，创建、巩固、发展了益都县西南山区抗日民主根据地，建立了拥有400余人的正规军和3万民兵的强大兵团，发动了1939年3月20日的青州市庙子镇（原益都县四区）土湾村抗日伏击战；1940年7月下旬，阳明山北岭设伏兵击毙鬼子小队长小林；7月16日在卸石山下的一个小山村——东下册村击落敌机并活捉日军飞行员金井；1942年4月28日上午，中共益临工委驻地——孙家岭保卫战；6月4日拂晓，吉吉顶战斗等较大规模的战斗达10多次，狠狠打击了日寇和反共顽固派吴化文部新四师的嚣张气焰，大大地鼓舞了军民的抗日士气，有力地从战略上配合了八路军、新四军兄弟部队在敌后战场的抗战，支援了国民党抗日部队在正面战场的作战，为赢得中国抗日战争和世界反法西斯战争的胜利做出了重大贡献。

下面，请各位领导跟我进入益都县委院内，感受革命前辈艰苦奋斗、勇往直前的精神力量。

原益都县委大院，经过建设提升后，各建筑内都设计了主题展览。大门南侧是原县委机关警卫室，现在作为“青州妇运百年”展厅；院内北侧是原县委办公室旧址；东侧是原县财政局，现在作为“青州党史展厅”；办公室东侧是原县公安局，西侧是伙房旧址，现在作为“青州团史展厅”；南侧是会议室旧址，现在作为“烽火胡林谷”展厅。

请大家进入原县委办公室。

中共益都县委由陈锡德任县委书记，陈叔俊任宣传部长，冯敬之任组织部长，冯毅之为县委委员、兼任廖荣标司令员领导的八路军山东纵队第四支队新一营营长。1939年11月8日成立益都抗日民主政府，冯毅之被选为县长。同时建立了基层抗日政权——二、三、五区联合区公所。

屋里的展板分别是当时的地图、主要负责人、当时的县委（政府、群团）职能（内容略）。站在古旧的老式家具前，抚摸破旧的公文包和锈迹斑斑的军号，思绪仿佛又回到了战火纷飞的战争年代，革命先烈冲锋陷阵、勇往直前的情景历历在目……

（参观结束后，引导至党史展厅）

各位领导，现在我们来到“青州党史展厅”。

1939年，随着抗日民主政权的建立和巩固，西南山区根据地的经济建设、文教事业也得到了发展。此外，根据地还办起了印刷厂、被服厂、修械所和后方医院，为战时环境中的西南山区根据地的生存发展起了极大的保障作用。

1940年，抗日形势比较严峻。日伪军在淄河流域增设据点，反共顽固派吴化文部新四师向淄河流域大举进攻。八路军山东纵队第四支队新一营和益都县大队在长秋、上张、下张、窦家崖、孙家岭、西崖头等战斗中，顽强地阻击了敌人的进犯。不仅如此，党组织于8月份改编了游散在西南山区的杨敬坤部，建立了益都县大队第二大队。同时，刘明训、何子健带领第二游击大队到城东平原坚持斗争，进而建立了抗日民主政权——益东行署。

1941年，“皖南事变”发生后，国民党地方顽固派由消极抗战到积极反共，抗日形势进一步恶化。6月底，中共青州敌工委书记黄绍远公开叛变投敌，益都百余名党员群众被捕。为应付严峻的形势，益都县委带领全县党政军民采取多种方式同日伪顽进行坚决斗争。

1942年，抗日形势继续恶化。2月，日军调集大量兵力对我军民反复“扫荡”，实行“铁壁合围”“梳篦拉网”等战术，在我根据地内安设据点10余处。由于日伪顽的联合“清剿”，李家峪等13个村庄被“蚕食”，但是，全县党组织和人民不仅没有屈服，反而更加英勇顽强，采取灵活的战术同敌人进行斗争。同时，县委领导就地同群众一起坚持斗争，并逐步建立起革命的两面政权、情报站和秘密联络站，干部实行“职业化”，与可靠的党员群众加强联系。八路军山东纵队第四支队新一营和县大队密切配合，这支精干的武装，像一把钢刀插进敌人心脏。采取“翻边战术”，开展小型活动，实行“麻雀战”，不断袭扰敌人，在敌伪据点密布，碉堡林立，封锁沟纵横的艰苦环境中，站住了脚跟，一直坚持到抗战胜利。

经过一年多的艰苦斗争，到1943年春天以后，形势开始好转。益都县委在上级党组织的领导下开展了整风学习，加强了党的建设，带领群众开展了生产运动，同群众一起克服了灾荒，度过了黎明前的黑暗，迎来了胜利的曙光。

自1944年起，益都县委带领广大军民进行战略反攻，乘胜继续扩大战果，取得一系列胜利，同时在根据地内开展“双减”运动和副业生产，开办各种类型学校，发展教育事业，促进了根据地的建设。

1945年，全县形势继续好转，6月中旬，益都县开始进行“双减”、反奸诉苦试点工作。8月22日，鲁中军区主力在山东独立第一旅的配合下，一举解放青州城，歼敌2000余人，活捉伪益都县保安大队长王葆团。中共益都县委随即进城，布告市民，恢复生产，整顿秩序。

（参观结束后，引导至团史展厅）

各位领导，我们现在所处的是“青州团史展厅”（内容略）。

介绍屋内陈设。

（参观结束后，引导至烽火胡林谷展厅）

各位领导，请到“烽火胡林谷”展厅参观。

中共益都县委成立后，建立了抗日根据地，发展抗日地方武装，配合主力部队进行作战，进行反“扫荡”、反抢粮、打击敌特汉奸等斗争，县大队发展到130余人。中共益都县委还大力倡导群众性的练兵习武运动，主力部队也经常为地方武装培训战斗技术骨干，指导练兵，使抗日地方人民武装真正成为一支特别能战斗的力量。益都县人民群众，在党组织的有力领导下，纷纷拿起大刀、长矛、土枪武装自己。全县人民热烈拥军，许多青少年踊跃参加八路军。同时，分别成立“农救会”“青救会”“青年抗日先锋队”“儿童团”，发动募捐，支援抗战，涌现出大批先进青年。“农救会”经常向农

民群众进行“国家兴亡，匹夫有责”的爱国主义教育和“谁养活谁”的阶级教育，把抗日斗争同他们的切身利益联系在一起，鼓励他们搞好生产，支援抗战，同时发动农民、工人、商人开展减租反霸、增加工资、免税抗债等斗争，使之在斗争中得到锻炼和提高。“青救会”除积极参加抗日战勤任务外，还主动承担了宣传鼓动群众的任务，他们成立俱乐部、戏剧表演剧团、秧歌队等，一有空闲或逢节日集会就演出抗日文艺节目。青救会中的战斗骨干还组成“青年抗日先锋队”，担负着抗击敌人和维护社会治安的任务；“儿童团”组织少年儿童参加抗日团体，在读书、劳动、开会、唱歌的同时，配合自卫团站岗放哨，查路条，捉汉奸，照顾抗战家属等，为抗日斗争做出了突出的贡献。

（逐个介绍展板内容，参观结束后，引导至妇运百年展厅）

各位领导，我们右手边的是“青州妇运百年”展厅。

抗日根据地建立后，中共益都县委立即派出大批领导干部深入到根据地每个村庄，宣传党的抗日主张，陆续组织建立了自卫团、青救会、妇救会、儿童团等抗日群众组织。其中，妇救会在组织广大劳动妇女参加抗战的同时，还引导她们投入到冲破封建礼教、争取男女平等的自身解放运动中，从而树立主人翁责任感，积极热情地参加缝军衣、做军鞋、磨面、织布、照顾伤病员等战勤和生产，青年姑娘还组织识字班，利用业余时间识字学文化，还有的妇女拿起武器，和战士一样站岗放哨，打击敌人。

各位领导，接下来，我们沿着这条道前行，到八路军山东纵队第四支队新一营广场参观。我们正前方看到一个宽阔的广场便是八路军广场，面积万余平方米，是八路军当年操练和接受检阅的场所；广场旁边沿河处为八路军晾晒衣服、河内为八路军洗漱的地方。近年来，市里对八路军广场和河道进行整修，面貌焕然一新，现在成为红色旅游景点之一，也是人们接受革命传统教育和休闲的场所。

各位领导，来到益都县委旧址，通过参观历史遗迹、聆听历史故事，让我们能够更深切地感受到老一辈革命者对共产主义的坚定信仰，学习他们为了解救危难而不畏艰难险阻，前赴后继，勇往直前的革命精神。现在，虽然战火的硝烟早已散去，但是，他们那种崇高的革命理想、坚定的共产主义信念，为人民谋幸福的人生追求；他们那种艰苦奋斗、勇于斗争、争创一流的革命精神值得我们学习。广大党员干部要结合“两学一做”学习教育常态化制度化和作风建设年活动，深入思考应该怎样进一步提高政治素养和党性修养，坚定理想信念，强化宗旨意识，净化思想品德，转变工作作风，做好本职工作。作为革命后辈的我们，要永远秉承遗志，追循足迹，弘扬抗战精神，做一名合格的党员干部，为实现中华民族伟大复兴的“中国梦”而奋斗！

（结束语）

今天的参观活动即将结束，我有幸跟随各位领导一起参观，一起重温先烈们的革命情怀。真正地受到了教育，受到了启发：第一，我们青州有着光辉灿烂的革命史，我们为此而光荣；第二，先辈们在艰难岁月里，为了理想与信念，艰苦奋斗，不怕牺牲，精神可圈可点；第三，革命的胜利是先烈们以生命和鲜血换来的，我们应倍加珍惜来之不易的幸福生活。

好了，感谢各位领导对我今天工作的支持与配合。我有做得不好的地方，敬请原谅。最后祝各位领导身体健康，工作顺利，万事如意！谢谢！

参考文献：

[1] 中红网:《向青州抗日英雄学习，致敬！》2016-07-12 18:04:24 / 作者:樊光湘

[2]《中共青州地方史》（第一卷 1925—1949）（308 千字），樊光湘编著，中共党史出版社 2006 年 7 月第 1 版。

[3]《中共青州历史大事记》(1949—1999)（500 千字），樊光湘、杨朝晖主编，中国档案出版社 2005 年 5 月第 1 版。

[4]《青州抗战专辑》（306 千字），樊光湘主编，中国文史出版社 2016 年 1 月第 1 版。

[5]《云门抗日烽火》（155 千字），樊光湘主编，中共党史出版社 2016 年 12 月第 1 版。

[6]《青州市抗战时期人口伤亡和财产损失》（765 千字），樊光湘主编，中国文史出版社 2016 年 3 月第 1 版。

[7]《青州人在抗日战场上》（530 千字），樊光湘主编，中共党史出版社 2005 年 8 月第 1 版。

青州市党性教育基地——华东保育院旧址解说词

◎ 樊光湘

欢迎各位领导到华东保育院旧址参观指导：

大关营村位于青州城东南，邻近弥河，这个环境幽静的村子，近年来频频吸引游客前来参观，只因一处旧址——华东保育院旧址。

进入院内，映入我们眼帘的首先是一块“华东保育院旧址”的石碑，后面为其碑记。这是青州市委市政府2000年10月重修华东保育院旧址的碑文。200多字的碑文简单说明了华东保育院创建的原因、经过、意义。石碑后边是一座古井，当年保育院的孩子们喝的就是这口井的水。

下面我们进入纪念室中参观。这些老旧的课桌凳就是当年孩子们学习的用具，墙上挂着的就是当年华东保育院的一些资料照片，以便让前来参观的人们了解当时的场景。

保育院一开办就确定了它的教学方针：实验新民主主义的儿童教育，培养集体生活习惯，提高生活能力，发展智力，提高文化，锻炼体格，培养服务精神，奠定参加中华人民共和国建设事业的思想基础。保育院第一批接收的孩子62人。根据不同的年龄段，分为3个班：3至4岁的18人，为幼稚小班；4岁半至6岁的22人，为幼稚大班；6岁以上至10岁的22人，为小学班。后来，各班的人数逐渐增加，到1949年初，又增加了一个幼儿班。与此同时，这些班采取了保育员负责制，即一个保育员固定一两个、三四个孩子，白天照顾孩子学习、活动，夜晚带最小的孩子睡觉。小学班的孩子文化程度高低不一，分为一年级上、下学期和二年级上、下学期4种类型，在班内分组实行复式教学。随着入院孩子的陆续增加，小学班又分成了初级、高级两组，仍然采用复式教学方法。

当时孩子吃住在农村，条件比较艰苦，吃水需要先用桶从井里打上来，再挑回保育院里，粮食柴草要用马车从几十里以外运回来，蔬菜副食要天天赶马车到集市上去买。保育院刚成立的时候，大批粮食支援了前线，后方的粮食很紧缺，上级配给保育院的只有白薯粉。孩子们本来就面黄肌瘦、营养不良，又整天吃白薯粉，院长李静一和协理员邓六金特别着急。为了让孩子们吃饱吃好，保育院的工作人员不辞劳苦，多方奔走。在他们的努力下，各方面向保育院支援了白面、大米、猪肉，华东局还向保育院拨了5头奶牛、4只奶羊。当时，按供给标准，孩子们的主食是红薯、小米、煎饼，菜金是很少的。分管营养的保育科科长文芸和总务科的同志，就把孩子们按标准供给的吃不完的粮食换成豆子，磨成豆浆，做成豆腐，以改善伙食。而为了给孩子们增加钙质，除炖骨头汤外，文芸和老炊事员还一起做醋，用醋焖酥小鱼，让孩子连鱼带骨头一起吃。此外，他们还想方设法粗粮细做、制订食谱、变换花样、调剂饭菜，增加孩子们的食欲。对身体较差或体弱多病的孩子，他们还按“病号菜金”标准，另做“病号饭”并增加牛羊奶的供应。经过一段时间的调养，孩子们脸色红润，个头儿也不断增高，一改瘦弱模样。在卫生保健方面，华东保育院也做得比较完善。该院制定了一系列卫生保健制度，如餐具顿顿消

毒，饭前便后洗手擦嘴，毛巾手帕常洗蒸煮，被褥定期晾晒拆洗，床单枕巾定期洗涤，定期洗澡、理发、剪指甲，按季节注射预防针等。由于缺医少药，保育员最怕传染病来袭，因为一病就可能是一大片。一次，一个班的孩子全得了麻疹，后在保育员们的精心护理下，多数孩子很快就痊愈了，唯有一个 1 岁多的小女孩并发了肺炎，高烧几天不退，昏迷不醒。在当时的医疗条件下，只有青霉素能救小女孩，可整个华东局也找不到一支，怎么办？邓六金见状万分焦急，听说济南可能有青霉素，她当机立断，要了两匹马，带领一名医务员，连夜从大官营出发，一口气跑了 300 多里路，来到刚刚解放的济南，在一个教会医院买到了两盒青霉素，并连夜返回保育院给病重的小女孩实施注射。得益于此，小女孩不久便转危为安。据资料记载，华东保育院在大官营村期间，共发生过 3 次流行性传染病，生病儿童 87 人，在全院教职工的努力下，孩子们最终全部康复。

1948 年春，伴随着人民解放战争战略进攻的胜利号角，中共中央华东局、华东军区领导机关进驻青州——闵家庄。时值华东军政中枢运筹帷幄，准备大军南进逐鹿，势在决战之时。为安置保护随军干部子女和烈士遗孤，妥为抚育以纾后顾，华东局于1948年4月决定创办华东保育院，任命李静一为院长，邓六金为政治协理员。李、邓亲率创始同人，力任其难，从简就陋，于弥水之滨的大关营村始建华东解放军首所保育院（这里距华东局机关驻地 2 里路，距县城 20 里路左右，对保育院就近接受华东局的领导和随时南下搬迁、在益都火车站乘坐火车，都有非常有利的条件）。按照“一切为了解放战争的胜利，一切为了革命后代健康成功”的办院宗旨，实行“保教合一”的战时保教方针，形成了机构健全、制度完善、职责分明的工作机制，开创了领导表率，民主团结，敬业献身的崭新院风。创始前辈不辞辛苦，为抚育革命后代呕心沥血，垂爱至深，使幼童沐春晖、润雨露、获新知、强体魄，在烽火摇篮中健康成长，创解放区保教事业之典范。其情其德，可歌可泣。翌年 3 月，华东局暨华东军区挥师南下，华东保育院移址青州城里的天主教堂。6 月华东保育院奉命南迁上海，告别创始之地青州，留下光彩照人的一页。

各位领导请看这副对联："家慈五男二女留独子，先父三男一死为人民。"这副对联集中说明了曾山同志（邓六金的丈夫）光荣的革命家庭：上联家慈指母亲康春玉，勤劳慈祥，生育五男二女，而两男两女幼年夭折，只有延生、洛生（即曾山）、炳生长大成人，延生、炳生为革命英勇牺牲，家慈的七个儿女只剩下曾山一人。下联是说父亲曾采芹为人忠厚，参加革命工作后以教书为掩护做秘密联络工作，最后被捕后死于狱中。

华东保育院在青州年余，抚育革命后代百人，烽火摇篮，慈母情怀，当年幼苗，今日栋梁，据史料统计，华东保育院曾培养过一大批军事将领和高级干部：刘瑞龙之女刘延东现任中央政治局委员、国务院副总理、党组成员；陈毅之子陈昊苏现任中国人民对外友好协会会长、中俄友协会长、中欧协会

会长、中国国际友好城市联合会会长、中华全国世界语协会会长等职；曾庆淮现任文化部特别巡视员、中华民族文化促进会副主席、香港中华文化城终身名誉董事长；曾海生现任总参管理保障部原政治委员、全国政协十一届委员；粟裕之子粟戎生、谭震林之子谭冬生、罗炳辉之子罗新安、舒同之子舒关关等都在这里学习生活过。从 1948 年 6 月开办到 1949 年 6 月，华东保育院共接收 1 至 10 岁的小孩 137 人，工作人员 97 人。

近几年，曾庆红、陈昊苏、毛巧、舒关关、罗新安等领导同志曾先后重游青州故里，查询保育院旧址，重访曾经工作、学习和生活过的地方。触景生情，他们依据当年的照片，找到当年吃水的老井，拍手唱起当年的儿歌，无不深情满怀，感慨万千、热泪盈眶……

2015 年 5 月，在弥河镇党委、政府的努力下，上海市市立幼儿园与青州市大关营华保幼儿园签订了《合作共建协议书》，将对幼儿园进行共建。华东保育院遗址对中小学开展爱国主义教育、大力弘扬以爱国主义为中心的民族精神，进一步加强中小学生思想道德建设具有重要意义。

这里顺便再向各位领导介绍一下中共中央华东局的有关情况。

1948 年 5 月中旬，中共中央华东局机关迁驻闵家庄。济南战役是中共中央华东局驻闵家庄期间指挥的一次最有影响的战役。陈毅、饶漱石、张云逸、粟裕、谭震林、陈士榘、唐亮、舒同、王建安曾在此召开会议，研究部署济南战役。1949 年 2 月 8 日，中共中央电令华东局、华东军区机关移驻徐州。至 5 月底，华东局机关最后一批干部搬走。中共中央华东局、华东军区机关驻闵家村的时间共计一年零两个月。

抗战胜利后，面对国民党内战阴谋，中共中央于 1945 年 9 月确定了“向北发展，向南防御”的战略方针，命令山东八路军主力跨海赴东北，控制具有重要战略地位的东北地区；华中新四军主力北上山东，巩固山东根据地。与此相适应，山东分局改为华东局，陈毅、饶漱石到山东工作；华中局改为分局，受华东局指挥。

根据中共中央的战略部署，1945 年 10 月初到 11 月底，中共山东分局书记罗荣桓率领山东主力部队 70000 余人和地方干部 4000 余人奔赴东北。随后，新四军军长陈毅和原中共华东局书记饶漱石率新四军主力北移进入山东。同年 12 月，中共华东中央局（简称华东局）在山东临沂正式成立，饶漱石任书记，陈毅、黎玉任副书记，统一领导山东、华中两大战略区的党政工作。华东局机关开始驻临沂，1947 年转移到诸城、五莲一带。

华东局成立后，原来属于山东分局的胶东、渤海、鲁中、鲁南、滨海 5 个区党委，直接由华东局领导。同时，积极领导和组织华东野战军的军事斗争，先后取得鲁南战役、莱芜战役、孟良崮战役等重大胜利。1947 年 6 月，华东野战军发起临朐战役，攻打国民党精锐部队第八军。陈毅、粟裕的华东野战军指挥部就设在青州市弥河镇境内，并在紧靠临朐的清凉山设指挥观察所。陈毅就居住在闵家庄一幢青砖小瓦的二层小楼里。当时，华东野战军的炮兵阵地也设在弥河镇闵家庄村西的柳树林，陈毅担心敌人报复回击，村庄遭殃，就指令转移炮兵阵地，保护了村民的生命财产安全。

青州城解放后，1948 年 3 月，伴随着华东野战军在山东战场胜利进军的号角，中共中央华东局和华东军区领导机关进驻青州城南闵家庄一带。山东省政府机关进驻城南闫刘村一带。饶漱石、康生、陈毅、粟裕、张云逸、许世友、曾山等党政军领导人曾在这里运筹帷幄，指挥了潍县战役、济南战役、淮海战役等重大战役，领导组织了生产、支前等工作。这对解放济南乃至整个华东地区，进一步扩大战果，对解放战争期间山东地方党政军组织的建设和发展，显然具有重要的战略意义。

中共中央华东局、华东军区机关、华东保育院驻青州的时间虽短，但是革命前辈矢志不移，百折不挠，不怕牺牲，勇往直前，艰苦奋斗，勇于奉献的革命精神将代代相传，永放光芒！

各位领导，通过瞻仰革命前辈的丰功伟绩、观看教育基地的历史遗迹，结合“两学一做”学习教育，我们更加深切地体会到，人民群众是历史的创造者，只有牢记全心全意为人民服务的宗旨，从群众中来，到群众中去，站起来当伞，为人民群众遮风挡雨；俯下身做牛，为人民群众鞠躬尽瘁，把党的路线方针政策变为群众的自觉行动，才能继承发扬革命前辈的光荣传统，才能团结带领群众在全面建成小康社会的实践中，实现转型科学发展。

参观到此结束，最后祝各位领导身体健康，工作顺利，万事如意！谢谢！

参考文献：

[1] 中红网：《向青州抗日英雄学习，致敬！》2016-07-12 18:04:24 / 作者：樊光湘

[2]《中共青州地方史》（第一卷 1925—1949）（308 千字），樊光湘编著，中共党史出版社 2006 年 7 月第 1 版。

[3]《中共青州历史大事记》（1949—1999）（500 千字），樊光湘、杨朝晖主编，中国档案出版社 2005 年 5 月第 1 版。

[4]《青州抗战专辑》（306 千字），樊光湘主编，中国文史出版社 2016 年 1 月第 1 版。

[5]《云门抗日烽火》（155 千字），樊光湘主编，中共党史出版社 2016 年 12 月第 1 版。

[6]《青州市抗战时期人口伤亡和财产损失》（765 千字），樊光湘主编，中国文史出版社 2016 年 3 月第 1 版。

[7]《青州人在抗日战场上》（530 千字），樊光湘主编，中共党史出版社 2005 年 8 月第 1 版。

青州市党性教育基地——抗战时期青州抗日根据地廉政建设展解说词

◎樊光湘

在抗战圣地青州这片血染的土地上，

有一条战线，在默默地维护着党章的神圣尊严；

有一支团队，在坚定地履行着权力的公开透明运行。

这里处处荡漾着清风正气 ，散发着创新活力，迸发着创业激情……

前年下半年，中共青州市委党史研究室将抗战时期青州抗日根据地廉政建设展通过网站、报刊相关专栏等载体展出后，受到广大党员干部群众热议和欢迎。这是青州市委党史研究室打造地域特色廉政文化品牌的一次尝试。

近年来，青州市委党史研究室深入挖掘具有本地鲜明特色的廉政文化资源，着力打造“清润青州”廉政文化品牌，有效增强廉政文化亲和力和渗透力，为党风廉政建设注入了新的活力。

推出标题：

弘扬青州抗日根据地廉洁正能量

打造青州党风廉政建设文化品牌

——青州地区抗战时期根据地廉政建设的实践与启示

各位领导，各位学员（来宾），上午（下午）好！

欢迎参观抗战时期青州抗日根据地廉政建设展。

青州地区地处山东半岛腹部，位于胶济铁路中段，历代是兵家争雄角逐之地，战略位置十分重要。抗日战争时期，青州抗日根据地以通道走廊的特殊作用，将胶东、清河、鲁中等三大抗日根据地连为一片，保证了各根据地之间的互相联系、互相配合，相互支持，为八路军战略反攻、挺进东北的堡垒阵地，为山东的抗战事业做出了巨大的贡献。一寸山河一寸血，一抔热土一抔魂。回想过去的烽火岁月，青州人民以大无畏的牺牲精神，为中国革命事业建立了彪炳史册的功勋，我们要沿着革命前辈的足迹继续前行，把红色江山世世代代传下去。

抗战时期中国共产党青州抗日根据地廉政建设展紧扣当前反腐倡廉的时代主旋律，通过大量翔实而珍贵的历史图片、文物文献资料，重点展现与回顾了抗战时期中国共产党青州抗日根据地廉政建设的光辉成就，系统总结了抗战时期中国共产党青州抗日根据地开展党风廉政建设的实践经验，从而为我党新时期的反腐倡廉工作提供了历史借鉴，是一部全方位展示抗战时期中国共产党青州抗日根据地反腐倡廉发展历程的史诗般画卷。

随着去年青州抗日根据地廉政建设展的开展，到这里瞻仰接受党风廉政建设教育的游人更是络绎不绝，成群结队的学生、干部、群众、部队纷至沓来，瞻仰遗址、继承遗志、弘扬遗风，已成为缅怀历史、教育后人的凭吊胜地。

“忘记过去就意味着背叛”，让我们永远铭记和弘扬老一辈革命者对党和人民无限忠诚的精神，珍惜现在的幸福生活，为建设永不受辱的强大祖国一往无前、奋斗不息！

今天，非常荣幸由我来为大家讲解这次廉政建设展的相关内容。

各位领导，各位学员（来宾），现在，请各位随我一起看“前言”。

前言：

廉政建设是党的建设和政权建设的重要内容，也是人民政府区别于剥削阶级的重要标志。它不仅关系到党和政府能否卓有成效地带领广大群众进行革命和建设，而且关系到党的事业成败与否。即使在炮火连天的抗日战争时期，我党也丝毫没有放松对这一问题的重视。抗日战争时期，青州地区各县抗日民主政府及党政军机关工作人员艰苦奋斗、廉洁奉公是十分普遍的现象，尤其在抗战初期，各根据地贯彻党中央的指示，加强艰苦奋斗和为人民服务的教育，廉政建设成就斐然，为取得抗战的胜利做出了重大贡献。但随着抗战的深入发展，特别是相持阶段的到来，各县抗日民主政府又不同程度地出现贪污腐化现象，当然这在整体上不严重，与艰苦奋斗、廉洁奉公的主流相比仍是个别现象。针对这一情况，中共鲁东工委、中共清河特委和青州地区各县抗日民主根据地政府领导一起研究和分析腐败产生的原因，同时借鉴陕甘宁边区政府惩治贪污腐败的经验，采取了一系列措施，加强青州地区各县抗日民主根据地政府的廉政建设，收到了良好的效果。在纪念全面抗战爆发 80 周年、山东人民抗日武装起义爆发 80 周年、喜迎党的十九大胜利召开之际，在全国已进入全面建成小康社会、加快推进社会主义现代化的新的发展阶段，在实现中华民族伟大复兴的征程中的今天，我们回顾和研究当年青州地区各县抗日民主根据地政府反腐倡廉斗争的历史经验，对加强新时期廉政建设，有着深远的现实意义。当时，青州地区各县抗日民主根据地政府是在获得局部执政地位的情况下，在党的领导下，对如何防止腐化变质、纯洁共产党人思想问题上的一次宝贵探索，为今天树立了成功的典范，留下了宝贵的经验。

展览由“一、抗日民主政权的建立及其廉政使命；二、青州抗日根据地的廉政建设实践；三、青州抗日根据地廉政建设的启示。”三部分构成。展览展示了抗日战争这一特定历史时期青州抗日根据地廉政法规法制建立健全的过程，并通过一些历史典故和具体的历史事件，讲述青州地方党组织老一代革命领导人的廉政故事，让大家了解当时青州抗日根据地党政军领导人怎么来廉洁自律。

在 20 世纪三四十年代的世界反法西斯战争中，中国抗战爆发时间最早、历时最长。而在全国抗战中，青州一带是中国共产党领导的革命武装抗击日本侵略者的重要战场之一，中共党组织曾经在这里先后设置了 14 个县级党组织。其中胶济铁路以北 6 个：中共益都县委（1938 年 10 月—1939 年 10 月，驻地；益都城北东朱鹿村，隶属中共清河特委）、中共益（都）寿（光）临（淄）广（饶）四县边区委员会（1939 年 10 月—1940 年 4 月，驻地；益都城北赵家营村，隶属中共清河地委）、中共益寿县委（1940 年 4 月—1942 年 2 月，驻地；益都城北曲家屯村，隶属中共清河地委）、中共益（都）寿（光）临（淄）广（饶）四边县委（1942 年 2 月—1945 年 9 月，驻地；广饶县李家琚高村，隶属中共清河区清东地委）、中共益东工委（1942 年 8 月—1945 年 5 月，驻地；益都城北东肖家庄村，隶属中共清河区党委）、中共胶济铁路工作委员会（1945 年 5 月—1947 年 10 月，驻地；张店，隶属中共渤海区党委）以及党领导下的抗日民主政权；胶济铁路以南 8 个：中共益南工委（1938 年 12 月—1939 年 10 月，驻地：益都城东大陈村，隶属中共淄博特委）、中共益都县委（1939 年 10 月—1941 年 7 月，驻地：益都城西南长秋村，隶属中共山东分局第一区委员会二地委）、中共益临工委（1941 年 7 月—1943 年 10 月，驻地：益都城西南孙家岭村，隶属中共鲁中区党委）、中共淄河县委（1943 年 10 月—1944 年 7 月，驻地：益都城西南水峪村，隶属中共鲁中区五地委）、中共益都县委（1944 年 7 月—1949 年 9 月，驻地：益都城西南孟埠村，隶属中共鲁中区五地委）、中共青州工作委员会（1943 年 7 月—1945 年 8 月，驻地：益都城西南孙旺庄村，隶属中共鲁东区一地委）、中共青（州）张（店）铁路工委（1944 年 5 月—1949 年 3 月，驻地：不详，隶属鲁中军区和中共淄河县委）、中共青州市委（1945 年 8 月—1946 年 5 月，驻地：益都城南华林疃村，隶属中共鲁中区四地委）以及党领导下的抗日民主政权。以这些党组织和抗日政权的建立为标志，青州地区形成了两块巩固的抗日根据地（俗称益北地区抗日根据地和西南山区抗日根据地），把红色革命的种子播撒在青州胶济铁路南北，并通过开展多种形式的游击战争、大型战役，给予日伪军以沉重打击。这次抗日战争时期党风廉政建设展览的举办必将进一步促进广大人民群众对青州抗战历史的关注和了解，在全市范围内营造广大人民群众共同纪念抗战胜利的浓厚氛围，营造缅怀历史、珍爱和平的巨大声势，形成不忘初心、砥砺前行、蓬勃向上的精神风貌。当前，我市正处在转型升级、弯道超车的关键环节，正处在打造“五强四宜”新青州、建设现代化中等城市的重要时期，改革发展稳定的任务艰巨而繁重。每一个共产党员，特别是党员领导干部，要以此次展览活动为契机，更加牢记中国人民抗日战争伟大胜利历史，深切缅怀为人类正义事业献出宝贵生命的先烈；更加坚定理想信念，加强道德修养，模范践行“两学一做”，做到心中有党、心中有民、心中有责、心中有戒；更加深入地学习和思考抗战历史，积极借鉴历史经验，传承和弘扬苦难辉煌中孕育出的新民主主义革命时期的“英勇顽强，不怕牺牲”青州精神，社会主义革命和建设时期的“勤劳勇敢，艰苦奋斗”青州精神，改革开放和现代化建设时期的“敢为人先，争创一流”青州精神，不断增强团结一心的精神纽带，不断增强战胜困难的信心和勇气，不断增强自强不息的精神动力，勇于担当，开拓进取，为打造青州经济升级版、建设“五强四宜”新青州、推动全市经济社会持续健康发展而不懈奋斗。

现在，请各位随我一起参观第一部分：“抗日民主政权的建立及其廉政使命”

1937 年 7 月 7 日卢沟桥事变爆发以后，国民党当局深感亡党亡国的威胁，遂接受中国共产党关于国共两党合作抗日的主张。中国共产党青州地方党组织领导八路军、新四军及其县大队等抗日武装，深入敌后，开展抗日游击战争，先后创建了益都西南山区和益北地区等抗日根据地，并在根据地建立了党的组织，壮大了人民军队，组建了党领导的抗日民主政权。

抗战时期，中国共产党的党政军机关工作人员艰苦奋斗、廉洁奉公是十分普遍的现象。特别是在抗战初期，各根据地贯彻党中央的指示，加强艰苦奋斗和为人民服务的教育，廉政建设成就斐然。但随着抗战的深入发展，特别是相持阶段的到来，各根据地党政军机关不同程度地出现了个别贪污腐化的现象，主要表现为以下几个方面：

1. 个人享乐主义、自我牟利思想、腐化堕落现象。如个别人漠不关心革命利益和群众利益，消极怠工，个人享乐思想却日益增长。有的人自我牟利思想也有所滋长。一些在职干部利用所谓“个人积蓄”做生意，休息养病的干部拿“休养费”做投机买卖，还出现了要求退伍，以便领取“抚恤金”经商发财的人。有的战士把做生意当成副业，有的干部染上了吃喝嫖赌的恶习。

极个别干部“恋爱第一，革命第二”，组织上对他的婚姻问题解决迟了些，他便发脾气，一连写四五封信催促、责备，严重者甚至以组织满足不了他的要求为借口，走上反党反革命道路。

2. 贪污及谋求小团体利益行为。当时根据地贪污现象时有发生。贪污有个人贪污和集体贪污两种。一般地，对个人贪污检举和处理比较严厉，但对集体贪污处理轻得多。集体贪污站在本位立场上，所以上级追究下来便互相包庇。实际上这是不管全局只管局部的极端狭隘行为，其危害更为严重。

3. 五花八门的以权谋私现象存在。在根据地除发生过虚报账目、涂改票据、甚至自刻公章自造票据等以权谋私行为外，还有盗卖公家粮食；没收来的走私物品秘不上缴，或据为己有，或卖掉分赃；拿公款与商人合股做生意，偷税漏税；购买高价公需品以获商人“馈赠”的财物；甚至在根据地和敌占区之间，靠枪杆子武装走私拒绝检查；战斗中为发洋财不扩大战果；极个别干部以打扫战场为名，率通讯员东翻西找，坏的交公，好的私留，私欲膨胀到了战士流血牺牲的战场上；战斗结束，缴获的弹药以多报少，消耗的弹药以少报多，剩余部分或赠知己或私卖掉；等等。这不仅在群众中造成了不良影响，更影响了部队的士气，危害极大。

4. 其他腐化现象。个别干部怕吃苦携款潜逃，动辄在万元（旧币）以上。有的干部对检举揭发者打击报复。

剖析当时产生腐败现象的原因，不外乎以下几个方面：

（1）在抗日民族统一战线中，除少数汉奸、卖国贼外，从农民到地主，从工人阶级到英美派资产阶级，从共产党到国民党，以至哥老会、青洪帮，无不包括，外界的各种不良恶习便有了侵蚀共产党的更多机会。如，随着抗日根据地的迅速扩大，财经干部十分缺乏，在基层政权中使用了一部分旧人员，一些旧社会的恶习，不可避免地被带进了革命队伍。

（2）抗日民族统一战线建立后，国民党改变了对共产党的策略，推行“溶共”政策，由杀头改为腐蚀，搞拉拢、吹捧、金钱美女、高官厚禄的引诱，妄图把共产党融化在国民党中。

（3）抗日战争时期的解放区是新民主主义社会，它的经济基础包括以私营经济为主的多种经济成分。为了反对日本帝国主义和封建剥削制度，根据地允许自由资本主义经济得到发展，因而资本主义的思想就不能不对共产党产生影响。

（4）中国是个有长期封建统治史的国家，封建主义的腐朽思想时时刻刻在侵袭中国共产党的健康肌体。同时中国共产党领导的广大敌后抗日根据地都建立在农村，参加革命的不少是农民群众，一些落后的农民意识，成为滋生腐败现象的温床。面对这些情况，党内一些同志缺乏思想准备。

因此，抗日民主政权建立以后，面临着严重的廉政建设任务。在国共合作的形势下，国民党以高官厚禄引诱共产党员，使共产党员面临被腐蚀和官僚化的严重危险；在敌后建立抗日民主政权，政治环境、自然环境、经济条件极端恶劣，如果政府不廉洁，必然为群众所厌弃，而无法立足；国民党政府腐败，在国共合作的情况下，如果不注意廉政建设，就会模糊群众对共产党的认识，被视为与国民党同流合污，丧失人民的信任，从而也就不可能吸引、团结、领导人民进行抗日。因而，中国共产党特别强调要保持党在抗日统一战线中的政治独立性，十分重视抗日民主政权的建设，始终把廉政建设作为政权建设的一项重要任务，致力于建设一个民主、公正、廉洁的政府。

现在，请各位随我一起参观第二部分:“青州抗日根据地的廉政建设实践”。

（一）廉政教育是青州地区各县抗日民主根据地政府廉政建设的基础

针对青州地区抗日根据地的实际情况，为丰富中国共产党的廉政思想，青州地区各县抗日民主根据地政府在廉政思想教育中做了大量的工作。

1. 把《党章》作为廉政教育的基础材料

开展党风廉政建设和反腐败斗争，大量的工作是要在教育、防范上下功夫，提高广大党员干部的思想政治素质，增强拒腐防变能力，增强党的凝聚力和战斗力。

抗战时期，中国共产党领导的抗日民主政府公务人员队伍发展壮大很快，新战士的来源比较复杂，一是经过短期培训入伍的；二是报名参军入伍的；三是由地方抗日武装改编的；四是从土匪、顽军中解放经教育后要求入伍的；五是从国民党友军中投奔过来的。他们都有共同的抗日目的，但政治、军事素质不一，如不进行廉政思想教育很难适应艰苦的斗争环境。我们主要运用土地革命时期《中国共产党党章》，作为抗日战争时期中国共产党领导的抗日民主政府公务人员进行廉政思想教育的学习读本。土地革命时期《中国共产党党章·总纲》已明确规定：“中国共产党人必须具有全心全意为人民服务的精神，必须与工人、农民及其他的革命人民建立广泛的联系，并且要经常注意巩固与扩大这种联系”；“每一位共产党员必须用心去倾听人民群众的呼声，了解人民群众的迫切需求”；“中国共产党必须经常注意防止和清洗自己内部的尾巴主义、命令主义、关门主义、官僚主义和军阀主义等脱离群众的错误倾向”。同时，还学习毛泽东的《论持久战》，以及我军的性质、任务和加强军队组织纪律性，学习三大纪律八项注意。通过廉政思想教育，继承了我党我军的光荣传统和优良作风。在加强思想建设方面，始于1941年下半年的整理基层党的支部工作则是更大规模的集中系统教育活动。从1941年下半年到1945年，共进行了4次整理支部活动，尤以1943年5月开始的第二次整理活动最有成效。这次整理支部的基本要求是使“支部群众化”，“要克服农村支部目前各种脱离群众的现象（如执行上级命令指示之公式化、不能自动讨论与解决当地群众之切身问题，工作上之命令包办，某些干部以‘公家人’‘上司’自居，不以群众一分子的面目出现，以致个别干部贪污腐化等）”；规定支部的任务有两个，“第一个任务是领导群众，为改善自己的经济、政治、文化生活而斗争”，“第二个是在群众运动中发展党员，教育党员，培养党的干部”。同时规定要加强阶级教育，普遍轮训一次支委。整个根据地的集中教育，则是根据毛泽东同志号召和中共中央统一部署开展的整风运动。青州地区各县根据地的整风运动自1942年7月开始，经过初步整风、深入整风和民主检查三个阶段，至抗日战争胜利时结束。整风过程中，青州地区八路军和各县根据地地方党政机关于7月下旬至12月开展集中学习。青州地区各县党委还采取举办整风轮训队的办法，分批分期抽调部队和地方干部集中整风学习。从1942年8月开始，先后举办9期轮训班，将部队营团和地方区县干部全部轮训完毕。同时，各分区和各县也分别开办了轮训班，将部队连排干部和乡干部全部轮训完毕。整风运动中，青州地区各县党委还于1943年6月专门下发《关于反对目前党内严重存在着个人主义与自由主义倾向的决定》，指出在一些干部身上存在着功臣思想权位观念，存在着假公济私贪赃枉法等现象，如不预告防止及早纠正，必然走上“贪污腐化，动摇逃跑，以致叛变投敌的死路”，明确提出必须首先加强对干部的思想教育，正确地开展党内思想斗争，彻底纠正克服各种个人主义、自由主义及一切非无产阶级思想意识。整风运动使青州地区各县根据地广大党员干部提高了马列主义水平，发扬了理论联系实际、密切联系群众、实事求是、艰苦奋斗的优良传统和作风，也加深了广大党员干部的廉政意识，自觉按照廉政建设规范从事。

2. 党的重要领导人为廉政建设提出了具体要求

“共产党在政府工作中应该是十分廉洁、不用私人、多做工作、少取报酬的模范。共产党在民众运动中，应该是民众的朋友，而不是民众的上司，是诲人不倦的教师，而不是官僚主义的政客。共产党员无论何时何地都不应以个人利益放在第一位，而应以个人利益服从于民族的和人民群众的利益。因此，自私自利，消极怠工，贪污腐化，风头主义等等，是最可鄙的；而大公无私，积极努力，克己奉公，埋头苦干的精神才是可尊敬的。”①

共产党的干部政策，应是以不谋私利为标准。这就是“任人唯贤”的路线。在这个使用干部的问题上，我们民族历史从来就有两个对立的路线：一个是“任人唯贤”的路线，一个是“任人唯亲”的路线，前者是正派的路线，后者是不正派的路线。共产党的干部政策，应是以能否坚决地执行党的路线，服从党的纪律，和群众有密切的联系，有独立的工作能力，积极肯干，不谋私利为标准，这就是“任人唯贤”的路线。②

“举凡兵役、公债、灾民救济，无不成为贪官污吏借以发财的机会。八曰取缔贪官污吏。抗战以来，有发国难财至一万万之多者，有讨小老婆至八九个之多者，举凡兵役也、公债也，经济之统制也，灾民难民之救济也，无不为贪官污吏借以发财之机会。国家有此一群虎狼，无怪乎国事不可收拾。人民怨愤已达到极点，而无人敢暴露其凶残。为挽救国家崩溃之危机起见，亟宜于断行有效办法，彻底取缔一切贪官污吏。”③

1940 年 7 月 1 日，在淮南路东抗日根据地半塔集附近的大田郢举行纪念建党 19 周年党员干部会议上，刘少奇同志做了《做一个好的党员，建设一个好的党》的报告。刘少奇同志在报告中提出了做一名好党员应该注意的几点：

① 《中国共产党在民族战争中的地位》，选自《毛泽东选集》第 2 卷第 522 页。

② 《中国共产党在民族战争中的地位》，选自《毛泽东选集》第 2 卷第 527 页。

③ 《向国民党的十点要求》，选自《毛泽东选集》第 2 卷第 724 页。

1. 要尽心负责地为党工作，爱护党的每一个事物，如爱自己的事物一样；2. 为党与劳苦大众的公共事业而牺牲，是最值得的；3. 要做一个终生的好党员。此报告对青州地区党政军干部起了很大的教育鼓舞作用。

刘少奇 1942 年 7 月与陈毅通信中强调指出："号召党员干部艰苦生活，实行严格的反贪污浪费的斗争，为了整个革命的利益，我们不应该姑息那些官僚主义者和贪污浪费者，为了革命的胜利，我们的光明前途与中华人民共和国的创造而节省我们一切可以节省的物质财产，对民力、对物质资产不珍惜的人，无异于对党对革命的不负责任，那无异于是犯罪"。①

1944 年 9 月 8 日，毛泽东在《为人民服务》中指出："我们的共产党和共产党所领导的八路军、新四军，是革命的队伍。我们这个队伍完全是为着解放人民的，是彻底地为人民的利益工作的。"

精兵简政，必须达到精简、统一、效能、节约和反对官僚主义五项目的。这次陕甘宁边区高级干部会议以后，我们应要实行"精兵简政"。这一次精兵简政，必须是严格的、彻底的、普遍的，而不是敷衍的、不痛不痒的、局部的。在这次精兵简政中，必须达到精简、统一、效能、节约和反对官僚主义五项目的。这五项，对于我们的经济工作和财政工作，关系极大。精简之后，减少了消费性的支出，增加了生产的收入，不但直接给予财政以好影响，而且可以减少人民的负担，影响人民经济和财政工作机构中的不统一、闹独立性、各自为政等恶劣现象，必须克服，而建立统一的、指挥如意的、使政策和制度能贯彻到底的工作系统。这种统一的系统建立后，工作效能就可以增加。节约是一切工作机关都要注意的，经济和财政工作尤其要注意。实行节约的结果，可以节省一大批不必要的和消费性的支出，其数目可以达到几千万元。从事经济和财政业务的工作人员，还必须克服存在着的有些还是很严重的官僚主义，例如贪污现象、摆空架子，无益的"正规化"，文牍主义等等。如果我们把这五项要求在党的、政府的、军队的各个系统中完全实行起来，那我们的这次精兵简政，应算达到目的，我们的困难就一定能克服。②

毛泽东还指出，"共产党员在八路军和新四军中，应该成为英勇作战的

① 《刘少奇选集》上卷，人民出版社1981年12月出版，第224—225页。

② 《抗日时期的经济问题和财政问题》，选自《毛泽东选集》第3卷第895页。

模范，执行命令的模范，遵守纪律的模范，政治工作的模范和内部团结一致的模范”，要求“共产党员无论何时何地都不应以个人利益放在第一位，而应以个人利益服从于民族的和人民群众的利益。因此，自私自利、消极怠工、贪污腐化、风头主义等，是最可鄙的；而大公无私、积极努力、克己奉公、埋头苦干的精神，才是可尊敬的。共产党员应和党外一切先进分子协同一致，为着团结全国人民克服各种不良现象而努力”。

毛泽东同志和刘少奇同志等党的重要领导人反腐倡廉的一系列重要论述，对于提高党的执政能力，努力开创党风廉政建设和反腐败工作新局面具有更大而深远的意义。

青州地区各县根据地党政军领导同志按照毛泽东同志和刘少奇同志等党的重要领导人的要求，一方面和敌伪进行艰苦斗争，一方面进行根据地的各项建设，尤其是廉政建设成效卓著。青州地区各县根据地党政军领导同志同根据地人民同甘共苦，克服困难，坚持斗争。为了减轻根据地人民负担，党和党领导的八路军和地方机关坚持自力更生，自己动手，一面打仗，一面开荒生产，为青州地区各县根据地人民树立了楷模。在八年的艰苦抗战中，青州地区各县根据地党政军领导干部像廖容标、杨国夫、陈锡德、胡维鲁、李云鹤、冯毅之、刘旭东、陈风九、丁亦民、李荆和、冯旭臣、李有典、赵治安等，处处严格要求自己，以身作则，用实际行动倡廉兴廉，反对腐败，为抗日根据地廉洁奉公、勤政为民之风的形成起到了先锋模范作用。

革命先辈，光辉典范，廖容标、杨国夫、陈锡德等老一辈无产阶级革命家，为国为民，无私无畏，勤政廉洁，克己奉公的崇高风范常驻民心，永远是我们学习的榜样和做人的楷模。

3. 政府的号召和报纸杂志的宣传为廉政建设营造舆论氛围

为防止受国民党腐败统治政权的影响，中国共产党向全国人民提出了很直接的反腐倡廉的口号，即发布于1937年8月25日的《抗日救国十大纲领》规定，实行地方自治，铲除贪官污吏，建立廉洁政府。“刷新吏治，肃清贪污腐化分子”等。同时还告诫全体党员干部，要远离国民党政府对党员干部进行升官发财、酒色等引诱。

1938年8月15日颁布的《陕甘宁边区政府惩治贪污暂行条例》规定，

克扣或截留应行发给或缴纳之财物者、买卖公用物品从中舞弊者，均以贪污罪论。青州地区各县根据地也有类似的规定。

1942 年 12 月 25 日《淮海报》发表了题为《反贪污腐化》的社论。社论指出克服贪污腐化应做到如下几点：“1. 从政治上加强自我教育，加强理论修养与工作锻炼，多吸收别人的经验教训，提高警惕性，拒贪污；2. 接受民众检举；3. 加强督促检查，严整行政纪律，检查法令执行程度，建立严密的督导制度”。

1938 年 9 月，活动在铁路以北青州地区抗日根据地的八路军山东纵队三支队政治部出版了《挺进报》《战士园地》等报纸杂志。同时，1938 年 3 月，铁路以南青州地区抗日根据地“淄河流域抗日联军办事处”和益（都）临（朐）淄（川）博（山）四县联合办事处成立后，创办了党刊《淄河周报》。1941 年 7 月，隶属中共鲁中区党委，辖益都、临朐、淄川、博山、昌乐、安丘、潍县等县党组织的中共益临工委在益都县孙家岭建立后，创办工委机关报，定名为《卸石山下》。这些党报党刊的创建和发行，在将国内外战况、党的方针政策及时进行传播，指导青州地区各县根据地抗日斗争的同时，还刊载了大量廉政教育和监督文章，就担负起了引导青州地区各县根据地党政军清正廉洁风尚的形成的教育任务。

1941 年 7 月，隶属中共鲁中区党委，辖益都、临朐、淄川、博山、昌乐、安丘、潍县等县党组织的中共益临工委在孙家岭建立。益临工委成立后，为了巩固新生的人民政权，保卫胜利果实，新成立的中共益临工委加强了地方公安、武装队伍建设，成立县大队，逐渐发展到 100 多名队员。工委工作人员不失时机地开展了宣传发动群众的工作，他们严格执行《三大纪律、八项注意》，与群众打成一片，访贫问苦，为群众治病送药，帮助群众挑水、劈柴、耕地，坚持“三不走”，即：水不满缸不走，借东西未还不走，驻地未打扫干净不走。还将缴获日伪军士兵抢走的东西归还原主，乡亲们有口皆碑。工委宣传部和敌工部则立即组织人员组成宣传队。宣传队的主要活动是唱抗日进步歌曲、演戏、写标语，活跃部队的文化生活，开展防区附近的群众宣传工作。宣传队还办了油印小报《卸石山下》，登载新闻、通讯及诗歌、快板等文艺作品和学习新文化的辅导材料，对辖区县党组织、部队、地方武装和群众的廉洁勤政教育起到很大作用。

面对人生诱惑，应该何去何从，政府的号召和报纸杂志的宣传为廉政建设提供了诫勉篇。

警钟长鸣，过好六关。“实现六不为”，即通过强化教育、制度、监督和惩处等举措，使干部在腐败问题上不想为、绝不为、不敢为、不愿为、不必为、不能为。过好初始关，千里长堤，溃自蚁穴。过好小节关，小节不守，大节难保。过好亲情关，讲亲情不能错位，重友情不能变味。过好权力关，不可把党和人民赋予的权力当作谋取私利的工具。过好金钱关，谨防利欲熏心，做了金钱的俘虏。过好美色关，追求崇高的道德品质，健康的生活情趣。

算好人生七笔账。一算政治账，不要自毁前程。二算经济账，不要倾家荡产。三算名誉账，不要身败名裂。四算家庭账，不要妻离子散。五算亲情账，不要众亲蒙羞。六算健康账，不要身心交瘁。七算自由账，不要身陷囹圄。这七笔账是“廉政算账台”，通过引导干部职工算好政治账、经济账、名誉账、家庭账、亲情账、健康账、自由账，启发大家珍惜政治生命、生活待遇、家庭幸福和人身自由，从而在思想深处筑牢拒腐防变防线，做到“勿以善小而不为，勿以恶小而为之”。

（二）建立廉政制度是青州地区抗日根据地廉政建设的前提

俗话说没有规矩不成方圆。要建立一支过得硬的队伍，就必须有一套完整的规章制度，制度是约束人们行为的一种重要的工具。因此，要建立一支廉洁、拒贪、拒腐、工作高效的队伍，首先要建立好规章制度，从源头防范腐败行为的滋生。

1. 在实践中逐步完善财经制度

青州地区抗日根据地民主政权建立后，为了把这支队伍建设成一支在人民群众心中过得硬的队伍，对行政工作人员在工作过程中有可能发生的贪污行为将如何惩治和边区政府行政纪律都制定了相关的条例。可是有关财经方面的各项制度尚在制定和完善中，因为缺乏制度的约束，使得一些方面出现了腐败的现象。因此，此时的财经制度的逐步健全和完善已成为青州地区抗日根据地进行廉政制度制定的中心工作。

1942 年 12 月，中共鲁东工委、中共清河特委先后发出财政经济“要有比较巩固的经常政策，实行统一的累进税制”的指示。青州地区各县根据地财经部门制定严格的制度，并对所有工作人员制定共同守则。规定的内容有：不得嫖娼，不得赌博，不得吸食鸦片，不得收受商人赠礼，不得将公共物品赠送给私人等。对违反这一守则的人“亦相应订出法律，依其情节轻重，给予相应的法律制裁”。

此后，青州地区各县根据地，先后制定了预决算制度、会计制度、审计制度和金库制度等。这些制度建立的目的就是对我们财经工作战线上的人员给予保护，同时也保护着根据地仅有的一点资金。制度使得财经人员能够洁身自好，不贪污、不腐化，养成正确的人生观，价值观。

2. 建立有关奖惩制度调动大家积极性

为调动大家的工作热情和工作积极性，青州地区各县抗日根据地在加强财经制度建设和廉政制度建设的同时，建立健全了奖惩制度。1943 年 4 月《益寿临广四边县物资统治局奖惩办法》的颁发，是根据地确立奖惩制度的重要标志。《奖惩办法》规定， 拒绝贿赂者；态度和蔼善于工作能为人模范者；密报贪污帮助他人进步者。以上情形之一的根据情节给予当事人如下任一种奖励，即传令嘉奖、记功、奖状、物质奖励、晋级。对打骂商人破坏政策；生活腐化舞弊有据者; 不负责任使工作受到重大影响者; 挪用公款经营商业者; 工作消极屡犯错误者等。有上述情形之一的给予当事人以撤职、降级、禁闭或记过任一种处分。对“一次舞弊 500 元以上者，数次舞弊 800 元以上者或空款 2000 元以上者”将送司法机关处以极刑并以其财产抵偿，无财产者则向保荐人追偿。

规定还要求各部门对奖惩情况进行定期公布，对被惩治人员的主管领导，因没有及时制止和揭露具体情况的，根据具体情况给予撤职、降级、禁闭、记过等处分。对关禁闭的同志 3 个月内不得评先进；对受降级处分的公务人员 6 个月内不得评先进。在干部提拔考察过程中，首先考察他们所受的奖惩情况，然后确定提拔与否。1944 年，益寿临广四边县政府颁布的公粮田赋合并征收办法，对奖惩说得非常明白，“对认真积极廉洁忠诚，按期完成任务”的提取征起额的 5% 进行奖励；对“有徇私舞弊情节或故意懈怠，未能按期完成任务的”视情节轻重，分别给予警告、扣奖、惩办等处罚。

为了加大反腐倡廉力度，最近，中纪委颁布了《中国共产党党员领导干部廉洁从政若干准则》，这是我党在新的历史条件下，规范党员领导干部从政行为的基础性党内法规，体现了依法治党、从严治党的要求。廉洁从政行为规范，从八个方面做出52个不准的规定。它的颁布实施，对于巩固党的执政地位，密切干群关系，保证党员领导干部廉洁从政，促进经济社会平稳较快发展具有非常重要的意义。希望大家认真学习，时刻对照，严格遵守，防微杜渐，做廉洁从政的遵纪守法的表率。

反腐倡廉务必牢记党的宗旨，我们是共产党员，我们是人民公仆，不论官居何位，不管身处何地，都要把一切奋斗和工作目标定位于造福人民，应该看到，近年来，我市的经济和社会发展虽然取得了长足的进步，但部分群众的生活还十分困难。我们要时时刻刻做到廉洁勤政、执政为民、心系发展、情系群众，关心他们，献之心爱；帮助他们援之以手，扶持他们，倾之以力，让改革发展的成果惠及最广大的人民群众。

（三）廉政立法与执法是青州地区各县根据地廉政建设的保证

1. 制定惩治《条例》是青州地区各县根据地惩治腐败的主要依据

青州地区各县抗日根据地对廉政立法工作十分重视，在诸多的法规中，有1942年2月4日，益寿临广四边县参议会通过的益寿临广四边县《益寿临广四边县战时施政细则》；1942年3月颁布的《益寿临广四边县惩治贪污暂行条例》；1942年7月颁布的《益寿临广四边县惩治公务人员贪污暂行条例》等。其中《益寿临广四边县战时施政细则》在青州地区各县根据地颁布的条例中最具有代表性。该《细则》共14条：1. 拥护抗战国策，坚持抗战，坚持团结进步，施行山东省战时施政纲领，为彻底实现国府抗战建国纲领，建设新民主主义新益寿临广四边县而奋斗！ 2. 实行“三三制”的政权组织，贯彻民主政治。3. 动员人民参战，扩大抗日武装力量，保卫益寿临广四边县根据地。4. 增加人民财富，建立新民主主义的经济基础。5. 开源节流，厉行节约。6. 彻底精兵简政，节约人力物力，积蓄力量，准备战略反攻。7. 改善劳工生活，调节劳资双方利益。8. 加强农村阶级团结，改善农民生活。9. 加强文化教育建设，提高人民政治文化水平。10. 保证女权，提高妇女地位，改善妇女生活。11. 厉行正确的锄奸政策，贯彻保证人权主张，安定社会秩序。

12. 建立卫生行政，减少人民的疾病死亡。13. 开展敌占区工作，争取敌占区人民，为将来反攻打下良好的基础。14. 增进国际友谊，团结在外华侨，扩大国际反法西斯统一战线。

1944 年 8 月益寿临广四边县公布《益寿临广四边县修正惩治公务人员贪污暂行条例》；修正后的《益寿临广四边县惩治条例》规定公务人员贪污财物在“北海币 500 元以上的处死刑”。修正后的《益寿临广四边县惩治贪污条例》规定“财物在北海币 1000 元以上者处死刑或 7 年以上有期徒刑”。

2. 执法必严是青州地区各县抗日根据地惩治腐败的关键

上述惩贪条例表明了抗日民主政权反贪污，廉洁吏治，严肃执法的决心。好的法规制度必须严格执行，才能体现法律的威严，才能起到震慑的作用。在实际工作中， 青州地区各县抗日根据地政权组织按照条例严格执法，对一些贪污腐化浪费等现象给予了严惩，有效地遏止了贪污腐败现象的蔓延。

（四）广泛监督，善纳廉政诤言，是青州地区各县抗日根据地廉政建设的关键

青州地区各县根据地党政军领导非常重视人民群众和社会各界的民主监督。

1. 自觉接受人民群众监督

毛泽东曾向全党指出：“共产党是为民族、为人民谋利益的政党，它本身决无私利可图。它应该受人民的监督，而决不应该违背人民的意旨。”抗战时期，紧紧依靠人民群众，实行民主政治，广开民主监督渠道，善于倾听人民群众的呼声，自觉接受人民群众监督，是青州地区各县根据地廉政建设的一个鲜明特色。

2. 加强群众监督建设好抗日民主政权

除了时刻接受人民群众的监督，青州地区各县根据地廉政建设最重要的是充分发挥社会各界人士的作用，通过参议会的渠道主动接受社会各界监督。青州地区各县抗日根据地的“三三制”政权，即：中共党员占三分之一，非党进步分子和中间分子各占三分之一。这一组织形式是青州地区各县抗日民主政府发挥社会各界人士廉政监管的方式之一。

发挥社会各界人士监督机制。青州地区各县抗日根据地都建立了“三三制”政权，并按照“三三制”原则建立人民代表会议。通过人民代表大会，

选出能为抗战出生入死，为人民群众无私奉献的人到抗日民主政府机关工作。对工作不力的政府干部，代表有权提出批评或弹劾，对政府中贪污腐败分子代表有权予以清除。

青州地区各县抗日根据地颁发的条例中都赋予了社会各界人士对公务人员执法守法进行监督的权利。如《益寿临广四边县战时施政细则》《益都县保障人权及保护工商业条例》《益寿临广四边县保障人权暂行条例》等，都对社会各界人士的监督权做了明确的规定。青州地区各县根据地的领导都保持清醒的头脑，虚心地接受了人民群众的监督批评。

3. 注重发挥舆论监督的作用

在人民群众和社会各界监督的同时，舆论监督对根据地的廉政建设也发挥了重要作用。这主要体现在青州地区各县抗日根据地的文化教育建设中，1938 年 9 月，铁路以北青州地区抗日根据地各部队、党政机关和人民团体积极创办了油印和铅印的各类报纸、杂志，印刷出版了多种书籍。据统计，八路军山东纵队三支队政治部出版了《挺进报》《战士园地》等，八路军山东纵队三支队还有油印小报 10 多种。同时，1938 年 3 月，铁路以南青州地区抗日根据地“淄河流域抗日联军办事处”和益（都）临（朐）淄（川）博（山）四县联合办事处成立后，创办了党刊《淄河周报》。1941 年 7 月，隶属中共鲁中区党委，辖益都、临朐、淄川、博山、昌乐、安丘、潍县等县党组织的中共益临工委在益都县孙家岭建立后，创办工委机关报——《卸石山下》。高擎战斗的旗帜，站在时代的前列，为宣传党的路线、方针、政策和解放区的中心任务鼓与呼，这是这些党报党刊最鲜明的一大特色。每当中共中央和解放区党委做出新的战略部署和发出新的重要指示，每当革命战争进入到一个新的转折期、关键点，每当人民的解放事业即将迎来一个新的高潮的重要时刻，这些党报党刊总是舆论先行，通过文字的力量，大版面、多篇幅、多角度，深入持久地进行宣传，动员群众沿着党所指引的方向大步前行。这些党报党刊的采编人员既是记者，又是战士，出生入死，冒着生命的危险亲临火线，在战斗中采写稿件，在采写稿件中坚持战斗，他们用耳闻目睹的事实写成专稿，为报纸提供了生动感人的报道，再现了抗日战场的真实场景，大大鼓舞了我抗日军民的士气。这些党报党刊的创建和发行，将国内外战况、党的方针政策及时进行了传播。对于指导青州地区各县根据地的抗日斗争，宣传党的方针政策，教育广大党员干部群众，密切群众关系都发挥了积极作用。同时，还刊载了大量廉政教育和监督文章，引导青州地区各县根据地党政军清正廉洁风尚的形成，不仅担负起廉政建设的教育任务，也担负着廉政建设的监督作用。

现在，请各位随我一起参观第三部分："青州抗日根据地廉政建设的启示"。

打铁还需自身硬。青州地区各县抗日根据地廉政建设的成功经验，对我们当前搞好党风廉政建设，反对形式主义、官僚主义、享乐主义和奢靡之风，有着重要的启示：

第一，加强思想教育是搞好廉政建设的基础。进行廉政建设，必须加强廉政思想教育和作风教育，切实提高党政干部的政治觉悟和思想道德素质，坚持"教育为主，预防为主"，"惩前毖后，治病救人"的方针，这是从根本上铲除各种腐败现象的基础。党中央把廉政建设与整顿党风结合起来，批评整顿政府工作中的官僚主义、自由主义以及干部中的贪污腐化思想与落后意识，不断强化干部的"公仆"意识，树立全心全意为人民服务的观点，为廉政建设奠定了思想基础。

第二，领导干部的表率作用是搞好廉政建设的关键。在廉政建设中，领导干部要亲自抓，从自己做起，从身边做起，操守清廉，弘扬正气。领导干部做表率，本身就是无声的号召，以上带下，上行下效，就能形成好的风气。青州地区各县抗日根据地廉政建设之所以能够取得成效，是同党政军干部的表率作用分不开的。

第三，建立健全各种规章制度是搞好廉政建设的保证。建立健全各种强制性的规章制度，可以使党政干部有法可依，养成办事公道、廉洁奉公的作风；同时也可以堵塞各种漏洞，防止贪污腐败现象的发生。

第四，坚决惩处严重的腐败分子，是搞好廉政建设的重要措施。被资产阶级思想腐蚀了的严重腐败分子，是革命组织中的毒瘤，必须依法坚决惩处他们，才能保持我们党和革命政权的纯洁和健康，才能使党的威信更提高，才能深刻地教育广大干部和群众，同时可以挽救一些犯错误的干部。

第五，加强监督检查，是搞好廉政建设的前提。通过加强监督检查，可以做到“三个防止”：规范权力行使，防止“权”上出问题；强化资金管理，防止“钱”上出问题；加强干部人事制度改革，防止“人”上出问题。不断开创党风廉政建设的新局面。

由此可见，青州地区各县抗日根据地的党政军各级机关正是按照毛泽东主席在《为人民服务》中所指出的，“我们的共产党和共产党所领导的八路军、新四军，是革命的队伍。我们这个队伍完全是为着解放人民的，是彻底地为人民的利益工作的”这一要求，在思想上高度重视廉政建设，在行动上积极落实廉政建设，从扎根于人民群众、密切联系人民群众大处着眼，从爱护人民群众一草一木、约束自己一言一行小处入手，建章立制，规范行为，从“批评整顿政府工作中的官僚主义、自由主义以及干部中的贪污腐化思想与落后意识”等标准的制定、执行，鲜明地体现了青州地区各县抗日根据地廉政建设工作之细致、扎实。

在全党上下喜迎党的十九大胜利召开之际，2017 年 8 月 13 日上午，中共中央总书记、国家主席、中央军委主席习近平同志专门抽出时间，以普通党员身份参加了所在党支部的专题组织生活会，与支部同志一起交流，并即席发表了重要讲话。讲话指出：“希望大家做一个脱离低级趣味的人、高尚的人。同志们现在从事的是一项崇高的事业，在这里工作，升官发财请走别路，贪生怕死莫入此门。榜样是谁呢？张思德、白求恩、焦裕禄、麦贤得，有历史的楷模，也有时代的楷模。这些人都是在普通的岗位上，但他们有一颗金子般发光的心，我希望同志们的参照系就是这些楷模。大家一定要不断反省自己，以殷为鉴，远离危险，严守纪律和规矩，谨小慎微。”

同志们，大家一定要牢记习总书记的谆谆教诲，牢固树立正确的人生观、价值观，筑牢拒腐防变的思想防线，以“两学一做” 学习教育常态化制度化严格要求自己，牢固树立“四个意识”，不断加强自身党性锻炼，增强廉洁自律意识，自觉遵守党纪国法，时刻做到自律、自警、自醒、自重，永葆廉洁本色。纪检监察系统党员干部作为国家经济和社会运行“免疫系统”的重要一环，对腐败问题更是只有常抓不懈，并根据“病源”研制出强力有效的“疫苗”，提出切实有效的措施建议，参与到国家治理，才能防止“病毒”进一步变异蔓延，这是遵守党章、做一名合格共产党员的基本要求。反腐倡廉建设，任重道远。我们相信，只要持之以恒构筑预防和惩治屏障，全市党风政风就会更加清正，反腐防线就会更加牢固，保驾护航就会更加有力，青州的明天就会更加美好！

结束语：廉者荣，贪者耻，荣辱美丑、善恶黑白仅一步之遥；廉吏贪官、功臣罪人只是一念之差。我们每一名党员干部、国家公职人员都要常修为政之德，常思贪欲之害，常怀律己之心，筑牢拒腐防变的思想道德防线，永葆共产党人的浩然正气，堂堂正正做人，清清白白做官，干干净净做事，以浴火重生、蹈海弄潮的豪迈气概，以只争朝夕、时不我待的拼搏精神，以埋头苦干、勤奋务实的工作作风，不负时代，不辱使命，为建设“五强四宜”新青州而努力奋斗，以优异成绩迎接党的十九大胜利召开！

参观到此结束。感谢各位领导对我今天工作的支持与配合。我有做得不好的地方，敬请原谅。最后祝各位领导身体健康，工作顺利，万事如意！谢谢！

参考文献：

[1]《中共青州地方史》（第一卷 1925—1949）（308 千字），樊光湘编著，中共党史出版社 2006 年 7 月第 1 版。

[2]《中共青州历史大事记》（1949—1999）（500 千字），樊光湘、杨朝晖主编，中国档案出版社 2005 年 5 月第 1 版。

[3]《青州抗战专辑》（306 千字），樊光湘主编，中国文史出版社 2016 年 1 月第 1 版。

[4]《云门抗日烽火》（155 千字），樊光湘主编，中共党史出版社 2016 年 12 月第 1 版。

[5]《青州市抗战时期人口伤亡和财产损失》（765 千字），樊光湘主编，中国文史出版社 2016 年 3 月第 1 版。

[6]《青州人在抗日战场上》（530 千字），樊光湘主编，中共党史出版社 2005 年 8 月第 1 版。

青州市党性教育基地——青州市烈士陵园革命历史纪念馆讲解词

◎樊光湘

各位来宾，大家好：

欢迎参观青州市烈士陵园革命历史纪念馆，缅怀革命先烈，传承优良作风，很高兴为各位来宾做介绍。

青州市烈士陵园始建于1956年，1995年搬迁今址，是山东省重点烈士纪念建筑物保护单位，潍坊市、青州市爱国主义教育基地，被中国人民解放军第二炮兵青州士官学校、青州一中、青州博物馆等单位列为爱国主义教育实习基地。烈士陵园革命历史纪念馆从形式到内容更加突出了青州丰富的红色文化资源特色，服务设施比较齐全，景点布局更加庄严优美，成为反映青州革命历史最全面、保存文物数量最多、品质最高、最具教育功能的纪念馆。

馆内布展内容丰富，图文并茂，并辅以烈士遗物展柜，介绍了各个历史时期的革命先烈1711名，为广大观众展现了波澜壮阔的历史画卷，是进行爱国主义和革命传统教育的生动课堂，集中体现了社会主义核心价值观和伟大复兴的中国梦，闪耀着共产主义的思想光芒，必将激励后人，开拓进取，勇往直前。

下面请大家参观：

序厅部分

青州，是一块叱咤风云、成就英雄的红色土地；

青州，是一块彪炳史册、光照千秋的革命老区！

在这个山川形胜、风景名胜荟萃、自然风光秀丽、幅员辽阔、历史悠久的国家历史文化名城，不仅有影响深远的“状元文化”、鲜为人知的“东夷文化”，还有彪炳千秋的“红色文化”。

翻开中国革命史，青州留下了厚重而壮丽的篇章。早在五四运动前后，青州就有一批进步知识分子开始寻求革命真理，将革命火种传送到青州的崇山峻岭。1925年1月，在中共济南地方执行委员会的具体指导下，建立了中共青州支部。中共青州支部的建立，是青州历史上开天辟地的大事，标志着马克思主义的根基已经扎入了青州大地，揭开了中共青州地方党组织发展的新篇章，青州的共产主义运动进入了一个崭新的阶段。

在第一次大革命高潮来临时，新成立的青州支部相继领导建立了商学联合会、农民协会、益都儿童团组织；领导组织恢复平民学校、创办农民学校；开展了阻止奸商贩小麦给日本人、青州车夫罢工、声援青岛工人罢工、上海五卅（五卅惨案）运动，反抗土豪劣绅压榨农民、反基督教活动等一系列抗争运动，有力地打击了帝国主义和封建势力。

1928年8月，中共益北特支发动朱鹿、段村、阳河一带农民在益都县边沿地带臧台村举行武装暴动，打响了青州农民武装暴动的第一枪。臧台武装暴动虽因遭到国民党寿光保安团的镇压而失败，但它却是益都党组织武装争取政权的第一次尝试。此后，在严重的白色恐怖下，中共益北特支经常组织党员进行秘密宣传活动，领导农民开展抗粮抗捐、“烧坡”、“抢坡”、短工罢市等斗争，并指示以教学为掩护的共产党员刘子科争取了一支绿林武装。在青州大地上建立了第一个苏维埃红色政权，创建了第一块红色区域，建立了第一支红军部队，是山东最早进行土改分田的地区之一。

从1925年青州党组织建立至1949年中华人民共和国成立，青州党组织和革命武装斗争从未中断，革命火种从未熄灭。

青州人民为中华人民共和国的诞生和人民军队的成长，付出了巨大的牺牲，做出了重大的贡献。青州革命史，是一部英勇悲壮、可歌可泣的英雄史诗，是一部厚重辉煌的壮阔画卷，更是我们党启示今天、昭示未来的一笔宝贵精神遗产。它必将成为一代又一代人的精神财富而永载史册！

下面请大家参观：

第一部分　红色星火 燎原青州

下面，就让我们从这样一个角度，走进革命历史纪念馆，在回首革命历史、仰望先辈的过程中，具体感受历史本身拥有的那份厚重、震撼以及植根于这块土地的血脉传承。

1840年鸦片战争后，中国逐步沦为半殖民地半封建的社会，青州大地灾难深重。为了反抗帝国主义、封建主义的残酷统治，青州人民进行了一次次英勇悲壮的斗争。1919年五四运动后，马列主义在青州广泛传播。1925年1月，建立了青州第一个党支部，从此，青州人民的革命斗争，进入了一个崭新的历史时期。

第一单元　马列主义在青州的传播

19世纪中叶，帝国主义列强开始瓜分中国。它们依仗不平等条约赋予的特权，掠夺经济资源，推行殖民文化。日本帝国主义多次派员到青州进行地质矿产调查，窥探中国资源，以开办洋行、设立教堂等手段，掠夺经济资源，进行文化侵略。随着帝国主义工业品的侵入，青州手工业逐步破产，流氓无产者占全区总人口的 25%，青州经济破产已到了极其严重的程度。

与此同时，连绵不断的军阀混战给青州人民带来无穷无尽的灾难，仅 1922 年至 1928 年间，大小战乱就达 20 余次。1928 年 10 月 21 日，在军阀吴延年、窦宝章、刘振彪之间的土匪、军阀混战中，青州城北关镇武庙街等就有 10 多座楼房被焚，数百群众惨死，4000 余人无家可归。反动军阀横征暴敛已达到“无人不捐，无物不税”的地步。据统计仅捐税就多达 40 多种。再加上天灾人祸，广大人民群众难以为生，濒临绝境。

青州人民在遭受帝国主义、军阀官僚掠夺与摧残的同时，还深受封建地主阶级的残酷压迫和剥削。从青州阶级、土地统计表可以看出，当时占青州总人口仅 8% 的地主、富农却占有 85% 的土地，地权的高度集中，给青州人民带来无穷的灾难。地主以榨取封建地租形式剥削农民，其次是高利贷剥削，青州人民过着牛马不如的悲惨生活。许多贫苦农民因生活所迫被殖民者诱骗当了“契约华工”受尽苦难。“衣不裹体，食不饱肚”就是当时青州人民悲惨生活的真实写照。

为了求得生存和民族的解放，青州人民进行了不屈不挠的斗争，反帝反封建的革命浪潮，一浪高过一浪。早在 1900 年（光绪二十六年）8 月，城关、涝洼、东圣水等地农民在义和团运动的影响下，袭击基督教堂和天主教堂，“城市集镇，遍布传单，灭洋灭教，众口一词”，反洋教侵略斗争此起彼伏，揭开了青州人民反对外国文化侵略的先声。1911 年，辛亥革命爆发后，青州各地的同盟会小组成员和军民积极响应，迅速光复了青州城，许多仁人志士为了推翻清王朝的统治，献出了宝贵的生命。但是，这一次次曾经威震青州山河的农民起义斗争最后都失败了。事实说明，只有在中国共产党的领导下，只有马克思主义的指导，青州人民的革命斗争才能取得最后胜利。

1919 年五四运动后，特别是中国共产党诞生后，《新青年》《向导》等革命书刊不断传入青州，马列主义在青州得到了迅速传播。青州的革命知识分子终于发现只有走马克思主义指出的无产阶级和全人类解放的道路，才是唯一的出路。

五四运动，促进了马克思主义与青州工运的相结合。1920年秋冬，王尽美、邓恩铭在山东成立共产主义小组。此时，王尽美、邓恩铭就到过青州，与东圣水村同盟会会员魏嵋一家接触，进行革命活动。当时在益都蚕校任教的魏嵋及其次子魏复中、长女魏复丽，逐步接受了马克思主义思想，先后参加了山东共产主义小组的活动。并在东圣水村向热爱祖国、渴求进步的青年宣传反帝发封建的革命道理，宣传马克思、列宁主义，成为青州地区马列主义的传播者和青州党组织的创始人和骨干。很快就在学校和东圣水村培养了一批积极分子，使东圣水村很快就成为当时青州党组织乃至山东党组织政治活动的中心。（东圣水魏嵋一家是整个青州红色历史的一个起始点，它与辛亥革命、五四运动以及山东和青州地区早期党的建设都有着千丝万缕的联系，可以说，东圣水是研究青州近代革命史的一个切入点。革命初期，我们党面临的最大的难题就是缺经费，魏嵋家庭富裕，从1911年，他就支持孙中山的辛亥革命，我党初建，他又支持中国共产党，提供会议场地，提供食宿，因此当时中共山东区执委、中共青州地执委的领导都常住东圣水。当时就有个说法，“南陈北李中圣水，南陈是陈独秀，北李是李大钊，中就是山东的东圣水。” 东

圣水魏家，继1925年魏复中加入中国共产党后，魏家三子魏复民、四子魏复庄、六子魏复功、女儿魏复丽都先后加入共产党，就连魏家的孙辈，孙女魏玉生、魏玉新、孙子魏玉聪、魏玉成都成了中国社会主义青年团团员，其中，魏玉生、魏玉新还分别与宋伯行、王伯阳结为了革命夫妻。在整个革命战争年代，魏家先后有八人为革命捐躯。可是，不论是为劝降土匪而被杀害的魏复功烈士，还是为掩护和保全革命武器而英勇牺牲的魏玉新烈士，还是因叛徒出卖在济南被害的宋伯行烈士、在开封被害的王伯阳烈士，大都尸骨无存，难觅英雄的最后归宿。只有1946年被还乡团杀害的魏复功烈士被埋在北城社区一个荒废的院落里——魏复功1946年任13个村的联防大队长，有一天，他不幸被敌人捕去，在狱中受尽了酷刑，但是，始终保守党的机密，最后，敌人拿他没办法，就把他杀害了。）

五四运动后，马克思主义在青州得到了广泛传播，而且深入到农村中。如东圣水村教员魏复中入党后，具体广泛传播的表现是：宣传文章大量增多。有赵文秀撰写的《青州平民学会》，刘子久撰写的《山东广饶县农民生活》，吴芳亭撰写的《中国农民与资本主义》，商拙亭的文章《呜呼！青州十中》。这些文章揭露了帝国主义对中国农民的剥削行为，痛斥了封建教育制度的腐败和社会的黑暗，指出农民的敌人是资本帝国主义，号召农民们组织起来同外国资本帝国主义斗争；出现了研究马克思主义的学术团体；形成了宣传马克思主义的共产主义知识分子队伍。

1921年7月，中国共产党在上海举行第一次代表大会，宣告党的成立，山东的王尽美、邓恩铭作为“一大”代表出席会议。会议结束后，王尽美、邓恩铭又先后五次到青州，指导创建党的组织，开展革命活动。同时，影响青州的魏嵋一家人在东圣水村开始组建党的组织。魏复中举办了“平民学校”，开展农民运动，并于1922年赴广州参加我党领导召开的第一次劳动大会。

1922年10月，共产党员王翔千来青州，在省立十中任教，宣传马克思主义，开展革命活动，揭开了马克思主义在青州的传播和党的创立时期的光辉一页。王翔千成为青州最早的马克思主义传播者和青州党、团组织的奠基人。

到青州省立十中后，王翔千迅速展开工作。他在讲课中，向学生灌输马克思主义理论，介绍俄国十月革命。引导学生关心国家的前途和命运。他选印的第一篇讲义是《阶级斗争》。他引导学生创办读书会，向学生推荐进步书刊，如《共产党宣言》《唯物史观》《社会主义讨论集》《中国青年》《向导》《铁路工人》周刊等。这些全新的内容，给同学们开辟了新的知识领域，使同学们的思想境界进入了一个新的天地。除在课堂上进行宣讲以外，他还利用课余时间指导和组织学生创办了“新剧社”，编演新戏，宣传新思想、新文化和反帝反封建的革命道理。王翔千注意在学生中培养积极分子，为青州党、团组织的建立做准备。10 月，王翔千介绍省立十中学生李殿龙加入青年团，后又有刘俊才、赵文秀、王元昌等十几人相继加入，组建为社会主义青年团青州小组。1923 年春天，王翔千回济南工作，其弟王振千来青州接替了他的工作，继续开展革命活动。

1923 年 5 月，一篇发表在《胶澳日报》的题为《马克思主义与中国革命》的文章，引起了时任该报副主编、中共一大代表、中共青岛特别支部书记邓恩铭的注意。邓恩铭亲自来到青州找到该文作者——省立四师学生王为铭（王蔚明），进行深入研究，交流《胶澳日报》的征文问题，并赠送了《共产党宣言》等书籍。邓恩铭这次来青州虽然时间很短，但在学生中产生了巨大影响。以后，邓恩铭经常利用舅父黄泽沛在益都县任知事的方便条件，在青州学生中扩大马克思主义的影响，创办了《学生联合会》会刊，标志着青州学生的思想境界达到了一个新的高度。自此，加快了青州的党、团建设步伐。5 月 29 日，党的外围组织“青州平民学会”召开成立大会，拥有会员 27 人。

1924 年 4 月，担任中共济南地委书记的王尽美来到青州省立十中，向学生进行演讲，讲述马克思主义基本原理，介绍苏联革命成功的经验，指导学生成立了青年团青州支部，隶属济南团地委。青年团青州支部，是共产党领导的青州第一个基层组织，团员 10 余人，由刘俊才（刘子久）任干事长，并创办支部刊物——《平民课》。同时，邓恩铭第二次来青州省立四师，发展王为铭为青年团员。

不久，广州实现第一次国共合作，国民党青州区党部成立。根据党中央的决议，青州青年团全体成员登记为国民党员，但保持组织和活动的独立性。刘俊才调中共济南地委工作，王元昌继任青年团支部书记。

12 月下旬，王尽美第二次来青州，以孙中山特派员的身份，宣传召开国民会议的意义，接见国民党、青年团、学生会、商会的负责人，动员各界联合，成立国民会议促进会。同时，指导青年团的部分团员转为共产党员，筹备建立中共青州支部。随后，社会主义青年团改名为共产主义青年团。

1922 年到 1925 年期间，党的创始人王尽美、邓恩铭数次来青州，传播了马克思主义，宣传了革命真理，革命火种开始燃烧，星星之火成燎原之势。

所有这些，都促进了青州知识分子和工农相结合，为中共青州地方党组织的建立奠定了思想基础和组织基础。

第二单元　中共青州地方组织的建立

青州党组织的建立有一个显著的特点，就是经历了一个先建团、后建党，由学生到工农，从城市到农村的过程。

1921年，中国共产党诞生后，同年冬，共产党员王翔千介绍学生李耘生（李殿龙——山东省第一个农村党支部——广饶县刘家集村党支部创始人）加入了中国社会主义青年团，成为青州历史上第一个团员。随后，刘俊才（刘子久）、刘序功、王元昌、赵文秀等相继入团。1923 年 1 月，中国社会主义青年团青州团小组建立，负责人李耘生。5 月，在青岛《胶澳日报》担任副主编的中共一大代表邓恩铭，来青州以探亲为掩护，在省立第四师范学校进行秘密革命活动。在他的组织发动下，6 月，四师掀起驱逐压制民主、专横跋扈的校长刘尚敬的学潮。7 月，团小组领导青州小车夫，开展了抗议县署强令增加车税的罢工斗争，取得胜利，初步显示了工人阶级团结起来的力量。11 月 24 日，在十中学生集会上，李耘生痛斥帝国主义干涉中国内政，侵略中国的罪恶行径。同时，赵文秀、王元昌等在城里掀起为“猪仔议员”郭广恩铸“铁猪”的活动，有力地打击了封建统治阶级的嚣张气焰。

1924 年春，李耘生调济南地委工作后，青州团的工作由刘俊才负责。4 月，团中央决定在青州建立团支部，中共一大代表王尽美、邓恩铭先后来青州，具体指导帮助建立了中国社会主义青年团青州支部，刘俊才任支部干事长，团员有十数人。6 月，刘俊才十中毕业后，调中共济南地执委工作，团青州支部书记由王元昌担任。团支部发起了反对帝国主义利用基督教进行文化侵略的收回教育活动；并通过东关县立第一高小教员杜华梓组织发动了全县小学教员增薪罢课运动，迫使县教育当局答复了教师的合理要求。8 月，经团中央局批准，建立团青州特别支部，直属团中央领导。9月，中共一大代表王尽美二次来青州，在十中作旅欧考察报告，历述第一次世界大战期间，帝国主义国家统治集团加紧压迫剥削劳动人民，大发战争横财的罪行；而苏联在列宁的领导下，建立了第一个共产党领导的，劳动人民当家做主的社会主义国家，给广大青年学生指明了中国革命的前途。11月，中共中央特派员尹宽来青州检查指导工作，指出学生运动与工农群众相结合的必要性，使学生运动沿着健康道路发展迈出了重要的一步。12月至翌年元旦，王尽美以孙中山特派员的身份第三次来青州，通过与各界协商，成立了国民会议促成会，对于推进国共两党合作，建立革命的统一战线产生了积极的影响。是年冬，团员王元昌、赵文秀、李春荣转为中共党员，成为青州历史上第一批党员。同时，他们受党组织委派，纷纷回到家乡，深入到人民群众中，传播马列主义，宣传革命道理。从事工人运动、农民运动领导，秘密发展共产党员，着手建立地方党组织。1925年1月，杜华梓由团员转为党员。同月，青州历史上第一个共产党组织——中共青州支部诞生，杜华梓任支部书记。随后，青州各地党组织相继建立，并领导人民开展土地革命和武装斗争。这表明青州的革命者已经走向社会，同工农群众斗争相结合，从而开拓了青州人民革命运动的崭新局面。

第三单元　第一次国共合作在青州

（一）国共合作在青州实现的背景和条件

第一次世界大战结束后，帝国主义列强在远东又卷土重来，加紧对中国进行掠夺。国内军阀割据，连年混战，国家处于四分五裂的状态。人民连生命财产的起码保障也无法得到。在这种情况下，“打倒列强，废除军阀”已成为全国人民共同的强烈愿望。但是，要实现这种愿望是异常艰难的。帝国主义列强和封建军阀势力是压在中国人民头上的两座大山，单靠中国共产党人的孤军奋斗难以把它们打倒。同时，中国共产党人从京汉铁路大罢工失败的事实中进一步认识到，仅仅依靠工人阶级自己的力量是不够的。而且共产党与国民党相比，还是一个历史很短、人数很少的党，党应该采取积极的步骤去联合孙中山领导的国民党，在孙中山这面颇有号召力的革命旗帜下，通过国共两党的共同努力，广泛发动群众，发展革命力量，建立革命的统一战线，才能加速推进民主革命。

1923年6月，中国共产党在广州举行第三次代表大会。大会接受共产国际《关于中国共产党和国民党关系的决议》，决定同国民党建立统一战线，共同北伐，并决定采取共产党员以个人名义加入国民党的形式实现国共两党合作。同时规定，党必须在政治上、思想上、组织上保持自己的独立性。11月，中共三届一中全会通过了《国民运动进行计划决议案》等3个议案。全会指出：国民革命运动是我党目前的全部工作，全党当以扩大国民党之组织及矫正其政治观念为首要工作。会议要求共产党员积极参加国民党的改组工作，掌握国民党在各地的组织，争取站在国民党的中心地位。根据三大和三届一中全会精神，中国共产党员加入国民党后，在各地积极帮助创建和发展国民党组织。

中共一大代表王尽美于1924年4月当选国民党临时省党部执行委员后，经常到青州检查指导工作，贯彻三大会议精神。他一方面努力扩大共产党在青州的影响，另一方面通过与国民党人士的接触，宣传我党的民主纲领，推动国共两党合作，建立革命统一战线。在这期间，王翔千、宋伯行等人也相继回到青州，以共产党员和国民党员的双重身份从事创建和发展中共青州地方组织，协助发展国民党组织，分别发动共产党员、青年团员和国民党员开展工作，为青州国共两党的合作搭起了桥梁，并成为具体的组织者和促成者。青州共产党员的大力宣传和积极工作，为实现青州第一次国共合作创造了主观条件。

（二）青州国共合作的实现

1924年4月，根据中国共产党第三次代表大会和社会主义青年团第二次全国代表大会精神，青州的社会主义青年团员奉党的指示分批登记加入国民党。并在其中与国民党内进步分子共同努力工作，团结和支持左派党员，初步形成了左派力量在青州国民党组织中的主导地位。之后，积极建立各级组织，使国民党这一新型革命联盟在青州得到很大发展。同时，国民党省党部执委王乐平写信通知省立四师国民党员王为铭（跨党，社会主义青年团小组长），登记旧国民党员，发展新国民党员。5月，王为铭发展东关小学教员杜华梓和其他一些人加入了国民党，使青州的国民党员数量迅速增多，到6月份，已达40多人。6月下旬，国民党青州区分部成立大会在城里冯家花园召开，王为铭被选为负责人，并同时在省立十中、益都四师、甲种农业学校、乙种蚕业学校、东关高小等五个青年团活动比较集中的学校设立了五个区分部。国民党也开始在工人、学生、教师、店员及下层职员中活动，发展新国民党员。此时，虽然青州还没有建立中共党的组织，但由于王翔千、邓恩铭、王尽美等先后在青州的组织和指导，青州团的活动一直置于共产党的领导之下。因此，青州国民党区分部的成立以及团员王为铭被选为区分部负责人，标志着青州国共合作向前迈出第一步。

为了贯彻党的三届一中全会决议精神，进一步推动青州国共合作的发展，1924 年 9 月，国民党山东省党部执行委员会成员范予遂到益都检查工作，并帮助成立了国民党益都临时党部。

为了进一步争取青州国共合作的主动权，团青州特别支部推荐团员王为铭担任了国民党益都县临时党部常务委员，同时开始吸收国民党员的进步分子加入社会主义青年团。同年冬，已加入国民党的青年团员杜华梓、王元昌、赵文秀、李春荣转为中共党员，这就改变了青州国民党的成分，使青州国民党完全成为统一战线的组织形式。

1924 年 12 月，王尽美以中共济南地方执行委员会负责人身份去北京听取李大钊的报告，归途中在天津与孙中山先生相遇，孙中山委派王尽美为国民会议宣传员、特派员，并授予委任状。回鲁后，王尽美即以孙中山特派代表身份到青州宣传召开国民会议。到青州后，先在王振千家中召开了团青州特别支部会议，又在省立十中松林书院明伦堂召开国民党员会议，了解当地情况，然后又拜访了学生会、商会和各学校的负责人，动员各界联合起来成立“国民会议促成会”，以达到提高群众觉悟，发展革命组织，壮大和巩固革命力量的目的。在王尽美的具体指导下，青州国民会议促成会于 1925 年元旦成立，加入国民会议促成会的有商会、农会、教育局、地方自治研究会、平民学会以及各学校等共 26 个团体，房春生、季芳吾、扈维周、张馨斋、王元昌、侯肇轩、冀佩儒 7 人组成委员会。会后，他们向全市各界宣讲国民会议促成会的意义，号召全市各界联合起来，推翻封建军阀的专制统治，建立民主、昌盛的中华人民共和国。在短短几个月中，全市各界民众团体几乎全部都参加了国民会议促成会，他们进行集会、联谊、游行、演讲，拥护共产党和孙中山提出的召开国民会议的主张，反对段祺瑞的善后会议，形成了一股反帝反封建的巨大浪潮。青州共产党人根据中央的指示精神，与国民党组织共同努力，在建立革命统一战线中建立了良好关系，使青州的国共合作进入了一个新的阶段。

1925年3月12日，孙中山在北京逝世，引起全国人民的巨大悲痛。孙中山在遗嘱中指出，要“求中国之自由平等”，“必须唤起民众及联合世界上以平等待我之民族”。孙中山去世后，为了尽快促成青州的国共合作，王尽美借部署悼念活动的机会，再次来到青州，召开了党、团组织负责人会议，部署召开大规模的孙中山先生追悼会，利用悼念活动扩大共产党和国民党的影响。他强调要扩大革命宣传，壮大革命组织，并对追悼大会的会场布置、悼词起草、传略书写、遗像描绘、新闻报道做了具体安排。在各界近2000人参加的追悼大会上，王为铭以国民党益都临时县党部的名义致悼词，“特别团员”王振千登台演讲，表示了继承总理遗训，继续进行革命的决心。许多师生登台讲演。有的同学竟咬破手指，血书“誓将国民革命进行到底”和孙中山先生遗嘱“革命尚未成功，同志仍须努力！”大会开成了反帝、反军阀的动员会、誓师会，极大地鼓舞了群众的革命热情。特别是王振千老师的讲话，慷慨激昂，激起了群众对反动派的义愤。悼念孙中山的活动，广泛地宣传了中国共产党关于开展国民革命的主张，宣传了新三民主义和“三大政策”，激发了各界群众的反帝爱国热忱，提高了群众团体的组织能力和斗争水平。各级党、团组织也从中受到锻炼，积累了组织领导大规模群众运动的经验。

1925年7月11日至13日，国民党山东省第一次代表大会在济南三合街育才小学召开。青州临时县党部杜华梓出席了会议。大会通过了《本省党务须谋平均发展案》《秘密工作方法案》《电请中央迅速北伐案》等议案，选举产生了邓恩铭等6名共产党员在内的国民党山东省第一届党部。此次会议在组织上完全实现了山东的国共合作，也使青州地区的国共合作步伐进一步加快。

1926年3月，中共山东省地方执行委员会、国民党山东省党部分别在济南和长清县召开农民代表会议。济南代表会议通过了农民问题、组织问题和党的策略问题等决议；长清代表会议与会的30多名代表中绝大部分是中共党员和青年团员。在共产党的指导下，会议制订了农民协会章程和农民自卫军大纲等，并全体通过了加入赤色农民国际的决议，以表示全世界农民运动的联合。这两次会议，培养了各地农民运动负责人，对全省农民运动的开展，起到了很大的推动作用。会后，共产党员杜华梓被委任为农民运动特派员返回青州，认真贯彻两次会议精神，广泛地发动农民，建立健全和发展农民协会组织，积极开展反帝反封建、反贪官污吏和揭露地主剥削压迫的农民运动，党的各级组织也在运动中得到了迅速发展，党的力量越来越强大，大大加快了青州国共合作的步伐。

国共合作促进了共产党组织的发展，也促进了国民党力量的扩大。由于共产党积极协助国民党发展组织，国民党也迫切需要建立健全基层组织来统一领导和协调一个地区的工作，原来的基层组织已不能适应工作需要。为适应迅速发展的革命形势的需要，1926 年 5 月，在国民党青州临时县党部整顿发展的基础上，改建为国民党益都县执行委员会，在国民党益都县执行委员会成立大会上，中共青州支部书记杜华梓作为代表参加了会议，并当选为常务执行委员。在协助国民党青州临时县党部改组的同时，中共青州支部，尽可能使共产党员参加国民党益都县执行委员会，并积极开展工作，同国民党益都县执行委员会共同领导青州的工农运动，尤其是农民运动。经过国共两党的共同努力，国共两党的力量不断发展壮大，国民革命的影响逐步扩大到工人、农民、士兵、青年学生和中小商人中，开创了青州国共合作的新局面，进一步巩固了青州地区的国共合作。至此，青州市内中共党组织和国民党组织同时并存，基本上实现了国共合作，这就标志着国共合作统一战线的局面正式形成。

实现国共合作后，青州共产党组织团结国民党左派分子，领导青州各界人民进行了反贿选斗争、反帝废约运动、促成国民会议运动和争夺统一战线领导权的斗争等一系列运动，保证了青州国民党县党部的领导权始终控制在共产党手中，维护了国共合作的大好局面，不断保持了革命形势的持续高涨。

第四单元　工农革命运动的兴起

1924 年 1 月，在中国共产党人的推动下，孙中山领导的中国国民党确定了“联俄、联共、扶助农工”三大政策，在广州召开全国第一次代表大会，实现了第一次国共合作。国共合作的形成，有力地促进了青州国民革命运动的蓬勃发展，给予帝国主义、封建势力以沉重的打击。

（一）工人运动兴起，反帝爱国运动向前发展

1923 年 6 月，中国共产党第三次全国代表大会召开。在这次会议的影响下，青州党组织领导工人运动的主要工作，是深入工人队伍中，宣传和动员工人群众组织起来，成立自己的工会，并领导工人群众开展经济斗争。在青州党组织的领导下，青州地区的工人运动纷纷兴起。

1923 年 7 月，青州工人群众为打击日本商人，唤醒民众，阻止奸商贩卖小麦给日本商人，在青州党组织的领导下，青州学联发布《警告父老输麦出境书》。随后，组织暑假留校职员和工人轮流赴北关、东关调查小麦出境事，并派代表王元昌等 5 人赴金岭镇进行调查。同年 8 月，益都县署强令增加小车夫车税，许多小车夫怨声载道。青州团组织便乘机发动小车夫罢工，在北门外滚水桥集会，抗议县署的无理命令，迫使县署取消了车税，小车夫工人的罢工斗争取得了胜利。从而初步显示了工人的战斗力量。是年冬，觉悟了的青州小车夫认识到了团结起来的力量，于是在中国社会主义青年团青州小组的领导下，成立了自己的工会组织“小车夫工会”，团结带领小车夫开展了一系列进步活动，如小车夫和杂役全体罢工，不拉日本人，不给日本人送水，不为日本人磨面，不充当日本人仆役，等等。

1923 年 11 月，中共中央召开三届一中全会，会议要求山东要大力开展以胶济铁路沿线为重点的工人运动。1924 年 8 月，王尽美以各界联合会和国货维持会名义，发起成立山东反帝大同盟，并为它起草了四条反帝纲领：一、凡为帝国主义国家，皆在我们反对之列；二、凡是帝国主义的侵略一律要反对；三、对于帝国主义走狗，也要猛烈地加以反对；四、形成一个国际的反帝国主义联合战线。反帝大同盟成立后，山东各地开展起反对帝国主义的斗争。同年 8 月，青州商学联合会发表废约运动宣言，号召工人、商界共同努力废除与帝国主义的一切不平等条约。宣言指出：“万恶的国际帝国主义者，在中国蛮横已极，肆无忌惮”，视中国为“俎上之肉”，主张“联合世界反帝国主义者，向国际主义者猛攻”，“各界同胞一齐起来，成立联合战线，共同推翻撕裂一切不平等条约”。并组织工人举行罢工罢市，清查日货，查

出奸商 20 多家。他们还揭露奸商破坏清查日货，贿赂政府官员的卑劣行为。在广大工人群众支持下，斗争取得了胜利。此后，青州各地抵制日货的情绪更加高涨。

在青州党、团组织的有力指导和社会各界的大力支持下，工人罢工规模逐渐扩展，斗争逐步深入。

1924 年间，青州东益火柴公司招收了大量青年徒工，资本家对这些工人进行残酷剥削和压迫。他们每天工作达 14 个小时，月薪仅 15 枚铜圆，300 人同住一宿舍，又脏又臭。针对这种状况，1924 年 11 月，团青州特支派团员去东益火柴公司指导工人运动。在组织部分工人对下一步工运的开展进行讨论后，提出了一系列指导性的意见：公司工人受帝国主义的残酷统治和压榨，生活格外苦 ，应最大限度地把他们组织起来，为自身的利益而斗争；工会是工人的台柱子，要尽快把各业工会都组织起来，工人才能形成巨大的力量；工人要能文能武，智勇双全，要组织工人学文化，学革命理论，提高斗争艺术；工人面对的敌人强大而狡猾，要提高警惕，防止敌人反扑；要组织教育工人，帮助改造工人团体，培养工人骨干，向青年工人宣讲革命道理，鼓励他们进行斗争。公司工人在革命道理的启发下，在工会的领导下，为了维护工人的合法权益，开始有组织地开展了罢工和抗议活动，给资本家以打击，得到了工人的拥护和支持，鼓舞了工人的斗争信心。工会组织的影响迅速扩大，工人纷纷要求入会。

同时，在青州党、团组织的正确指导下，各业工会相继建立。各业工会还利用一些合法的节日和纪念日，组织开展了一些以改善经济状况、提高政治地位、维护自身利益为主要内容的一系列活动，提高了工人的觉悟和组织能力。随着各业工会的相继建立，工人的地位不断提高，工会的威信大增，只要工人有事，无论大小或公私，都去找工会。工会组织的迅猛发展，把青州工人运动推向了一个新的阶段。

在党、团组织和各业工会的领导下，其他一些工厂也相继发动工人开展了维护自身利益和反对工头领班的几次怠工和罢工，斗争取得了部分胜利，改善了工人的政治、经济地位，显示出了工会组织和工人阶级的力量，进一步推动了反帝爱国运动的深入发展。

各业工会的逐步建立，标志着青州工人运动的开展已从分散转向集中统一，从组织上、领导上将青州工人运动一步步推向高潮。

（二）农民运动广泛，反帝反封建的斗争更加深入

中国共产党对于农民问题是十分重视的，早在建党初期，党的创始者就开始注意这个问题。在1922年党的二大发表的宣言中就明确提出了反对帝国主义、反对封建主义的民主革命纲领，强调“中国三万万的农民，乃是革命运动中的最大要素”，并第一次分析了农村的阶级。在党的三大上由毛泽东同志起草的《农民运动决议案》中，强调了农民问题的重要性。在1925年1月党的四大上明确提出“农民运动是中国革命中的重要成分，天然是工人阶级之同盟者”，指出了宣传组织农民的方法，强调要建立农民协会和农民自卫军。

青州党组织对于农民问题也很重视，把发展农民运动作为重要工作来抓。因而，青州的农民运动开展得较早，反帝反封建的斗争持续不断。

1924年5月，青州团支部干事长刘俊才在团中央主办的《中国青年》杂志上发表题为《山东广饶县农民生活》的调查报告，用大量事实揭露了农民生活之艰辛，号召农民起来进行革命。

1925年“五卅”运动以后，青州党组织进一步认识到了农民问题重要性。特别是从中央到省地执委对农民运动都有了极为明确的指示和要求。9月，中共中央举行扩大执行委员会议，听取了山东工作报告，通过了《山东报告议决案》。中央要求山东党组织继续进行党和工会的秘密组织工作，立刻开展农民工作。1926年2月，中共中央在北京召开特别会议，提出党在目前的主要任务是：在积极迎接北伐革命的过程中，加紧农民工作，并以建立工农革命联合为基础，达到国民革命的全国范围的胜利。会议分析当时形势认为：“党在现时政治上重要的任务是从各方面准备广东政府的北伐；而北伐的政纲必须是以解决农民问题做主干。”会议指出：“‘五卅’以后国民革命中工人阶级的孤立隔离，更证明农民斗争的奋起，是国民革命成功所必不可少的条件，是工人阶级最需要最靠得住的同盟军。”因此，青州党组织把工作重点放在农民运动方面，努力扩大革命势力，迎接北伐胜利，这与中国革命的大环境是一致的。在这种大好形势下，青州地区的农民运动，在中共青州

支部的组织领导下，迅速深入地开展起来。

1925 年 12 月，在中共青州支部的组织下，农民群众纷纷行动起来，有的将反动官府的收税官员打走，有的借春节之机将“打倒帝国主义”“打倒封建军阀”的春联贴在门上，有的将传单撒满大地，宣传党的政策，扩大党的影响，反帝反封建、反贪官污吏的革命气氛十分浓厚。这些活动的开展，在群众中扩大了党的影响。

1926 年 3 月 7 日，中共山东省地方执行委员会在济南召开农民运动扩大会议。青州杜华梓出席了会议。会议学习、研究农民运动的理论和策略原则，通过了农民问题、组织问题和党的策略问题等决议。9 日至 10 日，国民党山东省党部在长清召开农民代表会议，青州的杜华梓作为代表参加了会议，与会的 30 多名代表中绝大部分是中共党员和青年团员。在共产党的指导下，会议制订了农民协会章程和农民自卫军大纲等，并全体通过了加入赤色农民国际的决议，以表示全世界农民运动的联合。通过这两次会议，培养了各地农民运动负责人。会后，决定派特派员赴各地指导农民运动。共产党员杜华梓被委任为农民运动特派员返回青州，负责在当地开展农民运动。通过广泛地发动农民，不断在广大农村发展农民协会会员，建立和扩大农民协会组织；开展农村革命，发动农民开展反帝反封建、反贪官污吏和揭露地主剥削压迫的斗争；培训农民运动骨干，为促进农民运动的高涨和迎接北伐做好干部和组织方面的准备，为青州农民运动的深入开展，起到了很大的推动作用。

1926 年 3 月，毛泽东在广州主办第六期农民运动讲习所，5 月开学，9 月结束。这期讲习所不仅对学员进行中国革命理论和农民运动的教育，还进行军事教育和军事训练，为在北伐战争中发展农民运动培养干部，也为后来农民运动同革命战争的结合做了准备。中共青州支部选派共青团员王元盛、冀三纲参加了这期学习班。10 月，王元盛由广州农民运动讲习所归来，被委派任为益都县农民运动特派员。随着全国大革命形势的发展，中共益都地方执行委员会和共青团益都地方执行委员会同时建立，党、团组织和党、团员的影响在青州地区已经相当广泛。这时，国共合作统一战线在青州地区已经建立起来，给青州地区党、团组织开展农民运动提供了更加有利的环境。

根据中共中央建立农民协会和“利用红枪会去发展农民协会”的方针，

中共益都地方执行委员会和共青团益都地方执行委员会开始加强对农民运动的领导。青州党、团组织积极发动农民建立农民协会。

1926 年 5 月，在中共益都地方执行委员会和共青团益都地方执行委员会的领导下，青州城东东圣水村、城南涝洼村分别建立了农民协会，共有会员 60 多人，多是党、团员。农民协会成立后，领导农民进行了一系列的抗租抗税、抗抓丁拉夫和抢坡的活动与斗争。还利用会议、散发传单、张贴标语等形式，向农民揭露反动军阀张宗昌的腐败和当地土豪劣绅压迫、剥削农民的行为；宣传俄国十月革命取得成功后，农民有饭吃，有地种，不受苦，不受罪，没有人压迫人、人剥削人的美好生活。向农民群众宣传，中国农民要过好日子，摆脱受压迫的地位，就要进行革命的道理。从而启发了他们的觉悟，增强了他们的革命信心。还相继成立了农民夜校，除帮助农民学政治、学军事、学文化外，还向农民宣讲北伐斗争形势，揭露地主的剥削和压迫，号召农民群众团结起来，同地主阶级做斗争，打倒军阀地主，反对苛捐杂税、抗粮抗税，迎接北伐胜利。通过这些活动与斗争，进一步提高了农民协会的威信，促进了党、团组织和农民协会的发展，有力地支持了北伐战争。

1927 年 1 月，全国农民代表大会在武汉召开。3 月，毛泽东同志的《湖南农民运动考察报告》公开发表。这篇光辉著作大大地推动了农民运动的开展。是月，中共山东区委书记吴芳到青州，在东圣水村和涝洼村协助中共益都县执行委会书记宋伯行开展农民运动。

1927 年春节前后，北伐军分三路向安徽、浙江、江苏等省进攻。各地人民纷纷起来响应革命，北伐进展顺利。中共益都地方执行委员会和共青团益都地方执行委员会根据山东区委的指示，为配合北伐军北进，打击张宗昌的统治势力，广泛组织发动党、团员去农村，向农民介绍南方各省农民运动及俄国十月革命胜利后的农民状况，同时，组织发动党、团员，农会会员，青年学生开展了反对军阀统治的斗争，推动了农民运动的开展。还在农村大力推广建立农民协会。并领导农民进行了一系列的抗租税和抢坡活动。有的农民协会还率领会员举行暴动，占领地主的宅院，缴获地主、恶霸的枪支，揪斗地主、恶霸，烧毁地主的账簿，开仓放粮。有些暴动虽遭敌镇压而失败，但都不同程度地打击了军阀和封建势力的反动统治；年幼的农民协会组织也在运动中经受了风雨，积累了经验，扩大了影响。随着农民协会的发展，农民运动由抗粮抗税发展到反对封建迷信、封建宗法势力的斗争。农民协会的影响非常大，成为左右当地局势的一支重要力量。

（三）青州青年学生运动高涨，大力声援“青沪惨案”

青州的学生运动开展得较早。早在五四运动后期，青州的爱国学生就深入农村、工厂做了很多宣传鼓动工作。山东党组织建立后，王尽美、邓恩铭、王翔千等人对青州的学生运动一直很重视，自 1922 年起便开始在青州学生中进行马克思主义的宣传教育，并发展了第一批团员。1923 年 5 月，为了研究社会的发展，青州十中、四师、甲种农校的学生在城里冯家花园成立了平民学会。平民学会经常组织学生召开座谈会、讲演会，探讨马克思的社会主义。8 月，中国社会主义青年团第二次全国代表大会召开。会议指出：在山东，“除济南外，应在胶济铁路全路、淄博各矿及青岛设法扩充”团的组织。此后，社会主义青年团烟台支部、青岛支部、青州支部等团组织相继建立。青州团的活动和青年学生运动在党团组织的统一领导下发展起来。

11 月，在济南反帝反封建浪潮的影响下，24 日，青州十中学生召开大会，李耘生以“欧洲好的地方在哪里？”为题发表讲演，揭露帝国主义国家干涉中国内政，侵略中国的阴谋活动。同年，益都籍国会议员郭广恩在曹锟贿选总统时，受贿 5000 元，被群众称为“猪仔议员”。为了揭露其受贿行为，青州十中团员学生赵文秀、王元昌等利用多种形式，广造舆论，联络各校，募集生铁，准备铸造“铁猪”，将郭广恩的名字铸上，使其名声扫地。1924 年 4 月，团青州支部成立后，决定全体团员均以个人名义加入平民学会，其主要工作：一、反对基督教；二、利用学生会开展工作；三、深入乡村进行演讲，在本校校刊撰写宣传文章。9 月，王尽美在青州十中大教室里，向 300 多名学生做旅欧考察报告。向学生指明需唤起民众推翻帝国主义，推翻封建军阀的道理。同月，为开展反帝国主义文化侵略基督教的斗争，在团青州特支的领导下，“青州非基督教大同盟”成立。10 月下旬，团青州特支组织十中学生停课集会，上街游行示威，愤怒声讨广州地主买办商团军发动武装叛乱，妄图推翻广东革命政府的反动行径，支持国民革命军镇压叛乱的正义之举。十中教务主任黄继文企图以举行考试的方式，阻挠学生的爱国行为，学生群集教务处，与黄争理。黄继文在气恼之下，第二天暴病而死。这次学潮罢课坚持了三天，在整个社会震动很大。

1925 年 5 月，“青岛惨案”和上海“五卅惨案”爆发，因两起惨案接连发生，时称“青沪惨案”。“青沪惨案”发生后，中共中央立即号召全国被压迫阶级的群众起来反抗帝国主义野蛮残暴的大屠杀。在中国共产党的领导和推动下，全国各地反帝爱国运动达到了高潮，以各种方式声援“青沪惨案”。6 月 5 日，中共青州支部、共青团青州特支召开联席会议，研究声援青沪罢课措施。团济南地委书记李耘生与团青岛地委书记孙秀峰及时赶来指导。会议决定恢复学生联合会，并以其名义领导声援青沪运动。推选邓章符为会长，李振华为组织部长，刘书琴为宣传部长。学生联合会于 6 日、7 日、8 日分别召开了学生会委员会、商会会长及各界联席会议。会议决定全市学生一律罢课，印发宣言，组织宣传队，进行宣传，控诉帝国主义罪行；组织募捐队，支援青沪工人；举行集会，进一步鼓动广大人民群众的反帝爱国情绪。9 日下午，罢课开始。10 日，召开全城学生大会。十中、四师、甲农、师范讲习所等 11 处学校，2000 多学生到会，群情激愤。各校代表沉痛悼念惨遭杀害的同胞，愤怒声讨日、英帝国主义的残暴罪行。会议做出三项决议，号召全市学生执行：凡属英、日两国纸币，拒绝使用；凡属英、日两国货物，拒绝使用；尽力募捐，救济罢工工人。会后分头到街上演讲，一边揭露帝国主义杀人罪行，一边募捐。12 日，召开市民大会，进一步扩大宣传。14 日、15 日，十中、四师、甲农等三校派出以党团员为骨干的代表分赴寿光、广饶、临淄、潍县、长山、昌乐、博山、淄川、安丘、诸城等县与当地学生联系，组织罢课，进行演讲，扩大宣传，激发师生员工对帝国主义屠杀中国人民的无比仇恨，帮助建立学生联合会和各界后援会等团体，宣布对日经济绝交，组织声讨大会，游行示威，查禁日货、英货。14 日，王元盛赴临淄县与各机关、学校联系，并在西关小学讲演，号召工人、农民团结起来，抵制日货，组织募捐，声援青沪人民的反帝斗争。15 日，他又到临淄师范讲习所、西关乙种蚕校、城内高等女校与教职工及教育局长洽谈，成立学生会。17 日，在成立大会上，王元盛作了讲演，陈述中国将来的道路，号召各界团结起来，打倒帝国主义和封建军阀。

声援青沪运动促进了青州人民反帝爱国情绪的普遍高涨，也促使青年学生运动与工人、农民运动更紧密地结合在一起，增进了工人、农民、学生的革命感情和战斗友谊，将青州的反帝反封建斗争推向了一个新的高潮，为迎接更为广泛的、深入的土地革命战争进行了必要的准备。

下面请大家参观：

第二部分 红色土地 开创伟业

1927 年，蒋介石、汪精卫相继背叛革命后，国内阶级关系发生了重大变化，斗争形势陡然逆转，轰轰烈烈的大革命中途夭折，帝国主义、封建势力和买办资产阶级扶植国民党反动派充当新工具，妄图在全国范围内建立反革命独裁统治。为了挽救革命，中共中央临时常委采取了一系列紧急措施，决定实行武装反抗。8 月 1 日，南昌武装起义，打响了武装反抗国民党反动派的第一枪。8 月 7 日，中共中央在湖北汉口召开紧急会议（即“八七”会议），就国共两党关系、土地革命、武装斗争等问题进行了讨论，总结了大革命失败的经验教训，结束了陈独秀右倾投降主义的错误路线，确定了土地革命和武装反抗国民党反动派的总方针。从此，进入了土地革命战争时期。

第一单元 不屈服屠杀政策 恢复建立党组织

1928 年 1 月，中共青州地执委组织部长杜华梓等人自首叛变，给青州的党、团组织造成了严重破坏。书记宋伯行被捕牺牲；宣传部长田裕炀潜回原籍诸城不久，在发动农民暴动中牺牲；团地委书记李玉鼎被迫离开青州去青岛。青州的党组织遭受重大损失后，青州共产党人并没有屈服，他们擦干净身上的血迹，埋葬好同伴的尸体，继续前进。

1. 建立“中共益北特支”

1928 年 2 月，在中共山东省委派员指导下，在东朱鹿党支部的基础上，建立了“中共益北特支”，负责益都北部及寿光部分地区党的工作。在严重的白色恐怖下，中共益北特支经常组织党员进行秘密宣传活动，领导农民开展抗粮抗捐、“烧坡”、“抢坡”、短工罢市等斗争，并指示以教学为掩护的共产党员刘子科争取了一支武装。8 月，中共益北特支发动朱鹿、段村、阳河一带农民在益都县边沿地带臧台村举行武装暴动。虽因遭到国民党寿光保安团的镇压而失败，但它却是益都党组织武装争取政权的第一次尝试。

1930 年春，中共益北特支遭破坏，中断了与中共山东省委的联系。6 月，中共山东省委书记任国桢来青州东朱鹿村巡视工作。7月，中共益北特支恢复。中共青州党组织又出现了比较活跃的局面。

2. 建立中共四师党支部

1929年8月，北京共产党员马适安应聘到四师任教，以教学为掩护积极从事党的秘密活动。12月，他领导了四师、十中学生反对帝国主义文化侵略的基督教的斗争。1930年，马适安利用国民党的内部矛盾，开展了反对叛徒杜华梓的斗争，并于年底建立了中共四师党支部。中共四师党支部在进步学生中建立了“左翼作家联盟”“反帝大同盟”“互济会”等群众组织。1931年“五一”节后，四师学生在党组织的领导下，驱逐了压制反帝爱国学生运动的训育主任燕有林。因此，国民党省党部密令逮捕党员师生马适安、张训荣（张北华）等人，马适安、张训荣二人闻讯后迅速转移，中共四师党支部暂时停止了活动。是年，共产党员牛玉昌（牛瑞庭）重建中共四师党支部。

3. 建立中共益都特支

1930年夏，为使中共青州党组织全面恢复，中共山东省委派段亦民同志来益都整理党组织，重新建立了中共益都特支，段亦民同志任书记。“九一八”事变后，全国人民抗日怒潮不断高涨。中共益都特支组织四师、十中、甲种农业学校和东关高小学生罢课，参加南下向国民党南京政府请愿活动。在遭到国民党县政府的压制后，东关高小教师、共产党员冯毅之带领十数名学生深入西南山区进行革命活动，为日后在山区建立武装，进行抗日游击战争，打下了一定的基础。

4. 重建中共益都县委

在益都党的活动范围不断扩大的情况下，1932年5月，在中共益都特支的基础上，重建了中共益都县委，段亦民任书记。益都的党组织再次蓬勃发展，先后建立了中共城区（一区）郑母区（十区）两个区委，基层支部发展到21处。群众组织也迅速发展，并成立了抗盐队、赤卫队等群众武装，活动也日趋活跃。中共十区区委发动群众捣毁了坑害百姓的官办盐店；中共四师党支部发动乡镇长训练班中的党员，开展反对国民党县党部常委赵若谦的斗争，打乱了国民党乡镇长训练班的计划。

第二单元 “左”倾错误影响及“益都农民暴动”

中国革命的发展并不是一帆风顺的。大革命失败以后，以毛泽东为主要领导的一大批共产党人，经过创建、发展红军与农村革命根据地的实践，逐步找到了一条使中国革命走向复兴和胜利的道路。后来，毛泽东根据中国社会和中国革命的特点，科学分析了“工农武装割据”所具备的主客观条件，明确提出了“工农武装割据”的重要思想。但是，中共中央临时政治局在“八七”会议后提出了一系列“左”的政策。受这种错误的影响，山东省委在实际工作中也发生了“左”的偏差。1927年11月，山东省委发出的《关于目前政治形势的宣传大纲》中指出：全国和山东的政局是“整个统治阶级动摇、冲突、崩坏、无能力维护其统治”，“农民工人只有自己起来暴动，打倒南北新旧军阀、国民党新旧军阀、大地主豪绅，才有出路”。省委扩大会议制定的《关于今后工作方针的决议》提出，“要急速进行武装工作；深入工人群众，领导工人进行政治和经济斗争”等。1928年1月3日，省委在《关于山东党组织情况的报告》中认为：“山东党员成分不纯，缺乏革命性，并且其中机会主义的余毒很深。因此，有根本改造的必要。将来清党之后，在现在1500人中，恐只能存留500人。省委目前的工作是积极从事清党及指挥暴动”。6月，中国共产党第六次代表大会在莫斯科召开。大会指出：“中国革命现阶段的性质是资产阶级民主革命。”“当前的政治形势是处在两个革命高潮之间，党的总任务不是进攻，而是争取群众，准备武装起义。”“党的总路线是争取群众，准备起义，而不是立即举行全国性的起义。” 1929年以后，中共中央的一些领导人，看到国际国内形势发生了一些有利于革命的变化，又受到共产国际的“左”倾指导思想的影响，头脑开始发热，逐渐形成了“左”倾冒险的错误。当时，李立三任中共中央政治局常委、中央宣传部长，一些比较系统的“左”倾冒险主张，主要是由他提出来的。

1930年1月11日，中共中央政治局通过《接受国际一九二九年十月二十六日指示的决议》。2月26日，中共中央发出第七十号通告，规定党“目前总的政治路线”是汇合各种斗争，“走向‘变军阀战争为国内的阶级战争’，以推翻国民党统治，建立苏维埃政权”；提出党不是要继续执行在革命低潮时期积蓄力量的策略，而是要执行集中力量积极进攻的策略，各地要组织工人进行政治罢工、地方暴动和兵变，并集中红军进攻大城市。在6月11日召开的中央政治局会议上，又通过了李立三拟订的以武汉为中心的全国中心城市起义和集中全国红军攻打中心城市的冒险计划，从而使“左”倾冒险主义在党中央占据了统治地位。随后，成立了实施这个计划的从中央到地方的 各级行动委员会。这次“左”倾错误在党内统治的时间虽然不长，但党却为此付出了沉重代价。9月下旬，由刚从莫斯科回国的周恩来、瞿秋白主持，党在上海召开扩大的中共六届三中全会，李立三“左”倾冒险主义错误开始得到纠正，全党工作开始转入正常的轨道。

可是，由于共产国际的干预，事情陡然间发生了变化。10月，共产国际给中共中央来信，提出李立三的路线是反共产国际的政治路线。从莫斯科回国不久、受到共产国际东方部副部长米夫器重的留苏学生王明、博古等，通过不正常的途径比中央先获知这封信的内容，立刻打起“反对调和主义”的旗号，猛烈攻击六届三中全会后的中央，在党内造成严重的思想混乱，使中央难以正常工作。

王明还散发他写的《两条路线》的小册子。他在这本小册子中，夸大中国革命反资产阶级、反富农斗争的意义，否认中间营垒的存在；继续强调全国性的“革命高潮”和在全国范围的“进攻路线”，急于夺取包括中心城市在内的一个或几个主要省份的首先胜利；宣称党内的主要危险是“右倾机会主义”“实际工作中的机会主义”和“富农路线”。这些主张，实际上是王明“左”倾教条主义的政治纲领。

1931年1月7日，中共六届四中全会在上海召开。全会以批判三中全会的所谓对于“立三路线”的“调和主义”为宗旨，强调反对“党内目前主要危险”的“右倾”，决定“改造充实各级领导机关”。王明在米夫的支持下，不仅被补选为中央委员，而且成为中央政治局委员。这次全会实际上批准了王明“左”倾教条主义的纲领。从这时起，以教条主义为特征的王明“左”倾错误在党中央开始长达4年的统治。六届四中全会后，党在国民党统治区的工作出现一片混乱。

“九一八”事变后，随着抗日反蒋运动的兴起，中共中央“左”倾错误进一步升级，认为“国民党统治的崩溃，正在加速进行着”，从而断定“目前中国的政治形势的中心的中心，是反革命与革命的决死的斗争”。1932年初，他们重新提出“争取中国革命在一省与数省的首先胜利”的方针。同年6月，中央在上海召开北方各省委代表联席会议（简称“北方会议”）。该会蛮横地批判了“北方落后论”和所谓“一切机会主义的动摇和犹豫”，做出了《开展游击运动与创造北方苏区的决议》，不顾客观条件是否可能，要求北方各省共产党组织通过发动兵变和工人、农民暴动，立即创造出“北方苏维埃区域”。

中共山东省委书记武平参加了北方会议。会后，中共山东省委决定在全省各地限期举行农民武装暴动，配合中央红军第四次反“围剿”斗争，创造山东苏维埃红色根据地。从7月初起，省委派出干部到党的基础较好的地区，传达省委指示，命令各地党组织在青纱帐起来的时候举行武装暴动。

5月，中共山东省委军委书记张鸿礼到青州，传达省委的决定，与中共益都县委研究部署发动武装暴动问题，指示中共益都县委全力以赴地投入武装暴动的准备工作，并主持建立了武装暴动行动委员会，指定县委书记段亦民为武装暴动总指挥，郑云岫任武装暴动副总指挥。6月上旬，张鸿礼再次来到青州，主持召开县委扩大会议，传达省委指示，进一步研究武装暴动准备工作。张鸿礼批评了那种认为北方落后，不能发展红军的观点。他要求中共益都县委积极响应党中央提出的“争取一省或数省首先胜利”，“争取一地或数地边沿地区首先胜利”，“扩大百万红军到抗日前线”的号召，在8月间举行武装暴动，组建工农红军。会上，中共益都县委书记段亦民认为武装暴动时机不成熟，条件不具备，反对仓促行事。他说：益都县党、团组织刚刚恢复起来，力量还很薄弱，由于时间仓促，我们虽然作了一些准备，但是还不够，无胜利把握；主张“不能拿着鸡蛋往石头上碰”，“不能拿着生命开玩笑”，请求省委慎重从事。但是这些建议和请求，遭到张鸿礼的反对，张鸿礼当即指着段亦民说：“准备不足，责任就在你！”并且非常粗暴地斥责段亦民“右倾”“怕死”，并代表省委当场宣布撤销其县委书记、武装暴动总指挥职务；指定由王经奎接任县委书记职务，郑云岫接任武装暴动总指挥，改组了中共益都县委。会议决定，8月间益都一区（城区）和十区（郑母）两地同时举行武装暴动，城区的革命力量负责占领县政府，建立苏维埃政权，郑母的革命力量负责夺取民团武装，占领区公所，开展游击战争，建立地方苏维埃政权。一区由衣洪志担任指挥，十区由冀虎臣担任指挥。同时，张鸿礼强调：武装暴动行动一定要按省委决定进行，要执行“铁的纪律”。

在省委的强大压力下，8 月 16 日，中共益都县委做出决定：武装暴动于 18 日举行；郑云岫指挥一区暴动队伍直接进攻国民党益都县政府，占领城关；冀虎臣指挥十区暴动队伍解除十区区公所武装，占领区公所，随即建立苏维埃政权。同时建立工农武装，进行土地革命，开展游击战争。

17 日晚，中共十区区委书记兼十区武装暴动指挥冀虎臣在郑母镇“义荣福”药铺主持召开最后一次武装暴动预备会议。他向区委成员和村支部书记传达了县委的武装暴动计划，具体研究部署了十区武装暴动行动方案，决定 18 日上午 8 点以前，各村武装暴动队伍到达郑母镇，在区公所附近隐蔽集结，8 点钟攻占区公所。

18 日拂晓，十区暴动开始行动。郑母、崇家庄、吉林、山前李、宫家庄等十几个村庄的近百名党员和群众按计划向位于郑母镇的十区区公所集结。与此同时，吉林村党支部书记赵文光率 3 名党员直奔郑母镇民团三分队队部，同打入民团的地下党员陈华亭一起里应外合，将该处的团丁缴械，缴获钢枪 11 支、手枪 1 支，然后带领暴动群众赶赴区公所。

与此同时，7 点多钟，冀虎臣率程心田、赵焕礼、崇学闵、崇学圣等武装暴动队员进入区公所，同区助理员贾希尧商量解除国民党武装问题，不料贾希尧突然变卦反悔，不愿配合武装暴动。冀虎臣当机立断，当场开枪击毙了贾希尧，同时打死了敌民团一分队长张官云。这时，院内 30 多名团丁闻声应战，武装暴动队员与其展开激战，进行了顽强作战。但是终因计划不周，加之暴动队员缺乏军事素养，武装枪支很少，赵文光等其他武装暴动队员未能及时赶到区公所，冀虎臣等武装暴动队员寡不敌众，武装暴动失败。冀虎臣等被迫从区公所越墙突围，撤出战斗，其中 1 人受伤，2 人被俘。其他手持镰刀、锄头的武装暴动队员闻声赶到时，又遭到敌团丁枪击，整个队伍被打散。9 点多钟，27 名被打散的武装暴动队员陆续汇集到郑母镇南面的太平山上。下午，冀虎臣带领这支队伍转移到城区附近，准备与一区的武装暴动队员和县委领导同志会合。但此时得知，城区暴动因故未能按计划行动，城里已经戒严，与县委联系不上。第二天，冀虎臣只好决定解散武装暴动队伍，队员分散隐蔽，转入地下，继续坚持斗争。这次武装暴动历时两天即结束了。

武装暴动发生当天，国民党益都县长杨九五即下令全城戒严。第二天，国民党军警及民团300多人在郑母一带逮捕共产党员和武装暴动队员。国民党山东省党部捕共队长王天生，也于武装暴动发生的第二天从济南赶到青州，指挥清剿、逮捕、屠杀共产党员和武装暴动队员。暴动总指挥郑云岫、原县委书记段亦民、省委特派员耿贞元等50多人被捕，其中27人被押送到济南，省委特派员耿贞元等16人被杀害于济南纬八路南头侯家大院刑场；中共益都县委书记王经奎、十区区委书记冀虎臣等逃离益都，益都党组织遭到严重破坏，党员受到很大损失，人民群众面临着严峻的考验。此时的青州大地，一片白色恐怖。

益都武装暴动，是中共山东省委贯彻八七会议总方针，领导人民进行的武装反封建势力和军阀势力的英勇斗争。这表明共产党及其领导下的革命人民，敢于面对强大的敌人，以革命的武装反对反革命的武装。这次武装暴动，不同程度地打击了封建统治阶级和军阀势力，锻炼了共产党人，积累了经验教训；扩大了共产党在人民群众中的影响，播撒了革命火种。

益都武装暴动失败的主要原因，一是王明“左”倾冒险主义路线在山东强行推行的直接后果。二是由于武装暴动的领导者政治上不成熟，武装斗争经验不足，在组织领导武装暴动中缺乏正确的斗争策略。三是党组织在武装暴动中缺乏广泛深入的群众基础。未能在武装暴动的地区形成广泛深入的群众革命运动。

益都武装暴动失败还有另外两个原因：一是中共党内民主生活方面存在问题。土地革命战争时期，中共党内权力过于集中，加上处在敌人残酷的白色恐怖的环境中，党内民主生活和制度很不健全。“左”倾错误的领导人在推行“左”的路线和政策时，往往片面强调政治纪律，实行组织上的“惩办主义”和命令主义，对持有不同意见，主张在工作中谨慎从事的同志，一律斥之为“右倾机会主义”分子，加以排斥、打击。其结果，加重了“左”倾错误的恶果。很明显，益都武装暴动与党内缺乏民主有着直接的关系。另一个原因是党内普遍存在盲动主义情绪。大革命失败后，山东党内一直存在一种情绪——恨不能立刻通过武装暴动，夺取政权，建立红色革命根据地。这种情绪在某种程度上降低了人们分析判断客观事物的能力，增加了下级组织和党员执行上级“左”倾错误决议时的盲目性，其影响在益都武装暴动中亦有表现。产生这种情绪的原因是多方面的：一是来自对敌人残酷镇压革命，屠杀共产党人的强烈愤恨和复仇心理；二是由于很多党员对革命充满热情，但是缺乏理论水平和实践经验，看问题片面，过分夸大对革命有利的方面，而忽视不利方面，急于求成；三是有些党员缺乏革命韧性，不安于在革命低潮形势下做细小具体的工作，向往轰轰烈烈的武装斗争，追求一时痛快；四是个别党员企图摆脱被敌人通缉而到处躲藏的十分艰苦和危险的处境。另外，党的宣传工作方面报喜不报忧，片面夸大胜利的偏差，也助长了这种情绪。

青州共产党领导的农民武装暴动虽然失败了，但是青州共产党员不畏强暴，敢于斗争，勇敢反抗国民党反动统治，为共产主义事业英勇献身的精神，在青州革命斗争史上，写下了光辉的篇章。

第三单元　青州党组织活动由低潮转向复兴

（一）青州党组织活动陷入低潮

1930 年 4 月，阎锡山、冯玉祥、李宗仁等联合发动的反对蒋介石的战争，是中国近代史上一次规模最大的军阀混战。青州成为新军阀混战的重要战场。大战开始，蒋介石委派韩复榘负责山东防务。

6 月，晋军阎锡山部进攻山东，韩复榘退守淄河以东，驻军青州，与阎锡山的代表商谈议和。议和未成，两军在淄河交战，韩复榘抵抗不住，东撤，晋军进驻青州城。不久，韩复榘反攻，交战于弥河流域闵家庄。晋军战败退走。阎锡山、冯玉祥、李宗仁等联合发动的反对蒋介石的战争以蒋介石的胜利告终。山东省政府主席韩复榘任命郭肇阳为益都县长。

国民党基层政权与北洋军阀不同，它废除乡约，在益都全县设立 10 个区：区下辖乡镇，设乡镇公所，置正副乡镇长；乡镇辖村，设村长；5 户为邻，25 户为闾，置邻长、闾长。

1931 年 10 月，杨九五被韩复榘任命为益都县长。杨九五，又名杨福林，河北迁安人，担任益都县长达 7 年之久。在任期间，残酷镇压革命，逮捕共产党人和革命群众。同时，积极组建国民党的基层组织和政权，训练警备队、民团等反动武装，大肆搜刮民财，为国民党统治服务，被国民党政府表彰为“模范县长”。

杨九五以暴力手段实行残暴统治，杀人如麻。加之当时青州境内豪强争霸，盗贼四起。土匪头子窦宝璋、刘黑七、衣来好等，继续为非作歹，骚扰百姓。青州人民饱受蹂躏之苦。

1932 年 8 月，中共山东省委领导的益都武装暴动失败后，山东国民党反动当局在加紧对革命力量镇压的同时，大力强化国家机器和专政机关。同时，加强特务组织，大肆破坏共产党的机关，搜捕共产党人，实行白色恐怖。在极短的时间内，国民党山东省捕共队由原来的 30 多人迅速增至 200 余人。国民党益都县党部为了彻底肃清共产党组织，巩固其反动统治，对全县的乡镇长进行轮训，进行反共思想教育。同时，也建立了捕共小分队，疯狂捕杀共产党人和革命群众，企图在全县范围内制造反共的白色恐怖。在这种形势下，有些混入共产党内的投机分子和革命意志薄弱者，经受不起考验，开始退党、脱党，甚至叛党，成为可耻的叛徒，向敌人出卖组织和同志；有些叛党分子充当了国民党的鹰犬，对共产党组织造成极大的危害。1933 年 2 月，中共山东省委派来青州帮助工作的团省委秘书马兰屯叛变，3 月 3 日，马兰屯开假介绍信，介绍叛徒、山东省捕共队长、原团省委特委书记陈衡舟假冒中共山东省委巡视员的身份与王乃和到青州，于当日晚诱骗金明、刘法曾、李世光同志到南门里一客栈内将他们逮捕。郇肇纪同志在 4 日晨去团县委机关（在县城十字口南一点心铺内）时被捕。共青团益都县委遭到严重破坏。随后，刘家集村党员刘洪才、任玉书叛变后，又出卖了中共益北特支，于 3 月底带领敌人到东朱鹿村逮捕了中共益北特支的刘兴成、郭德庆、陈书堂 3 人。陈德义、陈铭新、陈凤九脱险逃匿。中共益北特支又遭到破坏。

7 月，中共山东省临时省委组织部长宋鸣时叛变投敌，出卖了他所掌握的全部组织关系，并对共产党组织和党员疯狂地进行破坏和捕杀。7 月 4 日，宋鸣时带领捕共队到青州逮捕了仅存下来的一批党、团员和益都城里松林院街党支部书记郑国柱、党员王保堂及互济会员等 20 余人，未被捕的党员多数转移外地。中共益都县委再次遭到彻底破坏。此时，青州只有个别党员得以幸存，整个青州被十分严重的白色恐怖笼罩着，党员处在极端分散、零星的状态，没有统一的党的领导机关，党的工作处于停顿、瘫痪状态，革命运动陷入了低潮。

（二）青州共产党人的顽强斗争

1. 青州益北地区共产党人失去统一领导后，独立坚持斗争

1933 年 3 月，中共益都县委和益都县仅存的中共益北特支被破坏后，益北地区的党员失去了党的统一领导，处在各自为战的状态，但是他们没有停止工作，反而更加自觉地运用各种方式为党工作。绝大部分共产党员仍然怀着坚定的革命信念，在逆境中接受教训，改变斗争策略，坚持顽强斗争。以个人或少数人独立作战的方式，尽一切可能在艰险的环境中为革命保持和发展了宝贵的力量，为重新恢复组织，寻找上级党的领导进行着坚韧不拔的努力。中共益北特支书记陈锡德就是在失去上级党组织领导、白色恐怖极为严重的形势下，独立地担负起寻找、恢复和发展党组织的重任，为挽救青州党组织，进行了百折不挠的斗争，做出了历史性贡献。特别是在恢复和发展青州党组织中，发挥了坚强的领导作用。他一方面坚持工作，发展党员，为党保存、恢复和发展了革命力量；一方面坚持积极寻找上级党组织。当年秋天在东阳河村发展了郑其善、郑玉善、孙廷栋三人入党，并建立了党小组。还在杜家庄吸收发展了刘明训入党。为了同上级党小组取得联系，陈锡德于 1934 年秋天考入济南省立第一乡村师范，与赵健民等取得了联系，终于在乡师找到了上级党组织。10 月，因“左”倾冒险主义者的错误导致红军第五次反“围剿”失败，中共中央机关和中央红军被迫进行长征。1935 年 1 月 15 日至 17 日，中共中央在遵义召开政治局扩大会议。会议集中全力解决当时具有决定意义的军事和组织上的问题。会议选举毛泽东为中央政治局常委。会后不久，政治局常委决定由张闻天代替博古负党中央总的责任，并成立由毛泽东、周恩来、王稼祥组成的三人小组负责全军的军事行动。遵义会议结束了“左”倾教条主义在党中央的统治，实际上确立了毛泽东在党中央的领导地位。这次会议，在极其危急的情况下挽救了中国共产党、中国红军和中国革命，成为党的历史上一个生死攸关的转折点。它标志着中国共产党在政治上开始走向成熟。由于遵义会议后党中央仍处在长征的艰苦环境中，加之青州党组织遭受严重破坏，所以会议精神没有也不可能及时传达到青州党组织中。但是，在此前后，青州共产党人从斗争实践中认识到“左”倾错误的危害，并开始根据实际情

况领导革命斗争。8 月，益北特支书记陈锡德同志又利用暑假，回到家乡大陈庄秘密开展党的活动和发展党组织。为方便计，陈锡德的公开身份是济南省立第一乡村师范学生。他以学生身份为掩护，以革命事业为己任，经常利用夜晚深入工厂、农村搞调查，做访问，并时常到中小学校去做政治报告，又见缝插针地找一些共青团员或积极分子谈心交友。经过一个多月艰苦细致的工作，发展陈锡珍、陈步峰、陈洪来等多人加入共产党，建立了大陈庄党小组，陈锡珍任组长。大陈庄党小组建立后，青州党的基层组织得到迅速恢复和发展。为在白色恐怖环境下坚持工作，不使党的基层组织再次遭受破坏和打击，青州党的基层组织活动一直处于地下状态，秘密开展着党的工作。

2. 不屈不挠的狱中斗争

益北地区的党员在白色恐怖的环境中坚持斗争的同时，在另一条战线上，在益都国民党省立第四监狱里，金明、张晔、李林、田海山、程金鉴、夏辅仁、张北华等 40 多名被囚禁的共产党员也同敌人进行了坚决的斗争。当时，益都国民党省立第四监狱，完全承袭、保留了清朝和反动军阀统治时期监狱的恶劣设施与黑暗腐朽制度。监房污秽不堪，狱吏贪婪残暴，伙食十分恶劣。国民党反动当局为瓦解共产党人的意志，削弱他们的斗争力量，对共产党人采取高压政策，妄图通过长期监禁，以非人刑具摧残其肉体，销蚀其革命意志，动摇其革命信仰。但是，被监禁在狱中的大多数共产党人，不仅没有被敌人的监禁、利诱、严刑和屠杀所吓倒，也没有被敌人的说教与诱惑所征服，反而在顽强的斗争中创造了许多巧妙的斗争方法和手段。他们机智地打破敌人的隔离、封闭，秘密地组织起来，团结被监禁的难友，不断地在统治森严的敌狱中同敌人进行了特殊形式的顽强斗争。他们于 1934 年夏在狱中秘密建立了党的支部，在党组织的领导下，被监禁的共产党员、共青团员和革命志士，把敌人的监狱，变成与敌人生死搏斗的特殊战场，变成锻炼革命意志的熔炉，变成学习革命理论、文化知识和培训干部的“党校”，他们以自己的实际行动表现出了共产党人的钢铁意志。他们在狱中组织了读书活动及理论和时事讨论会，用革命的理论和思想武装在狱中的共产党人。为了改善被监禁人员的生活待遇，狱中党支部还以“改善伙食”为由，发动领导了绝食斗争。金明、张晔、李林、田海山、程金鉴、夏辅仁、张北华等积极参加这场斗争。金明常对难友说："为革命，为人民，头可断，血可流，志不屈，要在任何时候、任何斗争中都经得起考验"，面对敌人残酷的折磨，他凛然正义，代表难友向敌人提出"三不许"：一不许克扣"囚粮"；二不许煮霉米烂菜吃；三不许打骂"犯人"。他曾几次将狱卒送往窗洞的饭菜打掉，同敌人展开绝食斗争，首次绝食进行 6 天，狱方不得不答复了改善伙食的条件，斗争终于获得了全面胜利，极大地震惊了国民党反动当局，也坚定了狱中共产党人的斗争信心。不久，他们为争取看书写字和放风时交谈的自由，又组织了第二次绝食斗争，连普通犯人也纷纷加入，在强大压力下，狱方不得不又答复了"延长放风时间，自由阅读写作，交谈自由"等全部条件，斗争最终也取得了完全胜利。后来，狱中的共产党人经过我党的多方营救，先后获释出狱。这些获释出狱的共产党员，多成为抗战初期山东各地抗日武装起义的骨干力量，为民族的解放和革命事业的发展做出了巨大贡献。

3. 秘密开展党的工作

1934 年春，牟铭勋奉中央指示到鲁东巡视，恢复党组织工作。在巡视期间，同中共益北特支的党员陈德义、陈铭新取得联系，对找到的党员进行培训和教育，并向他们介绍了"福建事变"和中央苏区第五次反"围剿"的情况。并根据过去的经验教训和当时的形势，决定改变斗争策略，采取秘密工作的方式，主要从事宣传和组织工作，积极发展党、团组织，建立青年团体。提出了积蓄力量、等待时机的工作方针。要求青州党组织必须经常领导群众斗争，以锻炼和提高群众的觉悟，但在斗争策略上必须遵循隐蔽自己、杀伤敌人的原则，不要不顾客观条件提出一些过高的要求；党的组织和领导骨干必须尽量隐蔽，群众组织要争取公开、合法；要注意积小胜为大胜；在活动方式上，党员要有职业掩护，在组织问题上，要小而精，注意阶级成分，防止阶级异己分子钻入党内。确定把积极慎重地恢复和发展党组织作为首要任务。中共中央的指示，对于长期与上级党组织失去联系的青州党组织来说，无疑是雪中送炭。

从此，青州党组织在没有上级党组织领导的情况下，独立坚持斗争，秘密过组织生活，慎重发展党员，并指导建立和利用外围组织进行革命宣传活动；还以各种职业为掩护，秘密开展党的工作，团结进步青年，并从中秘密发展了一批党员。如自 1934 年以来，段村进步青年刘汉元经常去东朱鹿村“国术团”，以学拳为名与陈德义秘密接触，经一年的考验，由益北特支书记陈德义介绍加入中国共产党。

至此，中共青州及益都两级党组织终于度过了最困难的时期，开始走上恢复、发展的新阶段，为迎接即将到来的抗日战争打下了重要的基础。

下面请大家参观：

第三部分　红旗不倒 走向胜利

1934 年 10 月，中央主力红军长征后，中共青州地方组织和红军游击队，在党的领导下，紧紧依靠人民群众，坚持了三年艰苦卓绝的游击战争，保存和发展了革命力量，创造了青州西南山区游击根据地和益北游击根据地；抗日战争爆发后，青州人民高举抗日旗帜，开展了轰轰烈烈的抗日救亡运动，进行了以保田为中心的抗日反顽斗争；在解放战争中，青州党组织领导人民开展了广泛的游击战争，配合华东局及中国人民解放军山东纵队，解放了青州全境。青州人民用鲜血和生命在中国革命史上写下了光辉的篇章。

第一单元　团结抗日斗敌顽

1937 年 7 月 7 日，抗日战争爆发。在青州党组织领导下，青州各界人士迅速组织抗日救亡活动，进行抗日宣传，支援二十九军抗战。“八一三”事变以后，由于我党的努力和全国抗战形势迅猛发展，国民党接受了我党关于第二次国共合作的正确主张，抗日民族统一战线形成。中共山东省委根据中央指示，积极整顿和发展党的组织，号召共产党员脱下长衫到游击队去发动武装抗日。10 月，胡维鲁、彭瑞林、李曦晨、李云鹤等共产党员先后从济南监狱和南京反省院来到益都，寻找地下党员，宣传组织抗日救亡活动。12 月，在省委宣传部长林浩和鲁东工委宣传委员杨涤生主持下，建立了中共益都县整理工作委员会，书记胡维鲁。先后与益都北部战前的共产党员牛瑞庭、陈德义、王宗东、陈凤九、刘逢源及益都南部的战前党员冯毅之、陈锡德等取得联系，或为其恢复关系。从此，益都在党的领导下，进入了一个新的历史发展时期。

1938 年 1 月 9 日，日军占领益都城。所到之处，烧杀抢掠，在铁路南制造了骇人听闻的“金家、大田庄惨案”“朱石羊大劫难”“马鞍山惨案”，伤亡近百人；在城北连续“扫荡”朱鹿、良孟、段村一带，制造了骇人听闻的“西王车惨案”“廉颇村惨案”“郭集惨案”“赵家庄惨案”“东朱鹿惨案”“‘四二八’惨案”，伤亡过百人，给人民生命财产造成严重损失。有压迫就有反抗。1 月 10 日，中共益都县委建立。面对日军的暴行，全县人民在党的号召和“黑铁山起义”“牛头镇起义”的影响下，抗战热情十分高涨，县委抓住有利时机，组建抗日救亡团。为了团结各阶层共同抗日，在西南山区由山东八路军第四支队司令员廖容标、政委姚仲明同中共益都县委委员冯毅之一起，与淄河流域的吴鼎章等国民党游击队建立了“淄河流域抗日联军办事处”，冯毅之任办事处主任。击毙了妄图投敌的翟汝鉴部副司令李思亮，拉出一部，成立了八路军四支队新编第一营。在城北，县委派人到国民党徐振中部做统战工作，以徐部之一中队为基础，组成了“益都人民抗日游击大队”。10 月，根据斗争形势的发展，中共苏鲁皖边区省委决定，将中共清河特委胶济铁路以南各县划出，成立中共淄博特委。从此，青州以铁路为界分属两个战略区。铁路以北地区始称益都县，后为益寿临广四边县、益寿县，隶属中共清河特委、中共清河地委、中共渤海区党委领导；铁路以南党的组织时称中共益南工委、中共益都县委、中共益临工委、中共淄河县委等，其工作先后隶属中共淄博特委、中共鲁中区党委领导。两地区党组织分别在其上级党委领导下，发动群众，建立抗日武装，同日伪顽进行了艰苦卓绝的英勇斗争。

在铁路以北，党组织于 1939 年 2 月，根据中共清河特委指示，将益都县陈景三中队与临淄大马岱李梦鼎中队合编为益北大队，活动于益（都）、寿（光）、临（淄）、广（饶）边远地区。同时在该地区活动的还有杨国夫司令员领导的八路军山东纵队第三支队。太河惨案发生后，三支队奉命从益北出发，挺进淄河流域，参加反顽作战；回师后在益北纸坊伏击日伪军，毙伤 20 余人。是年春，县委根据中共清河特委苇子河会议精神，抓紧在敌人统治比较薄弱、群众条件较好、我党又有一定基础的益七区、寿五区、临二区、广二区先后建立了区委。中共清河特委进驻这一带地区后，对加强根据地的建设进行了具体指导，使益、寿、临、广地区成为中共清河特委领导全区抗日工作的中心基地。10 月，根据斗争的需要，撤销益都县，建立中共益寿临广四边县委和四边行政办事处，马巨涛任书记，杜振东任办事处主任。在中共益寿临广四边县委的领导下，工、农、青、妇各群众抗日团体纷纷建立，并建立了益北四大队、四边县“六大队”等抗日武装，及四边县兵工厂、印刷厂、被服厂、医院和小学校，为抗日游击队提供了可依托的根据地。益北四大队还先后参加了纸坊伏击战、岳家庄村公路西侧公路伏击战、智取石槽盛据点、臧台战斗等，在敌强我弱的情况下，战士们从容不迫、沉着应战，发挥不怕疲劳、连续作战的精神，与敌人展开了一次次激烈战斗。战斗中战士们巧妙地避开敌人大队人马的攻击，利用有利地形，抓住战机，走走打打，打打走走，先后歼敌 100 余人，屡建奇功。后晋升到八路军山东人民抗日游击第三支队杨国夫司令员领导的三支队。他们曾拦截击毙刺探情报的女特务，痛歼进村扫荡的日寇，打土匪，灭恶霸，除汉奸，为开辟益北抗日根据地、巩固革命政权、夺取革命胜利做出了巨大贡献。在铁路南，中共益南工委组织群众开展适合山区特点的斗争，不断取得胜利。同月，经第一区党委二地委决定，撤销中共益南工委，建立山东益都县委。同时建立了基层抗日政权——二、三、五区联合区工所。随之，建立了益都县参议会和县政府。

1940 年，在铁路北，四边县抗日根据地建设蓬勃发展，地方武装进一步壮大，先后组建了区中队、县青年中队和工农大队，发行了“益寿临广四边县流通辅币”，建立了益北抗日高小，使根据地初具规模。4 月，四边县撤销，建立中共益寿县委和益北行署。9 月，召开了益寿县第一次党代会，选举韩洪甫为县委书记和出席清河区党代会代表。同时，军事斗争形势也非常有利，益寿军民在取得 8 月份反“扫荡”胜利的基础上，10 月份又配合山纵三支队发起臧台战斗，歼灭反共顽固派徐振中部 300 余人。11 月，在阳河、河头阻击战中毙伤日伪军 40 余人，粉碎了日伪军长途奔袭计划。一连串的战斗胜利鼓舞着益寿军民。12 月，掀起改造地形高潮，共计挖地道和抗日沟 1000 余公里，为坚持平原游击战争创造了条件。在铁路南，形势比较严峻。日伪军在淄河流域增设据点，反共顽固派吴化文部新四师向淄河流域大局进攻。益都县大队在长秋、上张、下张、窦家崖、孙家岭、西崖头等战斗中，顽强地阻击了敌人的进犯。不仅如此，党组织于 8 月份改编了游散在西南山区的杨敬坤部，建立了益都县大队第二大队。同时，刘明训、何子健、陈曰谦带领第二游击大队在城东平原坚持斗争，进而建立了抗日民主政权——益东行署。第二游击大队，面对驻守在青州境内胶济铁路以南、弥河以东地区（益东地区）的反动武装，除了黄楼乡南霍陵村据点、谭坊镇状元桥村据点、谭坊火车站据点、杨家庄火车站据点、郑母镇中心村据点、赵坡乡北陈村据点、郑母镇关帝庙村据点的日本鬼子 219 人、伪军 523 人外，还有杜华梓的国民党益都县政府的武装，侯耀庭的二十二支队，王葆团的六旅，新编十五旅四团，十七旅六团一部分，共计 2000 余人。先后发动了向“鬼子”借枪、偷袭日军运输线、设计惩罚反共顽固派、吉林村突围战、夜袭伪十区老鸦窝村乡公所、活捉并击毙日军翻译李毅等战斗，抗日军民用智慧打了一次次漂亮仗，使驻益都县日军也为之震动。

1941 年，“皖南事变”发生后，国民党地方顽固派由消极抗战到积极反共，益寿、益都两县形势进一步恶化。1 月 5 日、18 日，相继发生了“东朱鹿惨案”和“刘集事件”， 中共清东地委组织部长李寿岭、中共益寿县委组织部长刘旭东、宣传部长张鲁泉等 12 名同志及近百名干部战士光荣牺牲。6 月，中共益七区区委书记周永胜等同志被伪徐振中部杀害；月底，中共青州敌工委书记黄绍远公开叛变投敌，益都百余名党员群众被捕。为应付严峻的形势，中共清河区党委调整充实了益寿县领导力量，并在党员中开展了形势教育和反自首、反动摇、反逃跑活动。在铁路南，中共鲁中区党委为加强淄河流域的领导，于 7 月建立了中共益临工委和益（都）临（朐）淄（川）博（山）四县联合办事处，领导淄河流域广大革命群众，采取多种方式同日伪顽进行坚决斗争，巩固和发展了西南山区抗日根据地。

1942 年，铁路南北两地区形势继续恶化。2 月，益寿县撤销，重建四边县。日军调集大量兵力对我军民反复“扫荡”，实行“铁壁合围”“梳篦拉网”等战术，在我根据地内安设据点 20 余处。由于日伪顽的联合“清剿”，我中共益寿临广四边县委书记丁亦民壮烈牺牲，大批干部群众遭杀害，尤其是“七一大扫荡”后，四边县全部被“蚕食”，昔日的益寿临广四边抗日根据地变成了“南北一炮打通，东西一枪打透”的狭小地带。铁路南吉吉顶失守以后，李家峪等 13 个村庄被“蚕食”， 中共益临工委、四联办及县大队也被迫撤到淄河以西活动。此外，党内叛徒对党组织的破坏，更使我两地军民处于极端困难环境之中。但是，益临边区及四边县党组织和人民不仅没有屈服，反而更加英勇顽强，采取灵活的战术同敌人进行斗争。四边县被“蚕食”后，县委将机关干部、战士及乡村干部300余人，分批转移到广北根据地。县委书记李荆和、县长赵治安率县独立营一个排就地同群众一起坚持斗争，并逐步建立起革命的两面政权、情报站和秘密联络站，干部实行“职业化”，与可靠的党员群众加强联系。8月，建立了四边特务大队，这支精干的武装，像一把钢刀插进敌人心脏。采取“翻边战术”，开展小型活动，实行“麻雀战”，不断袭扰敌人，在敌伪据点密布，碉堡林立，封锁沟纵横的艰苦环境中，站住了脚跟，一直坚持到抗战胜利。同年，中共清河区党委决定建立了中共益东工委，在敌占区六、八、九区一带开展工作，有力地配合了四边县的对敌斗争。在铁路南，虽然环境更加困难，我党政军民仍坚持了下来。7月，鲁中一军分区司令员廖荣标率部奇袭马鞍山，沟通了中共益临工委与中共泰山地委的联系。11月，2000余日伪军在两架飞机、六门重炮的配合下，对我马鞍山发起疯狂进攻，在血与火的考验面前，我40余名伤病员及抗战家属，毫不畏惧，英勇顽强地抗击了敌人的多次进攻。他们用鲜血和生命谱写了一曲气壮山河的凯歌。

经过一年多的艰苦斗争，到1943年春天以后，形势开始好转。在铁路南，泰山军分区副司令钱钧率部挺进淄河流域，进一步打击吴化文部。为了开展青州至临朐之间的对敌斗争，中共鲁中区党委决定建立了中共青州工委。夏秋之间，通过两次讨吴战役，消灭了吴伪的有生力量。10月，中共益临工委改为中共淄河县委。在铁路北，四边县军民在清河军区统一指挥下展开夏季攻势，采取“避强击弱”“避实击虚”“速打、速决、速走”“打赚钱仗”“打、走、散、躲互相联系”等战术，积小胜为大胜，取得了一系列战斗的胜利，使敌人四处遭袭、处处碰壁，陷入人民战争的汪洋。同时，铁路南、北各县党组织在上级党组织的领导下开展了整风学习，加强了党的建设，带领群众开展了生产运动，同群众一起克服了灾荒，度过了黎明前的黑暗，迎来了胜利的曙光。

自1944年起，各县党组织带领广大军民进行战略反攻。2月至3月间，四边县特务大队配合清河军分区主力在四边县境内连续作战。7月，参加渤海军区发动的夏季攻势第一阶段作战。通过战斗，促使王道率“灭共建国军”第八团2600余人，苏景三率广饶伪警备第六中队同时反正，使四边根据地基本恢复，并与寿光清水泊根据地连成了一片。四边县军民乘胜继续扩大战果，取得一系列胜利，同时在根据地内开展“双减”运动和副业生产，开办各种类型学校，发展教育事业，促进了根据地的建设。与此同时，鲁中军区部队发起第三次讨吴战役，拔掉部分敌伪据点，进一步促使淄河流域形势好转，建立了新二区、新三区及中共青张工委。7月，淄河县撤销，益都县重建。

1945年，四边、益都两县形势继续好转，四边县特务大队频频出击，不断取得胜利；四边县青年踊跃参军。5月为加强胶济铁路中段敌占城市及沿线农村的工作，中共渤海区党委决定撤销中共益东工委，建立中共胶济工委。8月，建立胶济大队。在铁路南，6月中旬，益都县开始进行“双减”、反奸诉苦试点工作。8月22日，鲁中军区主力部队在山东独立第一旅的配合下，一举解放青州城，歼敌2000余人，活捉伪益都县保安大队长王葆团。中共益都县委随即进城，布告市民，恢复生产，整顿秩序。

半个多世纪以前，在国家和民族多分危难之际，面对凶恶的日本侵略者，中华人民同仇敌忾，众志成城，前赴后继，英勇斗争，展开了一场波澜壮阔的全民族的伟大抗战，用鲜血和生命谱写了正义战胜邪恶、光明战胜黑暗、进步战胜反动的英雄史诗。

在青州这块红色热土上，青州党政军民在以毛泽东同志为核心的党中央和中央军委坚强领导下，坚决执行党中央制定的全面抗战路线，坚决贯彻持久战的战略总方针，积极创建敌后根据地，广泛开展游击战，经过八年艰苦卓绝的武装斗争，最终赢得抗日战争的伟大胜利，谱写了许多气壮山河的民族正气歌，留下了内涵丰富的红色文化。

第二单元　青州人民坚持斗争迎解放

1945年8月，抗日战争胜利后，根据新的斗争形势，中共鲁中区党委决定组建了中共青州市委、市政府；中共四边县委奉中共渤海区党委之命改为中共益寿县委。中共益都、益寿、青州三县（市）委领导地方武装和人民群众继续战斗，打击拒不投降的日伪军。胶济大队一、二、三、四中队分别于8、9、10月建立，活动在西起枣园东到谭坊一带，有力地打击了铁路沿线敌人。

1946年1月，国共两党签订停战协定，三县（市）党组织抓紧停战机会在城乡普遍恢复、建立党组织和民主政权，开展“百日练兵”活动和“双减”

反奸诉苦运动。由于国民党积极准备内战，不断制造摩擦，形势日渐紧张。5月，青州市撤销。6月，正当人民群众欢庆翻身解放的时候，蒋介石悍然撕毁停战协议，向解放区发动进攻，内战爆发。国民党整编第八军侵占青州城和铁路南大部分乡村。铁路北部地区徐振中部也卷土重来。此时，益寿县根据中央《五四指示》“没收地主土地分给无地或少地农民”的政策，经过试点刚刚展开了土改运动。由于国民党反动派发动全面内战，其地主“还乡团”乘机破坏土改成果，反攻倒算，活动猖獗。为打击敌人的破坏活动，支持土改斗争，益寿县成立了以县委书记陈洪波、县长赵治安为领导的对敌斗争委员会，提出“一手拿枪，一手分田”的口号，统一领导全县的对敌斗争。经过近四个月的艰苦斗争，毙伤敌 190 余人，获枪 50 余支，摧垮了反动乡村政权，收复了敌占区。

1947 年，两县党组织发动群众积极支援莱芜战役，该战役胜利后，青州城随之解放，形势暂趋缓和。两县委抓紧进行武装剿匪、土改工作。益都县武装积极配合鲁中军区三分区主力歼灭国民党益都县保安队两个中队，俘敌 30 余人。在进行土地改革的同时，两县委大力开展动员参军、支前工作，组织数千人的运输大队和常备担架队支援孟良崮、南麻和临朐战役。其中益寿县青年在“反蒋保田”口号鼓舞下，很快组建起了一个新兵营，编入主力部队。7 月 30 日，我军主动撤出临朐战役后，国民党整编第九军及张天佐部第十五团复占青州城，“还乡团”复辟，封建势力反攻倒算，形势再度恶化。两县委一面组织老弱干部及烈军工属、村干部转移到黄河北解放区，一面带领军民开展对敌斗争。经过两个月的艰苦作战，至 10 月，益都县形势好转。12 月，中共益临昌工委重建，何子健任书记。益都、益寿两县按照上级部署开展了以“三查三整”和“三大方案”为主要内容的整风运动，增强了党性，较好地克服了官僚主义、宗派主义、主观主义。进一步加强了党员和干部队伍的思想、组织和作风建设。

1948 年，敌我双方在力量对比上发生了根本性的变化。我益都、益寿军民积极配合鲁中、渤海军区主力部队消灭敌人有生力量。2 月 9 日，益都县独立团在龙山一带击溃徐振中部 2000 余人。3 月，随着张（店）周（村）战役的胜利，青州城获最后解放。中共益都县委进城后，安抚工商各界，恢复生产，并成立了军事管制委员会，整顿社会秩序。军管会的主要任务是肃清残余的敌对势力，恢复和维持社会的正常秩序，没收官僚资本、建立各级政权机关和各种机构等。在军事管制下，中国共产党顺利地实现了对旧政权的接收，稳定了城市社会秩序，保障了人民与社会生产的顺利进行；确立了党在城市中的领导地位，推动了中国共产党的重心从农村向城市的转移；奠定了人民民主专政的坚实基础。1948 年 3 月，伴随着华东野战军在山东战场胜利进军的号角，中共中央华东局和华东军区领导机关进驻青州城南闵家庄一带。山东省政府机关进驻城南闫刘村一带。中共中央华东局和华东军区、山东省政府机关进驻青州期间，组织开展了一系列活动：1. 华东局领导机关及益都群众庆祝延安收复和昌潍大捷（4 月 22 日，西北人民解放军收复延安，4 月 27 日，华东野战军山东兵团解放潍县，歼敌 4.5 万，活捉国民党第九十六军军长陈金城，击毙国民党山东第八专区专员兼保安司令张天佐。5 月 1 日，华东局任命华东局委员、华东财经委员会书记兼财办主任曾山同志任潍坊特别市市委书记兼军事委员会主任，率部进驻潍坊，坐镇指挥潍坊的接管工作，为潍坊顺利接管做出了卓越贡献。5 月 15 日，华东局领导机关及益都群众集会庆祝延安收复及昌潍大捷。华东局负责人张鼎丞在会上号召大家做到三件事：一是在毛主席的战略思想指导下，一定把华东地区的蒋军完全歼灭干净；二是党政军民应该努力把生产救灾工作贯彻到底；三是完成土地改革）。2. 华东局社会部驻地移至与华东局指挥部隔河相望的益临县安家庄（1948 年 4 月，潍县解放，华东局社会部驻地移至与华东局指挥部隔河相望的益临县安家庄。1949 年 1 月，华东局决定，华东局统战部与华东局社会部合并，充实加强华东局社会部机关的办事机构；山东省公安总局机构并入华东局社会部。华东局社会部设二室一处及华东警官学校、华东军政训练班和归俘学校）。3. 华东军区在东朱鹿村一带举办国民党被俘军官训练班（潍县战役后，华东军区解放军官教导总团，为了将被俘的国民党高级军官改造为新人，在东、西朱鹿、郭家庄等村举办训练班。通过上时事政治课，组织讨论，文艺演出（如：《王贵翻身》《白毛女》等剧目）等多种形式，启发他们的觉悟，深刻认识到国民党反动派代表了极少数大地主、大资产阶级的利益，与全中国人民为敌，所以必然失败；中国共产党代表全中国绝大多数群众的利益，得到全国人民的拥护和支持，所以必然胜利的道理，自觉地与国民党彻底决裂）。4. 华东局在闵家庄召开新区工作会议（华东局及山东省政府领导人出席会议，会议布置新区继续完成清剿散匪，建立健全各级政权和开展生产救灾等任务）。5. 山东省及华东局直属学校纷纷在益都办学：其间，山东省农业专科学校、山东教育学院在益都建立。6 月，华东交通学校由诸城迁来益都。7 月，山东邮电专科学校在益都建立。同时，华东财政干校在青州东阳河村建立。6. 山东省教育研究会在益都城里和益寿县召开（1948 年夏，随着全国解放战争形势的巨大变化，为了迎接中华人民共和国成立后教育事业大发展时期的到来，山东省教育研究会在益都城里和益寿县懒柳树村召开，共 3000 余人参加。由山东省教育厅厅长白涛主持。华东局书记饶漱石到会讲话。研究会共举办 3 个月的时间，至 8 月结束。其间，通过学习时事政治、党的方针政策，为恢复和发展教育事业培养了一大批骨干力量）。7. 南下干部培训班在王岗村举办（15000 名干部组成华东南下干部纵队 。1948 年冬，华东局各战区领导于临朐县与益都县交界处的闵家庄召开会议，主要讨论内容之一就是部署抽调干部随军南下工作的组织安排问题。12 月 25 日，华东局做出了《关于执行中央准备 53000 干部决议的指示》。《指示》指出：由于目前华中的干部（尤其中级和高级干部）特别缺乏，因此准备从山东抽调 15000 名干部。《指示》要求，抽调南下的 15000 名干部分两期筹备：1948 年 12 月底为第一期，抽调 3000 人；1949 年 2 月底为第二期，抽调 12000 人。《指示》并就抽调 15000 名干部的落实工作进行了具体分配：鲁中南区配备 1 套区党委级、10 套地委级、40 套县区委级，共调干部 3680 人；胶东区配备 1 套区党委级、7 套地委级、42 套县区委级，共调干部 3650 人；渤海区配备 1 套区党委级、5 套地委级、41 套县区委级，共调干部 3456 人；济南市配备 1 套区党委级、2 套地委级、5 套县区委级，共调干部 576 人；昌潍特区配备半套地委级、5 套县区委级，共调干部 404 人；潍坊市配备 3 套县委级，共调干部 225 人；华东局直属机关除配备 1 套中央局级、1 套区党委级、5 套半地委级、15 套县区委级外，另配备城市工作干部 1475 人，共计 3009 人。这些抽调干部即是后来的“华东南下干部纵队”。 山东各区党委接到华东局的指示后，进行了积极的动员宣传与筹划。各县区委均召开了干部大会，组织党员干部学习中共中央、华东局关于抽调干部随军南下的指示和有关文件决议，进行广泛的政治思想动员与教育。1948 年 12 月，渤海区组建了华东局首批南下干部大队，并部署到华东局党校益都县王岗村一带。1949 年 1 月中旬，华东局党校在王岗村举行了开学典礼，对先期到达的约 3000 名南下干部进行了短期培训，这对动员干部南下起了极大的推动作用。1949 年 2 月，华东局各战区的 15000 名南下干部队伍陆续集中到临城（今山东薛城）一带，并按照华东军区司令部、政治部指示，统一整编为“华东南下干部纵队”）。8. 华东保育院落址青州大官营村（5 月份以来，华东野战军的仗越打越大，山东解放区的面积不断扩大，人民解放军同国民党决战的时机即将到来。决战在即，带来新的问题，大军要打仗，跟随野战军的孩子如何安置？华东局决定，由邓六金、李静一等筹办华东保育院，妥善安置华东党政军干部的子女，并任命邓六金任华东保育院政治协理员，李静一任院长，随即展开了紧张的筹建工作。她们发扬了红军时期毛泽东提倡的“支部建在连上”的优良传统，首先成立了华东保育院党支部，邓六金任支部书记，使保育院筹办工作有了坚强的领导核心。在支部的领导下，她们克服战争环境物质条件的艰苦和困难，认真贯彻华东局为保育院确定的“保证工作，一切从简”的办院方针，支部书记邓六金与李静一院长密切配合，带领保育院创始人克服种种困难，仅用两个月的时间，就完成了筹办工作，在大官营村创办起了华东保育院，并首批接收了 62 名孩子。在这些孩子中，有陈毅、粟裕、张鼎丞、曾山、罗炳辉、舒同等华东党政军高级领导干部的子女。保育院设在没收来的地主大院及公房和部分民房中，设小学部、幼稚大班、幼稚小班。在邓六金、李静一的主持下，保育院制定了从教育、保育到卫生、保健等一系列规章制度。在艰苦的战争环境和简陋的物质条件下，华东保育院已初具规模，越办越好。据华东保育院纪念室资料考证，中共中央原华东局及其保育院曾培养过一大批军事将领和高级干部，刘瑞龙之女，现任中央政治局委员，国务院副总理、党组成员刘延东；陈毅之子，现任中国人民对外友好协会会长，中俄友协会长，中欧协会会长，中国国际友好城市联合会会长，中华全国世界语协会会长等职陈昊苏；文化部特别巡视员，中华民族文化促进会副主席，香港中华文化城终身名誉董事长曾庆淮；总参管理保障部原政治委员，全国政协十一届委员曾海生；粟裕之子粟戎生、谭震林之子谭冬生、罗炳辉之子罗新安、舒同之子舒关关等都在这里学习生活过。据史料统计，从 1948 年 6 月开办到 1949 年 6 月，华东保育院共接收 1 至 10 岁的小孩 137 人。在保育院，这些孩子沐春晖，润雨露，获新知，强体魄，在烽火的摇篮里健康成长，日后大都成为国家栋梁之材。最近几年，陈昊苏、曾海生、舒关关等十几位同志，多次到大关营村瞻仰怀慕曾培养过他们的这处保育院旧址，大大提高了华东保育院的知名度）。9. 成立“青州建设研讨会”，研究成功接管潍县城的实践，为顺利接管济南做准备（1948 年 4 月 2 日，中国人民解放军华东野战军山东兵团根据中央军委和华东局指示，发起潍县战役。战役历时 36 天，歼灭国民党军 4.5 万余人，攻克国民党号称的“鲁中堡垒”，使胶东、渤海、鲁中三大解放区完全连成一片，有力推动了山东和全国的解放。毛泽东同志在《将革命进行到底》一文中评价：人民解放军“在攻克潍县等城市的作战中学会了攻坚战术”（摘自《毛泽东选集》第四卷）。同时，成功接管潍县城的实践，为以后接管济南、上海等更大城市输送了干部，城市接管经验、做法，得到了毛主席和中央军委的高度重视，并在华东乃至全国战场广为推行，影响深远。此后，攻济南、战上海，华野首长都要强调：“要像打潍县那样，光荣地进去，干干净净地出来，做到军政全胜。”后来中央对新解放区《约法八章》，就吸收了接管潍县的经验做法）。10. 华东局负责人张鼎丞、郭子化到青州市视察工作（冬，华东局驻益都期间，张鼎丞、郭子化等领导同志亲临青州市视察工作，听取了市委、市政府领导同志的工作情况汇报，并在市委召集的干部会议上讲了话，阐明城市工作的重要性。对城市管理及工商业政策等方面做了重要指示，对提高青州市城市管理水平和工商业繁荣发展取得了巨大推动作用）。11. 召开华东首届妇女代表大会（1949 年 2 月，华东首届妇女代表大会在青州城里召开。华东各县市妇女代表 300 余人参加了会议。会议主要任务有三项：一是发动妇女参加民主革命；二是发动妇女参政；三是选举出席全国第一次妇女代表大会的代表。陈少敏、李坚真分别被选为华东妇女联合会正副主任委员。益都县妇联主任陈淑才被选为全国妇女一大代表）。12. 山东军区在益都建立（从 3 月份开始，华东局随部队分批离开益都。4 月 2 日，华东军区南下，山东军区在益都建立，由华东军区副司令员张云逸兼山东军区司令员，许世友任第一副司令员，袁也烈任第二副司令员兼参谋长，康生任政治委员，傅秋涛、向明任副政治委员，王集成任政治部主任）。13. 昌潍地委驻地迁到益都城（随着区划的变动，为便于加强领导机关周围各县的工作，中央华东局决定昌潍地专机关于 7 月 13 日由昌乐迁到益都城里）。14. 组织领导解放和支援了一系列重大战役（组织领导了解放和支援潍县战役、济南战役、淮海战役、渡江战役等一系列重大战役，取得了一个又一个伟大胜利。同时，还不断地动员和组织人力、物力，支援全国的解放战争和地方工作，为全国解放奠定了良好基础）。15. 组织领导并顺利接管了潍坊和济南两个特别市（济南、潍坊两市接管中的主要经验和教训，为充实完善党的城市政策和新解放城市的接管工作提供了重要依据和借鉴。1948 年冬，华东局政策研究室对济南、潍坊两市接管工作的经验教训写了书面总结上报中共中央，得到了中央的首肯，并由中央转发各中央局，供各地在城市接管工作中参考）。因此，青州古城又一度成为山东政治、经济、文化、军事中心。中共中央华东局和华东军区、山东省政府机关进驻青州后，在这里根据山东的实际情况，对各战略区党政军领导机构进行了充实调整。饶漱石、康生、陈毅、粟裕、张云逸、许世友、曾山等党政军领导人曾在这里运筹帷幄，指挥了潍县战役、济南战役、淮海战役等重大战役，领导组织了生产、支前等工作。这对解放济南乃至整个华东地区，进一步扩大战果，对解放战争期间山东地方党政军组织的建设和发展，显然具有重要的战略意义。其间，两县委认真贯彻华东局指示精神，发动群众生产救灾，县区机关干部节衣缩食支援群众，政府发放贷款、贷种，帮助群众克服困难，恢复生产。4 月，潍县战役胜利后，益都、益寿两县获得完全解放。同时，华东局为了探索接管城市的经验，成立了中共青州建设委员会。是月，中共益临昌工委撤销。7 月益临县建立。8 月，青州市重建。翻身后的人民群众在益都、益寿、益临、青州四县（市）党组织的领导下，积极参军支前。据统计，9 月至 11 月济南、淮海战役期间，共出支前民工 23 万人，有 3500 余名青年参军。

1949 年 1 月，青州市合并于益都县。为支援全国的解放战争和开辟新区工作，三县委遵照上级指示，动员近 200 名干部南下，领导班子进行了调整。1949 年 3 月，根据全国革命形势发展的需要，华东局与华东军区从青州南下，迁往上海。华东局南下前夕，重新成立中共华东分局，隶属华东局领导。同时，改驻设青州的山东省政府委员会为山东省人民政府；成立山东军区，张云逸、许世友、袁也烈分别任正、副司令员。济南解放后，中共山东分局、山东省人民政府和山东军区由青州移往济南。华东局、华东军区和山东省政府在青州驻留一年的时间，给青州带来了繁荣和昌盛，也给青州人民留下了不可磨灭的历史文化财富。其间，益都、益寿、益临三县干部认真学习、贯彻党的七届二中全会精神，带领群众继续完成土改、建政任务，大力开展生产救灾工作。10 月 1 日，中华人民共和国成立。三县人民载歌载舞热烈庆祝这一光辉节日。从此，青州进入了一个新的历史发展时期。

革命的道路曲折艰难，革命的胜利来之不易！在长期的革命战争中，青州人民为中国革命做出了巨大的贡献和牺牲。青州人民革命史已构筑为中华民族的宝贵精神财富，在青州现代史和中共党史上，永远闪耀着它灿烂的历史光辉。

第三单元　从青州走出的骄子

他们是一群用特殊材料构成的人！战场上，他们义无反顾，用一腔热血染红胜利的战旗；刑场上，他们大义凛然，用七尺之躯摧折罪恶的屠刀。一腔热血，化作满天朝霞，凝成恢宏的英雄颂；七尺之躯，挺起万丈峰峦，谱成豪放的壮烈歌！

青州是一块红色的土地。经过长期的革命斗争锤炼，从这里走出了磨盘山战斗的遗恨，活捉李青山的凯歌，夜袭顽八军的神勇，推官战斗的雄威，民兵勇夺机枪的佳话，围剿特务队的美谈，五里堡子袭击战的神机妙算，龙山峪伏击战的辉煌战果，都生动地体现了共产党领导下的青州儿女政治觉悟和组织能力的空前提高。与此同时，大批青壮年农民潮水般地加入人民军队。他们的足迹踏遍了整个中国，他们的鲜血洒遍了万水千山。“青山处处埋忠骨，何必马革裹尸还”。青州儿女参加了东北著名的四平街战役、辽东天王山战役、锦州战役、莱芜战役、泰安战役、江苏泗州域战役、淮海战役、渡江战役、上海战役、厦门战役，他们作战英勇顽强，不怕牺牲，冲锋陷阵，许多战士为国捐躯。马春来、王作林、李学智、王孔盛、牟同新、尹欣然、刘善俊、崔传智、张次陶、孟兆常、王孔远、刘正吉、李连富、李春梅、杜云德、郭全喜、祝天宏、房崇胜、田中修、蒋有庭、宋来荣、董大学、刘胜、杨华禄、聂行林、李瑞丰、张瑞武等烈士就是青州儿女的优秀代表，他们牺牲时的年龄平均23岁。

吴振东烈士是弥河镇梭庄村人。1924年参加中国共产党，是我市早期的共产党员之一。1922年4月参加革命后，从事学生运动。1926年1月，党组织派他到河南省发动农民运动。1926年12月的一天，在洛阳市狮子巷召开农民运动领导人会议，部署武装起义前的准备工作时，遭到反动军警的突然袭击，他在率领与会人员突围中壮烈牺牲，是年27岁。

赵文秀烈士是谭坊镇魏家庙村人。在我党建党初期，为青州的学生运动做出了很大的贡献。1925年，去青岛、南京等地开展工人运动，立下了不朽功勋。1927年3月，在南京配合国民革命军北伐时，在激战中壮烈牺牲，年仅23岁。

青州市五里镇十字村的李春荣烈士，成功地参与领导了震惊全国的1925年青岛日商纱厂工人大罢工，“五二九”惨案之后，他在津浦路大厂发展团员，培养工人运动的骨干。在白色恐怖中她积极发展党员、团员和农民协会会员，壮大了党的组织。铲除了谷官屯的恶霸李洪楼、惯匪郭景芳、张麻兰和5名盐巡，震动了鲁西北，在组织武装暴动中壮烈殉国，年仅22岁。

魏嵋烈士是东坝镇东圣水村人，出身于书香门第。辛亥革命时就参加了孙中山领导和组织的同盟会，五四运动爆发后，他积极支持在城里读书的子孙参加爱国游行，抵制日货，热情鼓励子孙学习革命理论、加入共青团、中国共产党。省委联席会议在他家召开，他担负全部食宿和车费。他为了资助革命活动，将家中土地卖了大半。他的子孙有的为革命以身殉国，有的为了避免遭敌逮捕逃往他乡。魏嵋的革命家庭，成了后来益都党组织的坚强堡垒。

朱良镇东朱鹿村的陈景堂烈士在短暂的革命征途中，展现了闪光的青春。他入党后，很快学习和掌握了刻钢板蜡纸和油印技术，被省委分配到青岛工作，冒着极大危险，在秘密的办公地点，关门关窗，夜以继日地刻板印刷，1931年4月，他身上带着党的传单和文件，被国民党便衣警察逮捕。敌人对他用尽酷刑，得到的只是“不知道”三个字，最后英勇就义，年仅22岁。

1928年，原中共益都县委组织部长杜华梓叛变，致使益都县的党组织受到严重破坏。1931年东阳河村郑新亭烈士等秘密成立了益都县革命委员会。1932年郑新亭任益都县委宣传部长，并任郑母暴动总指挥，终因敌强我弱宣告失败，郑新亭被捕入狱。一年后，他和难友一起高唱《国际歌》英勇就义，年仅24岁。

郑母暴动虽宣告失败，但它在青州革命史上却留下了可歌可泣的一页。郑母村的冀虎臣烈士是暴动的先锋，他机智勇敢，打响了暴动的第一枪。起义失败后，他辗转济南北京，组织抗日武装起义，1936年牺牲于河北，年仅29岁。

青州人杰地灵，许多外籍革命烈士在青州为国捐躯。潍坊市城北门里的宋伯行烈士，1926年10月至1928年2月，任中共青州地方执行委员会书记兼中共益都地方执行委员会书记。为青州党组织的发展壮大立下了不朽功勋，后遭到张宗昌军阀当局逮捕。在押赴刑场时泰然自若，威风凛凛，向敌人索取纸笔，简述了自己的革命生平，坐在椅子上，慷慨就义，显示了共产党人的高风亮节和大无畏的革命英雄主义精神。

广饶县西李村的李耘生烈士，1922年在青州十中上学时加入中国社会主义青年团，继而转为中国共产党党员，建立刘集党支部任党支部书记，为青州的革命工作做出了突出贡献，1925年作为山东团的代表赴上海参加中国社会主义青年团第三次代表大会，后调任济南地委书记，1928年调任中共南京市委书记，1932年因叛徒出卖第二次被捕，临刑前镇定自若，年仅27岁的李耘生烈士，以坚定的步伐走完了光辉的一生。

段亦民烈士是临朐县黄石店村人，1931年担任中共益都县委书记，为青州党组织的恢复和发展，为农民运动、学生运动做出了突出贡献。1933年在济南英勇就义。

李志韶烈士是我市东夏镇李集村人，1937年他响应“脱下长衫，到游击队去”的号召，组织成立了益都县抗日救亡团，扒毁大桥，割断电线，破坏日寇的通讯设施，扩大抗日武装。1939年被国民党投降派秘密杀害，年仅24岁。

刘旭东烈士是我市朱良镇南段村人，在抗日战争中，历尽艰辛，坚持敌后斗争，为党和革命事业做出了重大贡献。在东朱鹿事件中，为国壮烈捐躯，年仅 42 岁。刘旭东烈士一家，为了民族的解放和共和国的成立，先后有九人为国壮烈捐躯，被誉为“一门九烈” 之家，抗战胜利后，1945 年益寿县人民政府赠给他的后人一面“群英齐荣”的锦旗（珍藏于青州市博物馆）。

一门九烈，英雄之家。像东朱鹿这样的村庄，像刘旭东这样的家庭，青州革命史上还有一处，就是西南山区的长秋村。这个村庄在抗战初期全村仅有百余户人家，先后参军的就有 119 人，有 26 人牺牲在战场上，有 68 人死于敌人的狱中或当劳工被摧残致死。原益、临、淄、博四县联合办事处主任、独立营营长冯毅之的父亲冯旭臣、爱人孙志兰、妹妹冯文秀、三个女儿（大女儿冯新年，12 岁；二女儿冯芦桥，“七七”事变那年出生，5 岁；三女儿冯平洋，太平洋战争爆发时出生，1 岁）在马鞍山战斗中光荣牺牲或跳崖殉国，气壮山河。抗战胜利后，鲁中行署和参议会授予冯家“一门忠烈”金字匾额。现存于青州博物馆。

以身殉国，名垂青史的刘逢源烈士是阳河村人。1927 年入党，抗日战争开始后，对创建寿五区和益寿临广四边县抗日革命根据地做出了重大贡献，1941 年 7 月在任蒲台县动委员会主任期间，有坏人告密，被敌顽军逮捕，为国捐躯。

马功臣是邵庄镇朱家石羊村人。牧羊鞭伴他度过了心酸的童年，颠沛流离的部队生涯使他增长了才干。他练就了飞毛腿，夜行 150 里不明天；他生就了千里眼，天再黑百米之内行人物品一清二楚；他生就了顺风耳，练就一身好功夫，上墙爬屋如走平地。他带领三四名队员活动在敌人的心脏，抢军火，筹军款，摸岗楼，惩恶奸。当时的清河军区杨国夫司令员说：“马功臣和他的特务大队是我们的后勤部、供给处、是我军的仓库。”1941 年他因公负重伤，治疗无效，永辞人间。

烈士中有智勇双全的马功臣这样的战士，也有打入敌人内部的刘子明这样的英雄。1942 年刘子明打入伪保安十三旅岳柏芬部队内，并且直接掌握了一部分武装。在党的领导下，利用合法身份与敌伪进行了多次斗争。1944 年由于叛徒告密被俘，面对敌人的铡刀慷慨就义，年仅 27 岁。

1942 年的四边县环境十分恶劣，出门见碉堡，抬头是岗楼，封锁沟遍地，封锁墙林立。当时的四边县委组织部长郭民烈士就是在这种环境中领导群众开展游击战的，化整为零，深入敌后，“大街是占领区，院子是游击区，屋内是根据地”，使敌人腹背受敌。1943年在突围中捐躯，年仅23岁。当时的宣传部长张星文写了一首诗：“郭民生来性刚尤，赤胆忠心向神州，杀尽日伪平生愿，甘洒热血报国仇。”

四边县委书记丁亦民烈士是寿光县高家庄人，敌人为了“蚕食”占领四边地区，发动了一次又一次大的“扫荡”。针对逆转的战争形势，四边县委领导白天集中野外，夜晚分头下村，每人一条麻袋，晴天遮烈阳，雨天遮风雨，夜晚铺着睡觉。召开“红五月”宣传大会时被日寇包围，不幸被俘，虽遭残酷审讯，始终坚贞不屈，在熊熊烈火中，英勇就义。

陈德民烈士是弥河镇大章庄人，1946年入党，他所在的部队是我军主力兵团之一，他曾参加过莱芜、孟良崮、新泰、兖州、济南、渡江、杭州等著名战役。在莱芜战役中，他率领着全连战士，冒着敌人密集的炮火，冲锋陷阵，头部受重伤仍坚持不下火线，直到占领敌人的制高点，在解放济南战役中，他率领战士奋不顾身地冲上战斗第一线，中华人民共和国成立后又为民兵建设做出了显著贡献，终因多年戎马生涯，积劳成疾，1958年病故，时年39岁，同年8月被批准为革命烈士。

马华瑞烈士是口埠镇南口埠村，1945年参军入党，在王母宫村北伏击战中，机智勇敢地带领全班战士消灭了敌人，缴获重机枪一挺，步枪十余支，荣立二等功。在南征北战和保卫祖国边防中，锻炼成为一名严于律己、忠于职守的指挥员。1956年因患脑溢血病故于云南省盈山县民族医院，时年33岁，同年10月被批准为革命烈士。

这些伟大的革命先烈们，浴血奋斗、征战沙场，就义的时候还是那么的年轻，在国难当头的时候却能够义无反顾地英勇前行。在奉献自己的生命时，他们根本就没有想到自己的安危，而是恪守共产党人的气节，一心为国家和民族的前途鞠躬尽瘁。

革命烈士的伟大事迹，令人感觉那些烈士就在你面前，有血有肉、有情有义，为了救国救民的信念，不得忍痛抛下父母妻儿、骨肉分离。特别能打动人，我们听了看了都快掉眼泪了。烈士们身上有很多正能量，信念、责任、廉洁、奉献……这些都是值得我们在工作中去学习，去发扬光大的。

我们应铭记历史、缅怀先烈、珍爱和平、开创未来！我们每一个中华儿女，都应立足本职岗位，为振兴中华、实现中国梦而努力！

下面请大家参观：

第四部分　振兴中华 壮我青州

1949年10月1日，在庄严的天安门城楼上，毛泽东同志亲自升起了第一面五星红旗，向全世界庄严宣告："中华人民共和国中央人民政府成立了"，"中国人民从此站起来了"。

中华人民共和国成立初期，党和政府面临着严峻考验。国民党还有上百万军队在西南、华南和沿海岛屿负隅顽抗；在新解放地区，国民党在溃逃时遗留下的大批残余力量，同当地恶霸势力相勾结，不断进行反抗和捣乱活动。对此，我人民解放军采取大迂回、大包围的作战方针，以雷霆万钧之势，勇猛追击残敌，并进行了大规模的剿匪作战。许多青州儿女奋战在云南、四川，英勇顽强，战功卓著。钓鱼台村的谭佃友烈士，在云南省围剿国民党军队残余势力的一次追击战斗中，他率领全营战士深入到地处深山丛林的敌穴追捕敌人，不幸负伤，经抢救无效，光荣牺牲，年仅29岁。为剿残匪，何明光、刘洪德、江洪敖烈士，忠骨埋天涯，丹心照乾坤。

中华人民共和国成立不到一年，又面临着外部侵略的威胁。1950年6月25日，朝鲜战争爆发。美帝国主义的军队打着联合国的旗号在朝鲜仁川登陆，并不顾我国政府的一再声明和警告，把战火烧到我国东北边境，轰炸我国安东（今丹东），严重威胁我国安全。同时，美国把它的第七舰队派往中国台湾，在公海上炮击我国商船。在这关键时刻，党中央毅然做出"抗美援朝，保家卫国"的英明决策，中国人民志愿军于10月19日跨过鸭绿江，赴朝作战。志愿军在全国人民的支持下，与朝鲜人民并肩作战。经过三年艰苦奋斗，把美国侵略者从鸭绿江边赶回"三八线"，迫使美帝国主义于1953年7月27日同中朝方面签订了停战协议，从而粉碎了美帝国主义侵占朝鲜并进而侵略中国的狂妄计划，打破了美帝国主义不可战胜的神话，为保卫我国安全和世界和平做出了重大贡献。

在浩浩荡荡的志愿军队伍中，有2000多名青州儿女。牟杰、卞克敬、苏振林、范文祥、唐锡云、石孝孟、康保全、杜青和等155名烈士的忠骨埋在朝鲜国土上，他们的光辉形象似一个个王成，世世代代活在中朝人民的心中。

战争终于过去了，中共儿女又在建设战线上大显身手。建设战线同样面临着许多艰难险阻，有时要付出牺牲的代价。

首先值得敬仰的是那些久经沙场的老战士在建设事业中做出的无私奉献。

郇肇纪烈士是弥河镇大官营村人，1932 年入党后积极从事党的秘密活动，被捕后坚贞不屈，表现了共产党人的高风亮节。出狱后，先后辗转于西安、延安、东北，为中华民族的解放事业做出了显著贡献。从 1949 年开始从事党的组织和纪律检查工作，在工作中，始终坚持党的原则，勇于同不正之风做斗争，是一位从政廉洁、刚直不阿的优秀共产党员，党的好干部，1964 年病逝于济南，当年被批准为革命烈士。

秦洪洲烈士是葛口村人，在抗日战争时期，对加强四边县党和政权的建设，巩固扩大革命根据地做出了突出的成绩；在解放战争时期，参加多次著名的战役，立下了汗马功劳。中华人民共和国成立后在济南从事国防工业工作，忠于职守，成绩突出。1970 年 8 月，因患癌症病故于济南。

陈伯强烈士是东朱鹿村人，在抗日战争中为益寿县的政权建设做出了显著成绩，在解放战争中转战南北，战功卓著；在抗美援朝战争中任志愿军司令部副参谋长，1962 年任解放军总后勤部西安办事处主任，1975 年 10 月病故于上海，当年被批准为革命烈士。

李云鹤烈士是安徽省金寨县人，1938 年 1 月至 6 月，分别任中共益都县委书记、中共益都中心县委书记，为我市党的建设和政权建设做出了重大贡献。他兢兢业业为党为革命艰苦奋斗四十六载，是一位坚强的共产主义战士。

建设的环境离不开钢铁长城的保护。黄楼镇的刘悦华烈士为了国家安宁，为了人民幸福生活，为了四化建设，血洒西南边疆。堂子村的李元顺烈士参军后在河北省静海县执行抗洪救险任务时，为抢救落水同志不幸光荣牺牲，年仅 23 岁。

五里镇东赵村的吕宝德烈士参军后在平度县固山工地抗洪抢险中，不幸光荣牺牲，年仅 21 岁。

大王乡懒柳村的王会清烈士在寿光县巨淀湖农场驾马车执行运输任务途中，辕马受惊难以驾驶，为保护战友和国家财产，用尽全力和惊马搏斗，终因气力不支，不幸牺牲，年仅 20 岁。

生活在今天的我们，谁也无权忘记在白色恐怖中献身的先驱；谁也无权忘记与日寇汉奸血战到底的志士；谁也无权忘记为了迎接中华人民共和国诞生的英雄；谁也无权忘记在振兴中华的各条战线上奉献生命的优秀女儿。

下面请大家到馆外参观：

第五部分　革命烈士纪念墙

在各位来宾前方的一面凹凸不平的墙体是烈士墙。墙面凹凸不平象征着革命历程的坎坷艰难，墙体全部采用纪念碑材质建造，走在烈士墙前，我们仿佛穿过了岁月的沧桑，重现了战火纷飞的岁月。在烈士墙中镌刻的是在青州地区革命斗争中牺牲的烈士的英名。外籍烈士排在前面，本籍烈士按两块根据地和现所属行政区划排列。资料来源于市《烈士英名录》。

这是一个光昭日月的群体！这是一群气薄云天的英灵！然而，由于青州地区革命斗争艰难曲折，距今年代久远，至今仍有大量烈士的英名不为人知。即便如此，你依然能够从中感受到烈士们的高尚情操，感受到革命道路的艰难曲折，感受到今天幸福生活的来之不易，感受到我们肩上承载的使命神圣！让我们亲近先烈，接受一次圣洁的心灵洗礼；让我们面对英雄，完成一次崇高的人格升华！

各位来宾，青州市烈士陵园革命历史纪念馆的参观到这就要结束了，青州市革命历史浩瀚、博大，我们只能是精选其中的主要内容、重要事件、重要战斗、重点人物和重要文物，向大家做一简单介绍。

今天，我们站在新的历史潮头回顾历史，就是要更好地珍惜和维护来之不易的和平，就是要从那段悲壮的历史中汲取伟大的精神力量，转化为抓住机遇加快发展的实际行动，坚定不移地走和平发展的道路，积极构建社会主义和谐社会，在强国富民中实现中华民族的伟大复兴。

最后请允许我用毛主席的话作结束语：“成千上万的革命烈士，为了我们今天的幸福，在我们的前头英勇地牺牲了，让我们踏着他们的脚步，继承他们的遗志奋勇前进。”

很高兴和各位一起重温青州市革命历史 96 年光辉历程，谢谢！

参考文献：

[1] 中红网：《向青州抗日英雄学习，致敬！》，2016-07-12 18:04:24 / 作者：樊光湘

[2]《中共青州地方史》（第一卷 1925—1949）（308 千字），樊光湘编著，中共党史出版社 2006 年 7 月第 1 版。

[3]《中共青州历史大事记》（1949—1999）（500 千字），樊光湘、杨朝晖主编，中国档案出版社 2005 年 5 月第 1 版。

[4]《青州抗战专辑》（306 千字），樊光湘主编，中国文史出版社 2016 年 1 月第 1 版。

[5]《云门抗日烽火》（155 千字），樊光湘主编，中共党史出版社 2016 年 12 月第 1 版。

[6]《青州市抗战时期人口伤亡和财产损失》（765 千字），樊光湘主编，中国文史出版社 2016 年 3 月第 1 版。

[7]《青州人在抗日战场上》（530 千字），樊光湘主编，中共党史出版社 2005 年 8 月第 1 版。

青州市党性教育基地——庙子长秋革命历史纪念室解说词

◎樊光湘

尊敬的各位领导，同志们：

欢迎大家来到一门忠烈纪念堂，缅怀革命先烈。这是冯毅之照片：最上面的那张照片是冯毅之的侄孙女冯庆敏在1998年给冯毅之照的。

“马鞍英烈千秋颂、长秋精神万代传”：这是庙子镇李彦武写的。

“一门忠烈纪念堂”：1993年由前山东省委副书记王众音题词。

大图：1937年“七七”事变，展开了轰轰烈烈的抗日战争。冯毅之投笔从戎，受组织派遣，又回到家乡青州，在淄河流域组织了抗日游击队，后来入编为八路军山东纵队第四支队新一营，任营长。他们招募了博山师范学校一批觉悟高的青年学生为骨干，队伍很快就发展壮大起来，成为插进敌人心脏的一把尖刀，多次受到四支队廖容标司令员、姚仲明政委的表扬。至今，淄河一带仍盛传“冯司令的抗日传奇”，称他是青州的“李向阳”。

1942年冯毅之硬着头皮决定把父亲、妹妹、爱人和孩子送上马鞍山。

马鞍山地势险要，屹立在长秋村南30里外的淄河西岸。东西两峰相连，形成“凹”字，远望形似马鞍，故有“马鞍山”之称。山的周围陡壁千仞，悬崖如削，巍峨险峻。即使在修缮成景区的今天，从山脚爬到山腰，也需近一个小时时间。

从山腰到山顶更是天险，数十丈高的石质山体，只在悬崖上凿出一条陡上石阶，形似“天梯”，窄处仅容一人通过。天梯上下有两道寨门，寨门关闭，鸟兽难入，实有一夫当关、万夫莫开之险。

在山上守卫的，只有一个班的正式武装，其他都是伤病员和家属。冯毅之的父亲冯旭臣自从到山上后，负责管理山上的伙食。冯毅之的爱人孙玉兰和妹妹冯文秀则忙着制作战士的棉衣。冯毅之有三个女儿：老大新年，12岁；老二芦桥，“七七”事变那年出生；老三平洋，太平洋战争爆发那年出生。

1942年11月9日，敌人以数千人的兵力向马鞍山发起进攻。当时，冯毅之在马鞍山北十里外的黄花坡朝阳洞顶。此地并不低于马鞍山，可以清晰地看到山上的情景。

刘厥兰同志，是鲁中军区有名的爆炸英雄。他当时在马鞍山上养伤，负责镇守西峰。战斗的第一天很顺利。敌人虽使用飞机、大炮进行了猛烈攻击，山上的损失并不大，所有进攻都被打退。山下和山腰的乱石中留下了上百具敌人尸体。

第二天一开始，敌人有了增援，火力更加猛烈。敌人把大炮和重机枪移到与马鞍山相距不远的孟良台、后峪岭等峰顶平射攻击，但同志们并没有被困难吓倒，仍然英勇地战斗。

下午，山上的子弹和手榴弹全部耗尽，石块成了唯一武器。刘厥兰说，在最危急时刻，家属也投入了战斗。

冯毅之的父亲时常从东峰往西峰送水和手榴弹。他向同志们表示，宁愿粉身碎骨死于炮火中，也不能叫敌人捉去当俘虏。冯毅之的妹妹冯文秀是很好的鼓动员，她唱歌喊话，传递情况，救护伤员。在以石块阻击敌人时，她同父亲一齐搬运石头。父亲在搬运石块时牺牲了。她也负了重伤，就把最后一块石头狠狠砸向敌人，纵身跳下悬崖。冯毅之的妻子和三个孩子也都跳崖而死。

马鞍山一役，我方总计阵亡27名，冯毅之家牺牲六口。他噩梦连连，夜夜难眠。只有写诗来医治心中的创伤，其中《家人》一首更是字字泣血：“父亲苍颜白发，妹妹妙龄青春；妻子忠诚温存，孩子活泼天真；我们决不做俘虏，粉身碎骨，碧血淋淋！”

下面，我们要去参观长秋村抗日烈士纪念碑。

（途中解说词）

1985年9月，长秋村在外工作人员在冯毅之的发动带领下，为庆祝抗日战争胜利四十周年和纪念长秋村为国捐躯的抗日烈士，通过捐资和政府共同投资修建了长秋村抗日烈士纪念碑。

（现在呈现在我们眼前的是长秋村抗日烈士纪念碑）

抗战时马鞍山战役中，共牺牲27名烈士。纪念碑占地面积260平方米，内围栏为9米×9米，以示久久纪念，底座3米×3米，高1.2米，碑高5.2米。该碑坐东朝西，正对马鞍山，经过27道台阶到达碑下。纪念碑及围栏材质皆为山中青石，正面镌刻着由原山东省委书记高启云题写的“抗日烈士纪念碑”七个镏金大字，西面镌刻着“烈士英名录”，共有26位烈士。东面为碑文，记载长秋村抗日事迹，特别写出了马鞍山战役，在战役中冯毅之一家六口壮烈牺牲，得“一门忠烈”匾。北面记载了建碑过程和捐资情况。

当时，日寇大举入侵，时局日趋紧张，盘踞山东的国民党韩复榘军队不战而退，地方官吏恐慌逃跑、散兵流匪到处要粮、要钱、抢劫烧杀，整个农村一片混乱，人心惶惶，民不聊生。面对这种局面，长秋村老百姓义愤填膺，迫切要求组织起来打击日寇，保卫家乡。因此，在益都县委的领导下，冯毅之回到长秋，首先发展党员，建立起党的组织，接着动员人民武装抗日，很快就组织起20多名勇敢、进步的青年，他们扛起防土匪用的土枪，组成了“农民自卫团”。“自卫团”的建立，使长秋村成为淄河流域开展抗日活动最早、最活跃的一个村庄。因此引起日寇对长秋村的特别注意。

1939年，是长秋村值得怀念的一年，他们不但在抗战和反摩擦中立了功，锻炼了自己，而且还接待了好多共产党和八路军的领导同志，听取了这些领

导同志的教导。其中，有中共山东分局书记郭洪涛同志，有山东纵队司令员张经武和副司令员王建安同志，有八路军山东纵队第四支队司令员廖容标和政委姚仲明同志，还有八路军山东纵队第三支队司令员杨国夫和政委霍士廉同志等。这些领导同志平易近人、和蔼可亲，给长秋村的老百姓留下了很深的印象。

因为敌人严密封锁，军需品非常缺乏，尤其是医药更难买到，长秋村的老百姓在这方面给了很大的帮助。像谢长水、冯佃顺、冯佃奎同志经常冒着生命危险到淄川、张店、周村等地采购急需物资。如：有一次，谢长水到周村给县大队买油印机、纸张文具、手电筒、医药等物品。正遇敌人大搜查，不幸被捕，敌人把他吊在树上，打了个半死，他只字不露真情，敌人又要活埋他，而且让他自己掘坑，敌人在一旁看着，掘慢了就用鞭子打，伪军一个头目说："你这个八路死到临头了，还不承认。"谢长水说："你们说我是八路，有什么证据？"敌人问："你是老百姓，你买油印机、纸张、手电筒和药品干什么？"谢长水回答说："这些东西是蓼坞村天主教堂要我来买的，不信，你们就去调查。"敌人信以为真，谢长水方才脱险。

长秋村的妇女，在这方面也做过许多值得赞扬的事，长秋村在 1939 年就成立了妇女抗日救国会，会长是后来的马鞍山战斗中牺牲的冯文秀；副会长是赵俊美。妇救会下设六个小组，妇女们除了参加反"扫荡"的战斗外，还为部队纺线、织布、做军衣、军鞋等。推碾压米、摊煎饼更是经常性的工作，六个妇救小组，一天碾过 600 斤摊煎饼的玉米面，一夜碾过 200 斤小米。有时遇到特殊情况，男同志难以完成的任务，妇女同志就勇敢地接过去干。

长秋村的老百姓还为八路军储藏过许多军需物资，被称"保险库"。那时无论是铁路北的八路军山东纵队第三支队，还是铁路南的八路军山东纵队第四支队，只要到淄河流域活动，收了粮食、有了物资，都交给长秋村保藏。保藏的办法，是在南沟和东沟，利用土崖头打成土屋，将粮食和物资藏好后，再用石头把门堵死，堆上黄土，安放上石块当供桌，装饰成掩埋死人的坟墓。这巧妙办法，外人谁也不知道，所以从来没出过差错。

长秋村还是八路军的一个物资转运站。只要淄河流域有战役，八路军需用的粮食、布匹、军衣、军鞋等，都是运来长秋村暂时保存，然后转运到别处去。有时随来随转运，晚上进晚上出，因为白天常有敌人活动。黄花坡、窟窿山都是极为偏僻的小山村，益都县委、益都县政府和县大队经常住在那里，所需粮食都是长秋村负责运送的。他们每人背上一口袋，重达八十至一百斤，晚饭后出发，五六十里崎岖难行的山路，一夜赶到。有时，每隔几天就送一次。

在这里我向大家介绍一下发生在西南山区抗日根据地共产党领导的抗日游击战争的故事：

“有压迫就有反抗。”抗战时期，西南山区抗日根据地的青州军民创造和运用多种游击战术打击和消灭敌人。在中共益临工委和 1939 年 10 月成立的益（都）、临（朐）、淄（川）、博（山）四县行政办事处领导下的淄河

流域抗日根据地军民在广泛开展分散性、地方性、群众性的反“扫荡”、反“蚕食”游击战中，还经常创造和运用“挖鸭栏”“麻雀战”和“壕沟地道战”等多种战术打击消灭敌人。“挖鸭栏”战术是在敌强我弱、敌众我寡的斗争中总结出来的。在根据地几乎被敌人“蚕食”的情况下，军民依靠“堡垒村”或“堡垒户”作掩护进行隐蔽斗争，对敌区的伪区公所、抢粮队、护路队、拉鸡队、还乡队、壮丁训练队、特务队等，摸清情况后进行夜间偷袭，力争将敌人全窝端。这种战术出其不意，攻其不备，既不消耗弹药，又不造成我方伤亡，而却给敌人以很大打击。“麻雀战”是抗日根据地民兵的一个最主要、最基本的作战方法。其特点是忽聚忽散，忽来忽去，神出鬼没，行动迅速。抗日根据地各地民兵都善于麻雀战，他们或摸清敌情，乘敌不备，突然袭击；或对于运动之敌拦头斩腰打尾巴；或严密隐蔽用冷枪阻击进犯之敌；或把抗日武装化整为零，分散到各区、各堡垒村开展游击战，使部队地方化，在老百姓的掩护下，在敌人眼皮底下巧妙地打击敌人。“壕沟地道战”是益（都）、临（朐）、淄（川）、博（山）四县行政办事处等山区民兵和自卫团的一种特殊战法。在山区的平原地带，没有山林和水泽可以做掩体，于是运用壕沟地道就成了抗日军民保存自己、消灭敌人的重要法宝。“壕沟地道战”，一是将平原上所有能够通行畜力车的道路全都挖成路沟，打起仗来，敌人的汽车、坦克都不能通行，而民兵和自卫团可以利用路沟袭击敌人，掩护群众；二是挖成村村相通的地道，利用地道巧妙地打击敌人。

下面是发生在西南山区抗日根据地共产党领导的几个抗日游击战争的故事：

1. 青州“抗日堡垒”长秋村人民打鬼子的故事

1938 年 1 月 8 日益都沦陷后，抗日斗争风起云涌，广大人民群众有组织地或自发地开展抗日游击战争，仅在青州西南山区层峦叠嶂之中，有个百多户人家的小山村——“抗日堡垒”长秋村。在艰苦的抗战年代，它屹立于硝烟烽火之中，打不垮，摧不烂，浴血奋战八年，是青州西南抗日根据地的旗帜……

1940 年抗日战争进入更加艰苦的岁月。以张店为大本营的侵华日军，对清河鲁中抗日根据地扫荡、蚕食频繁，据点碉堡林立。

青州西南山区淄河流域打着各种旗号的“抗日”游击队近万人，大部已公开投敌，伪军骤增。国民党顽固派新四师吴化文部一再制造反共摩擦，人民抗战更加困难。胶济铁路以南，青州的6个行政区，一区、十区变成敌占区，二、四、五区变成了游击区，抗日根据地只剩下三区，在三区又只剩下仁河流域五六十华里的狭长地带。

此时，刚刚建立不久的中共益都县委和抗日民主政府，就驻在仁河上游的桃行村一带。

为了加强武装力量，保卫新生的抗日民主政府，巩固扩大抗日根据地，准备长期坚持抗日游击战争。2月，中共益都县委决定，在1939年底，八路军四支队新一营奉命升级为八路军四支队特务团三营后，留守地方的人民武装二、三、五区区中队队员60余人的基础上组建益都县大队(简称县大队)，冯毅之(长秋村人)任大队长。

接下来，孤悬敌后的中共益都县委、县政府和县大队，在广大人民群众的积极支持下，采取游击战术，顽强地战斗在益（都）临（朐）淄（川）博（山）抗日根据地，战胜了日伪顽三面袭击，取得了一连串胜利。

（1）采用布袋战术伏击伪军唐应三部

益都县大队组建后，得知伪军唐应三部驻防马鹿据点以后，一贯抢劫奸淫、杀人放火，无恶不作，给周围村庄老百姓带来了灾难。为了打击伪军的气焰，县大队摸清了他们每隔3－5天就派50余人经长秋村去上庄接粮这一规律，决定根据敌人的行动规律，由长秋村游击队配合县大队，采用布袋战术，在马鹿、长秋之间敌人行进的路旁设下伏兵，形成布袋阵，打一个伏击。布袋底是长秋村南门，由县大队机枪组和长秋村游击队担任防守；布袋口向马鹿据点敞着，待唐应三部进入布袋阵地后，由埋伏在路两边的县大队负责封闭布袋口。那是2月的一天，淄河的冰冻未解，山上的青草还未萌芽。冯毅之和战士们不顾天寒地冻，很早就埋伏在河边的山坡上。直到上午10点，伪军才出村。敌人麻痹大意，把枪背在肩上，也不拉开距离，像赶集似的沿着老路线走来，毫无战斗准备。时机一到，冯毅之一声令下，枪声四起，手榴弹在敌群中爆炸，敌人措手不及，完全失去了抵抗能力，有的干脆缴械投降了。这次战斗极为顺利，我方只有3人轻伤，敌人少数漏网，其余被歼被俘。等马鹿敌人倾巢而出救援时，战斗已经结束，战士和老百姓已转移了。

(2) 伪军唐应三怀恨在心伺机报复

伪军遭此伏击失败后，伪军唐应三怀恨在心，伺机报复。

6月24日，伪军唐应三部勾结国民党顽固派吴化文部400余人，从仁河流域大举进犯，妄图配合日伪军消灭中共益都县委和县政府和县大队。敌人重点进攻窦家崖山顶的县大队指挥部，县大队英勇反击，经过七八个小时激战，战士们的子弹几乎打光，为了避免更大牺牲，县大队只好突围，撤出战斗。这次战斗，毙伤不少敌人，但县大队也伤亡惨重，通讯班12名同志中冯光全、孙在进、赵家会、白怀亮等8名牺牲。

(3) 虎口夺粮土制地雷显威力

6月下旬的一天，驻扎在张店的日军，为了从农民手中掠夺麦子，出动一千余兵力，对淄河流域进行“扫荡”。鬼子行进到与长秋村一河之隔的西崖头村时，巡逻的民兵送来情报，县大队立即组织长秋村民兵迎战，队长冯毅之身先士卒，沉着指挥队员和民兵们奋勇杀敌，在淄河流域与敌人展开激烈战斗，当场击毙11个，其余日军害怕再中埋伏，溃逃到黑旺村。然后，辗转到长秋村南面的岸崖村，县大队乘胜追击，再次伏击了前来“扫荡”的日军。战斗中，土制地雷显示了杀敌威力，日军伤亡惨重，直到天黑才跑到西桐古村外焚烧被毙命的日军尸体，然后，趁黄昏狼狈逃窜。

(4) 阳明山北岭设伏兵击毙日军小队长小林

7月下旬，朱崖据点换了一个日军小林小队长。他三天两头领兵到长秋村“扫荡”。日军进村，牵着大狼狗，见了跑的就开枪，见了鸡羊驴骡就抢走，不开门的就放火，见了青壮年就抓去做劳务。一有情况，大家能躲的就躲起来；特别是村里的大姑娘小媳妇，都把脸抹上灰，穿上破旧的衣服，打扮成老太太的样子，以躲避日军的魔爪，整天过着担惊受怕的日子，甚至是一日数惊，庄稼也收不成。群众纷纷要求县大队给敌人以狠狠打击。朱崖日军到长秋“扫荡”有个规律，他们怕村里有八路军埋伏，所以从不直接进长秋，总是先到上庄，再从上庄爬到阳明山顶，俯察过情况后再下山进村。一天早上，当得到日军小林又领兵出发的情报后，县大队队长冯毅之根据敌人活动规律，就在阳明山北岭设下一个班的伏兵，并配备机枪一挺。县大队其余的人，隐蔽在长秋村里做预备队。县大队的人数不多，长秋村的游击组主动要求参战。为了造声势，村中几十名青年小伙子也组织起来临时参加了战斗。日军爬上阳明山时，发现了伏兵，双方交了火。益都县大队的伏兵咬住敌人后，预备队和200多名老百姓从村里全部出动，在玉米棵庄稼掩护下迅速向敌人身后迂回包抄。来犯的敌人中只有6个日军，其余全是伪军。伪军胆小怕死，一看到八路从身后来包抄，顿时乱了阵脚，迅速撤退，向朱崖方向逃窜。冯毅之率人拼命追击，日伪军伤亡十余人，其余逃过了马岭行。在铁佛寺前，冯毅之打死了一个端着一挺轻机枪的日军。后来查知，这个日军就是小林小队长。

(5) 县大队和长秋村民兵与敌人展开激烈巷战以弱胜强

每次“杀日军”后，日军都会进行疯狂报复。长秋村76岁的冯保杰老人对记者说：“在小林小队长被击毙一个星期后，日军组织朱崖据点的日军，直扑长秋村。一路上，日军像发了疯一样，挨家挨户烧杀掳掠，无恶不作。来不及逃走的妇女，有的被强奸，有的被刺刀捅死。日军还到铁佛寺附近的村庄把那些未来得及逃避的男青壮年编成‘苦力队’，强迫他们搬运抢劫来的财物，有逃跑或反抗者，当场刺杀……”21日晨，日伪军再次侵犯长秋村，敌人架起机枪向围墙南门射击，民兵在村内点起土炮打退两起进攻。日军用重炮打开一段围墙后，一齐蜂拥而上。在这紧急关头，冯毅之满怀对日寇的仇恨，毅然下令与日军干到底。他身先士卒，沉着指挥队员们奋勇杀敌，在村内与敌人展开激烈巷战。长秋村的民兵们积极配合，利用村内熟悉道路、壕沟、圩墙、房舍与敌人展开捉迷藏式的游击战。激战一天，击毙日伪军8人，缴获枪支弹药若干，粉碎了日寇的企图，也创造了以弱胜强的战例。

2. 青州市庙子镇（原益都县四区）土湾村抗日伏击战

发生在1939年3月20日的青州市庙子镇（原益都县四区）土湾村抗日伏击战，是鲁中地区抗日联军在抗日战争初期打的一个漂亮仗，在当时的鲁中地区有着巨大影响，也是青州地区抗战史上的光辉一页。

1937年冬，冯毅之根据中共益都县委领导的分工，在统一战线的旗帜下，以第二次国共合作为中心，到家乡青州市西南山区开展抗日救亡运动，组织人民抗日武装，建立抗日根据地。按照中共清河特委的指示，在八路军山东游击队第四支队司令员廖容标的指导下，冯毅之、孙同山、孙萌南、白金、宋岳、刁愈之等共产党员与在西南山区活动的国民党翟汝鉴、李思亮部共同组成了一支千余人的游击队。翟汝鉴任司令，李思亮任副司令，冯毅之任政

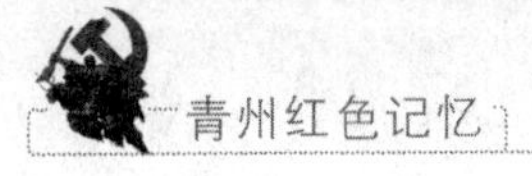

治部主任。

1938 年 7 月，国民党翟汝鉴部的李思亮副司令已秘密投靠张店侵华日军金井队长。冯毅之充分利用翟汝鉴、李思亮之间的矛盾，想尽快铲除李思亮，把部队拉出来，组建真正的抗日武装。8 月，经领导批准，冯毅之将李思亮击毙，拉出该部一个大队，脱离了翟汝鉴部，正式改编为八路军山东游击队第四支队新编第一营（简称新一营）。冯毅之任营长，孙同山任副营长，白金任副指导员，陈圣溪任供给处主任。营下辖二个连，王文训任一连长，王洪义任副连长，宋岳任指导员，冯保庆任二连长，白金兼任指导员。这个营装备很强，绝大部分是钢枪，有两门迫击炮和两挺机枪。新一营建立后，在青州西南山区立即投入了反击日伪顽的战斗，并在斗争中不断发展壮大，取得了一个又一个抗日战争的胜利。

1939 年 3 月，新编第一营接到情报，侵华日军为了迫使国民党投降，在张店、淄川、博山集结兵力，前往沂水，进攻国民党山东省政府。

在此危急情况下，冯毅之营长为巧妙设伏，出奇制胜，立即召开敌情分析会，认为黑旺镇土湾村位于卸石山山脉北段、益都、临淄两县接壤处，又是益都县、益临县、临淄县 3 县的交界地带。这个村东有三个岔路口，向东是朱崖村，可以进入益都县，向南跨过该村，可以进入益临县，向西南是西崖头村，可以进入临淄县。该村四面环山，重峦叠嶂，沟壑纵横，峡谷陡峭，道路奇险，素有“龙虎环抱”之称，实为屯兵设卡之要地。经过对土湾村实地调查和对敌情的分析，冯毅之营长认为，土湾村是日军前往沂水，进攻国民党山东省政府的必经之路，也是我军伏击日军的理想之地。

果然不出冯毅之营长所料。20 日下午 2 时左右，发现敌人千余人向朱崖村进犯。

冯毅之营长听到这个消息，马上对营部作战人员说：“土湾村是庙子镇通往沂水的咽喉要道，日军一定经土湾村向前方运送军需物资，送到嘴的‘肥肉’，我们一定把它吃掉！”讲到这里，他拿起铅笔，走到地图前，在“土湾村”3 个字周围果断地画了一个红圈，接着又说“就在这里设伏，切断日军前往沂水，进攻国民党山东省政府的交通，夺其辎重。”说完，他当即令：一连连长王文训在庙子镇的朱崖村、西崖头村一线设伏，采取运动防御战法，阻止日军南进；二连赶迅速往土湾村，准备痛击南进的日军。

他遂即带领营指挥所人员进入伏击地区。接着，各单位迅速跑步进入阵地。战士们为了搞好隐蔽，灵活地利用地形地物，有的钻进草木丛，有的用野草和树叶把自己伪装起来，有的藏在土坎、岩石后，人人严阵以待，大家摩拳擦掌，等待着出击的命令。

3 时左右，日军沿淄河流域向土湾村袭来。日军自国民党顽固派在青州掀起第一次反共高潮以来，一直未受到任何阻击，所以他们十分麻痹，警戒搜索也相当疏忽。先头步兵与辎重部队约距 400 米，后面掩护的步兵距辎重部队更远一些，从远方望去，犹如青蛇蠕动。走在队伍最前面的一个日本兵，扛着一面日本旗，昂首挺胸，神气十足。他们根本就没有想到，在前面不远的土湾村，我八路军勇士们早已给他们挖好了葬身的坟墓。

约 4 时左右，日军步兵开始进入我伏击区，埋伏在草木丛中的我军战士，双手紧握钢枪，两眼怒视着相距只有几十米的日军，个个恨得咬牙切齿。

日军先头开路部队接近朱崖村和西崖头村时，辎重部队正好行至我新一营伏击地前面。冯毅之营长即令重机枪向日军扫射，伏击部队随之向日军展开猛烈射击。刹那间，成群的手榴弹，密集的子弹，像从山崖上泻下来的瀑布一样倾向敌群。正在行进中的日伪军，被这突如其来的袭击打懵了，还没搞清是怎么回事，就死伤了一大片。此时，日军前进不得，后退不得，首尾不能相顾。面对全线遭到突然打击，敌人惊慌失措，晕头转向。这时候，我一连按照原定计划，迅速抢占了土湾村村北大道两侧及山头，将日军步兵和辎重部队拦腰切成两段。当日军先头步兵企图掉头增援辎重部队时，又遭到我二连的阻击；后面的掩护部队，又被一连击毙的横躺竖卧的马匹、车辆及抛弃的军用物资挡住道路，被截击在中间的辎重部队，上天无路，入地无门，完全丧失了控制能力。骡马受到惊吓，四处奔跑，畜撞畜、人撞人，人畜相撞，在狭窄的乡村道路上自相践踏，尘土飞扬，血肉四溅。残存日军一窝蜂似的朝南方向逃窜，刚跑到土湾村附近，又遭我预先埋伏在那里的特务连一个排的猛烈袭击。这时，特务连战士，一个个犹如猛虎下山，奋不顾身地扑向日军，展开了白刃格斗。

在我军与敌人进行激烈战斗的同时，庙子镇的青少年学生组成的战地服务团，在抗日救国同盟会的领导下，冒着枪林弹雨投入了紧张的战地服务。朱崖村、西崖头村、土湾村附近的民兵和群众也在地方党的领导下，投入了战斗和战地服务工作。激战至5时左右，日军一看大势已去，匆忙沿淄河流域逃回张店、淄川、博山老巢。

这次伏击战，共歼灭日军20余人，伤者过半，缴获机枪1挺、手炮1门、三八式步枪6支、背包10余个。打掉了日军经青州南下临沂进攻国民党山东省政府的企图。

3. 击落敌机活捉日军飞行员金井

1940年抗日战争进入更加艰苦的岁月。以张店为大本营的侵华日军，对清河和鲁中抗日根据地扫荡、蚕食频繁，据点碉堡林立。青州西南山区淄河流域打着各种旗号的“抗日”游击队近万人，大部已公开投敌，伪军骤增。国民党顽固派新四师吴化文部一再制造反共摩擦，人民抗战更加困难。胶济铁路以南，青州的6个行政区，一区、十区变成敌占区，二、四、五区变成了游击区，抗日根据地只剩下三区，在三区又只剩下仁河流域五六十华里的狭长地带。此时，刚刚建立不久的中共益都县委和抗日民主政府，就驻在仁河上游的桃行村一带。为了加强武装力量，保卫新生的抗日民主政府，巩固扩大抗日根据地，准备长期坚持抗日游击战争。2月，中共益都县委决定，在1939年底，八路军山东游击队第四支队新一营奉命升级为八路军山东游击队第四支队特务团三营后，留守地方的人民武装二、三、五区区中队队员60余人的基础上组建益都县大队（简称县大队），任命多次受到四支队廖容标司令员、姚仲明政委的表扬，称他是“青州李向阳”的冯毅之，且在家乡打游击，让日寇闻风丧胆，日军几次扫荡他的老家长秋村，始终未抓到的这个“冯铁头”任大队长。

益都县大队建立后，采用“打小仗，多打仗”的方针，积极袭扰敌人，在不断战斗中锻炼队伍。经过组织多次战斗实战锻炼队伍，使部队的战斗力有了很大提高，而部队的装备也随着不断缴获敌人武器而迅速改善。几个月后，游击队每个连都最少配有1～2挺轻机枪、1挺重机枪。鉴于县大队的发展壮大，冯毅之开始率领战士们主动寻找战机打击日军正规部队。与此同时，冯毅之还派人在附近县区建立起地方武装，其主要工作是配合廖容标领导的八路军山东人民抗日游击队破坏敌人交通线、割电线、制造地雷、伏击小股日伪、惩办汉奸等。

在“保卫家乡、保卫鲁中、保卫全中国”的感召下，冯毅之提出“有人出人，有粮出粮，有钱出钱，有枪出枪”的政策，广大民众从县大队真切体恤民众疾苦、抗击侵略者的活动中看到了民族的希望，视县大队为保护民众利益的子弟兵。于是，“要出头，找冯游”的呼声不胫而走，出现了支持和参加抗战的热潮。长秋村一百来户的一个小村庄，竟有七八十人参加了县大队，西南山区一带近百名青年参加冯毅之领导的县大队。涌现出父送子、妻送夫、父子同参军的景象。同时，广大民众纷纷捐大刀、长矛、猎枪、步枪甚至手榴弹等军用物资。有的地主也捐出了看家护院的枪支。县大队共收集武器数百件。

随着部队的日益壮大，县大队加强了军事训练和周密的思想政治工作，队员们政治和军事素质均有很大提高。特别是有一次，冯毅之带领部队经过一片田埂时，坐骑受惊跑到田里踩坏了庄稼，冯毅之当即掏出钱来赔偿给田边的老乡。这次事件给在场的战士们教育很大。在冯毅之等领导的亲自示范和带动下，县大队爱护群众的一草一木，不拿群众的一针一线，对群众公平买卖，借东西一定按时奉还，对损坏的东西坚决照价赔偿。在县大队里形成惯例：每到一地，一定主动帮助当地群众挑水劈柴、打扫场院街道，而且帮助群众特别是军属解决实际问题。

由于严格的军纪和对抗战的坚决态度，冯毅之和县大队声望日著，在很短的时间里，呈现出村有自卫队、区有区中队、县有县大队的景象，使西南山区各村成为一个中共的战斗堡垒。整个抗战期间，在西南山区曾经流传着一首名为《冯毅之走遍益都县四区 10 个乡镇和三区部分村庄》的民谣：冯毅之，意志坚，组织民众来抗战；自卫队，青抗先；妇救会，儿童团，全民总动员。冯队长，真能干，武装民众千百万，到处开展游击战。炸碉堡，崩汉奸，扒铁道，过淄川，打得敌伪心胆寒。

为了尽快“蚕食”和“剿尽”八路军、游击队和中共益都县委和抗日民主政府，日军轰炸机欺负八路军、县大队没有防空武器，低空盘旋，扔炸弹，扫射机枪……日军轰炸机经常低空盘旋在卸石山周边一带执行低空侦察轰炸任务，以配合日伪军地面部队对抗日根据地进行“扫荡”、“蚕食”。给县委机关、八路军指战员和老百姓的安全造成了一定威胁。

7 月 16 日这天，山东省益都县的一个小山村——东下册村，显得宁静祥和。这一带是八路军的根据地。这个小村附近的卸石山脚下长秋村驻扎着廖容标领导的八路军山东人民抗日游击队第四支队司令部和八路军山东人民抗日游击队第四支队特务团三营；在一山（卸石山）之隔的仰天山上桃行村驻扎着中共益都县委和抗日民主政府，卸石山上髻髻顶驻扎的益都县地方武装县大队为了躲避敌机轰炸暂时住到东下册村。

为了保证县委机关、八路军指战员和老百姓的安全，中共益都县委决定，由冯毅之领导的县大队负责消灭敌军战机。经多次观察，冯毅之已掌握敌军战机的飞行路线，其中，敌机一定要经过卸石山脚下东下册村一带的山坡。冯毅之想，如果在卸石山下东下册村一带埋伏，可以击落敌军战机，因为站在这里可以缩短射击飞机的距离。

这天早晨，正当战士们准备吃饭的时候。在村边山头放哨的战士突然向村里发出紧急防空信号。看到信号战士们迅速放下饭盆，拿上武器，快速向村边的山坡地疏散隐蔽，因为在那儿有许多灌木和沟壑。突然巨大的隆隆声由远而近，一架硕大的飞机超低空从东边的山头上空往西飞了过来，从人们的头顶掠过，它一接近村庄就开始向下俯冲，几乎剐碰到东下册村那棵挺拔高耸的秋树，并开始漫无目标地进行轰炸和扫射。这是一架日本战斗机，日寇的！战士们发现飞机尾上的“膏药旗”标志清晰可见，灌木丛中的战士们甚至还能望到飞机舱内面戴防风镜的飞行员轮廓。

一开始，日寇的飞机不断地沿山谷无目标的轰炸扫射，得意忘形的敌机十分嚣张。后来，为了提高对我军民的杀伤力，他们掠过山坡进行低空飞行。又扫射，又轰炸。并开始在部队隐蔽的山坡上空盘旋。找到目标就丢炸弹。

在飞临卸石山脚下东下册村一带时发现了益都县地方武装县大队和八路军山东游击队第四支队特务团三营的行军纵队。敌机欺负八路军游击队缺乏防空武器，突然俯冲下来对前进中的特务团三营队伍实施低空扫射，当场造成三名战士伤亡。愤怒的县大队和特务团三营指战员决心教训这个趾高气扬的“空中飞贼”。

他们在敌机盘旋转弯准备再次俯冲攻击时，组织前卫连步、机枪手集中火力，在有效范围内，向敌机进行射击。危急时刻，战士们发扬以劣胜优、敢打敢拼的精神，积极地进行防空行动，并在敌机轰炸掀起的尘土和烟雾中一齐瞄准飞机对空射击，织成了一道愤怒的火力网，仇恨的子弹射向敌机。在密集的对空火力打击下，子弹好像是击中敌机尾部，失去平衡的敌机像醉汉似的摇晃了两下，立即失控，受到重创的日本飞机见地面有人开枪，就竭力躲避，企图将飞机升高，不知是何种原因，抬高机头的敌机欲速则不达，弄巧成拙，不但没有挽回逃跑之路，却摇晃着，歪歪斜斜一头向东南方向附近的树林里栽落下去。一名日军飞行员从像醉汉似的飞机中跳伞仓皇逃命；另一名日军飞行员头颅摔碎飞出百十余米，断腿仍悬挂在树枝上。

“打下来了！打下来了！”群众见敌机被击落，欢呼雀跃，鼓掌如雷，民心大振。战士们也都怔住了。出乎意料，八路军游击队和县大队竟用步枪、机枪将一架敌机击落，毕竟，以八路军游击队和县大队的武器装备，击落日军飞机这样的战果，那时是非常难得的。后来考证，由于日军飞行员多为新手，经验不足，也因为八路军游击队和县大队防空火力微弱，日军用小角度的下滑轰炸代替大角度俯冲，对八路军游击队和县大队阵地进行攻击所致。

随即，县大队队长冯毅之、特务团三营白金和孙铜山等人指挥全体指战员搜山，将另一名跳伞的日军飞行员活捉，后查知名字叫金井，并缴获重机枪 3 挺。

被活捉的日军飞行员金井后来被送到延安“日本反战同盟”处理。这是日本帝国主义侵略中国，残害人民的又一大罪证。

当地老百姓见日寇飞机被击落下来，抑制不住兴奋，一个个从四面八方往飞机坠落的地方跑去，都想看个稀奇和热闹，鬼子飞机落下来究竟是个什么样子？

敌机坠毁的现场——东岭村附近山坡上，飞机残骸还在燃烧，飞机残骸碎片散落得满山遍野，两门机关炮炮身被摔弯，炮弹、饼干、罐头、香烟遍地都有，军用地图和笔记本等，都压在一个飞行员尸体下面，渍满了斑斑血迹，飞行员尸体是断胳膊少腿的，但围观的人群没有一个对此同情的，因为他们是作恶多端的日本侵略军……

这次出色的防空战斗，给骄狂的日军“空中骄子”以迎头痛击，狠狠打击了敌机肆无忌惮地进行低空俯冲轰炸的嚣张气焰。

县大队、特务团三营击落日军战机的消息很快传遍整个益都县，让当地民众非常高兴和自豪。一时传为趣话。

4. 中共益临工委驻地——孙家岭保卫战

1942 年，抗日战争进入最艰难的时刻，在侵华日军推行第四、五次“治安强化运动”中，已暗中投降日军的国民党顽固派新四师吴化文部队积极配合日军，对我青州西南山区抗日根据地实行封锁、包围。根据地百姓扶老携幼，纷纷离村。面临山河破碎、百姓遭殃的悲惨局面。面对 400 多国民党顽军和日伪军的包围及进攻，在益临工委带领下，我少量地方武装和群众顽强保卫“中共益临工委驻地——孙家岭”一个多月，并取得最后胜利，创造了青州地区坚守根据地的范例，受到中共鲁中区党委的表扬。

4 月 28 日上午，国民党新四师 300 余人，马鹿据点的伪军 80 余人以及朱崖据点的伪军五六十人，分三路包围中共益临工委驻地——卸石山上的一个小村庄孙家岭。400 多个国民党顽军和日伪军，既不列阵，也不布防，一路嬉笑打闹，如入无人之境，骄横至极。敌人连续用迫击炮、大炮轰击，但由于卸石山岩势奇崛，群峰如海，山深林密，寨墙高大坚固，敌人炮击受阻。大敌当前， 益临工委决定坚守“孙家岭”。在危急关头，县大队迅速组织民兵控制孙家岭四面山头和各主要交通要塞，并派岗哨站在制高点监视敌人行踪。权衡地理条件，敌我双方力量，抓住有利时机，英勇抗击。队员们以分队为单位，分散独立作战，各自监视敌人，一旦敌人靠岸，就给以迎头痛击。各分队凭险要地形，与三面进攻之敌展开了运动战、地雷战、肉搏战，击退敌人多次冲击，打死敌人 10 余人。黄昏后，日伪军不敢夜战，停止进攻。中共益临工委敌工部长高奋根据敌情，命令县大队夜袭敌营。县大队立即组织了一个 50 余人的战斗队，悄悄地穿插进敌营，乘其不备，猛烈袭击，使敌措手不及，激战一个小时，只得夺路逃下卸石山，滚回了仁河流域。县大队终于取得了这场气壮山河的孙家岭保卫战的胜利。

孙家岭坐落在卸石山上，卸石山是位于淄河上游的一个险要山峰，由吉吉顶、寨顶、轿顶、影像山、迎门山、三瞪眼、洼峪坡、将军帽、三角山、中军寨等 30 多座山头组成，方圆近百平方公里。岩势奇崛，群峰如海，山深林密，天蓝气清。因处齐鲁腹地，淄河水从它的西边流过。从源泉通往辛店的大道也经过它的旁侧。它卡住了南北交通孔道，是从沂蒙山区北往清河区的必经之处。又为出山东半岛之门户，连接胶东、清河、鲁中等三大抗日根据地的枢纽。在抗日战争期间，为敌我必争之地。谁占领了卸石山，谁就取得这方军事上的主动权。我们占领了卸石山就可以沟通鲁中区、渤海区和胶东区的交通联络，并可以作为巩固我抗日根据地的屏障、开展敌占区工作的基地。

1941 年 7 月，隶属中共鲁中区党委，辖益都、临朐、淄川、博山、昌乐、安丘、潍县等县党组织的中共益临工委在孙家岭建立。益临工委成立后，为了巩固新生的人民政权，保卫胜利果实，新成立的中共益临工委加强了地方公安、武装队伍建设，成立县大队，逐渐发展到 100 多队员。工委工作人员不失时机地开展了宣传发动群众的工作，他们严格执行《三大纪律、八项注意》，与群众打成一片，访贫问苦，为群众治病送药，帮助群众挑水、劈柴、耕地，坚持“三不走”，即：水不满缸不走，借东西未还不走，驻地未打扫干净不走。还将缴获日伪军士兵抢走的东西归还原主，乡亲们有口皆碑。工委宣传部和敌工部则立即组织人员组成宣传队。宣传队的主要活动是唱抗进步歌曲、演戏、写标语，活跃部队的文化生活，开展防区附近的群众宣传工作。宣传队还办了油印小报《卸石山下》，登载新闻、通讯及诗歌、快板等文艺作品和学习新文化的辅导材料，对辖区县党组织、部队、地方武装和群众的教育起到很大作用。使区、乡、保抗日政权及青、工、妇、农代会、儿童团、治安小组、联防队、民兵等组织像雨后春笋般地建立起来，人民群众齐声赞颂抗日武装好，共产党英明，毛主席是人民的大救星。中共益临工委一成立，就成了敌人集中进攻的目标。

日军在卸石山的惨败并没有迫使其放弃消灭或挤走中共益临工委的企图。5 月 30 日黎明，卸石山上乌云密布，雾气笼罩，哨兵从朦胧中观察到山上有敌人向山上边移动，立即发出暗号，县大队当机立断，再次布置伏击战。果不其然，还真是新四师和朱崖据点的日伪军又联合向孙家岭——中共益临工委驻地进袭，他们毕竟吃过一次亏，一路加强了搜索警戒，遇有可疑处便发炮轰击。到了孙家岭村附近，他们更加小心翼翼，朝村里村外进行了反复的炮击。县大队指战员们隐蔽在灌木、草丛和石洞里，沉着镇定，不发一枪。但是，队员们都子弹上膛、手榴弹在握，严阵以待。凭借险要地形，紧紧盯着匍匐前行的敌人，摩拳擦掌地发誓：鬼子胆敢爬上来，就坚决把他们消灭在崖头阵地前面。待敌人往崖头阵地上爬，爬到一半时，日伪军进入伏击区，队员们的满腔怒火爆发了，各种武器一起发射，一梭梭仇恨的子弹喷射而出，刹那间，敌人乱作一团，像热锅上的蚂蚁，叽里呱啦，到处乱窜。区中队闻讯后，乘机从敌后发起攻击，与日伪军进行白刃格斗，遭到前后夹击的日伪军，惊恐万状，不敢再战，夺路逃遁。队员们即用机枪进行猛烈扫射，使日伪军伤亡惨重，帐篷、油桶、武器丢了一地。这次战斗，县大队又毙伤日伪军 10 余人，缴获了一批武器弹药，而我军则无一人伤亡，我抗日武装县大队再次获得胜利。

此战，益都县大队孙家岭保卫战在一个月零三天内，在同一地点两次设伏均获胜利，一次又一次地粉碎了日伪的“扫荡”和国民党反动派的进攻，彻底粉碎了日伪军和国民党反动派的长途奔袭中共益临工委计划。两次大捷，打掉了日伪军的威风，有力地鼓舞了整个青州地区人民反抗日本侵略者的勇气。此后，青州地区的爱国青年和志士，踊跃参军、拥军……

5. 吉吉顶战斗

吉吉顶（髻髻顶）是卸石山风景区的最高峰，海拔 786 米，面积 1.5 平方公里。远望像高高耸立的“发髻”直插云霄，又称“髻髻寨”。位于青州城西南 35 公里处，与灵泽湖（原名仁河水库）紧相连属。卸石山由吉吉顶（髻髻顶）、寨顶、轿顶、影像山、迎门山、三瞪眼、洼峪坡、将军帽、三角山、中军寨等 30 多座山头组成，方圆近百平方公里。岩势奇崛，群峰如海，山深林密，天蓝气清。因处齐鲁腹地，又为出山东半岛之门户，连接胶东、清河、鲁中等三大抗日根据地的枢纽，而为古今军事必争之地。明朝永乐十八年(1420年），唐赛儿曾以此作为大本营，扯旗聚义，攻城除贪，震惊当朝，并留下诸多历史遗迹与优美传说，后人遂称“唐赛儿寨”。唐赛儿寨寨顶有清朝同治二年残碑记载“唐三寨由名已久矣，自大明永乐十八年，蒲台民林三之妻唐赛儿者，创修此寨，而山因此名焉”。寨上有“跑马场、跑马夼、点将台、金銮殿、蓄水池、米臼、旗杆窝儿”。

吉吉顶不是什么名山大川，只是一个面积不到1平方公里的小山头。但是紧靠吉吉顶（髻髻顶）的一个小村庄——孙家岭，却是抗战时期隶属中共鲁中区党委，辖益都、临朐、淄川、博山、昌乐、安丘、潍县等县党组织的中共益临工委建立的地方，也是青州西南山区抗日根据地抗日武装——益都县大队驻扎过的地方。抗战时期，我抗日武装——益都县大队和日伪顽国民党顽固派新四师吴化文部曾在这个小山头上你来我往，互相攻击。每次规模虽都不大，却也打得难解难分，荡气回肠。

1940年8月，由于临朐形势极端恶化，立足不住，临朐县大队在教导员高奋、大队长赵继武的带领下，分两路开赴青州西南山区仰天、杨集一带，与益都县大队合并，冯毅之任大队长，赵继武任副大队长，高奋代理临朐县委书记兼益都县大队教导员。

1941年2月，鲁中军区二团副团长王凤麟带领四支队三营从张博支路西插到上张附近，27日拂晓发起对反共顽固派吴化文部新四师团部及驻团部一个营的攻击，益都县大队在外围佯攻麻痹敌人，战斗进行得十分顺利，八九点钟就胜利结束，敌人大都被俘。我10名同志牺牲。

7月，隶属中共鲁中区党委，辖益都、临朐、淄川、博山、昌乐、安丘、潍县等县党组织的中共益临工委在孙家岭建立。益都县大队随迁附近的吉吉顶。孙家岭北邻的李家峪是益都县委经常活动的村庄，群众基础好。8月，反共顽固派吴化文部新四师进驻该村以后，无恶不作，村民李元江恳求县大队消灭住在他家的机枪班。一天，益都县大队组织了15人的突击队，由李元江带领采取速战速决的战术，全歼新四师机枪班，缴获机枪1挺，步枪11支和子弹1批。

1942年，抗日战争进入最艰难的时刻，侵华日军推行第四、五次“治安强化运动”，国民党顽固派新四师吴化文已暗中投降日军，对我青州西南山区抗日根据地实行封锁、包围。4月，国民党新四师300余人，马鹿据点的伪军80余人以及朱崖据点的伪军五六十人，分三路包围我县大队驻地——紧靠吉吉顶的孙家岭。县大队凭险要地形，从容射击，打死敌人10余人，我县大队无一伤亡。夜里，县大队组织了一个50余人的战斗队，主动袭击敌人的营部所在地，激战一小时，将敌人赶回了仁河流域。

5月30日，新四师和朱崖据点的日伪军又联合向吉吉顶进攻我县大队，县大队毙伤敌10余人。

6月4日拂晓，新四师在西南面，朱崖据点的日伪军在北面，联合进攻封山顶。益都县大队以少数兵力对付新四师，集中力量打击朱崖据点的日伪军，我一个机枪组占据封山顶右翼的一个险要山峰，凭借有利地形向敌人射击，战斗两个小时，毙伤敌10余人，并击毙日军小队长金水，缴获战马1匹。

6月29日，日伪军千余人，以日军为主分三路合击吉吉顶，敌人采用分兵合击战术，硬拔山头，县大队130人，则分兵把守险要地点顽强抵抗，击退敌人的多次进攻。一直战斗到第二天中午，县大队弹尽粮绝，就连能搬动的石头也用完了，难以坚守阵地，主动撤退，吉吉顶山头失守。这次战斗毙伤敌30余人，县大队伤亡14人。同时，国民党顽固派新四师吴化文部乘机进犯，侵占我抗日根据地，李家峪、上张、下张等村周围13个村庄被“蚕食”。我抗日根据地日益缩小，区与县、区与区之间都互相联系不上，各自独立作战，遇到了许多困难。

1943年1月，国民党新四师师长吴化文率部公开投敌。吴投敌后，编为伪“和平建国军第三方面军”，更加直接地配合日寇与人民为敌。他曾在临朐、益都一带制造了纵横30公里的无人区，使大批难胞颠沛流离，逃亡他乡。

面对吴化文部一而再再而三的军事行动，为打击罪恶累累的吴化文部，我鲁中区部队于8月、12月和1944年3月前后发起三次讨吴战役，直至将该部彻底摧垮。在这三次讨吴战役中，地方党政军民都做了积极配合和支援。随着讨吴战役的胜利，益临边区形势好转，吉吉顶又回到了青州人民的怀抱。

吉吉顶战斗告诉我们：抗日战争的残酷和胜利的来之不易，我们要勿忘历史，珍惜现在的幸福生活。

6. 发生在青州地区抗战中八路军战斗中集体跳崖的事迹

在青州西南山区层峦叠嶂之中，有个百多户人家的小山村，这就是“抗日堡垒”——青州市庙子镇长秋村。在艰苦的抗日战争时期，它屹立于硝烟烽火之中，打不垮，摧不烂，浴血奋战八年，是青州西南山区抗日根据地的旗帜。同时，它也哺育出了一批抗战英雄，冯旭臣父子就是其中的佼佼者。

冯旭臣，青州市庙子镇长秋村人。在贫困的山区，他家还算殷实富足，有青砖小瓦的四合门院，衣食无忧的田园收入，三子一女的美满家庭。但冯旭臣具有强烈的爱国思想和忧民意识，在任长秋乡乡长期间，就多次捐资助学，扶困济贫，在村民中享有崇高威望。更为难能可贵的是，他支持在外求学的儿子冯毅之追求真理，走上革命道路。

冯毅之，冯旭臣的次子，早在1930年就参加革命，久经斗争考验。1937年抗战爆发，当时担任中共益都县委宣传部长的冯毅之，受命回老家西南山区建立抗日根据地。冯旭臣坚决支持儿子的革命行动，帮助儿子在山村发展党员，建立党的组织，动员其他的子女加入革命队伍。紧接着又发动群众武装抗日，很快组织起20多名进步青年，组建“抗日自卫团”，公开打出抗日救国的旗帜。

青州西南山区抗日根据地建立后，冯旭臣当选为益都县抗日民主政府参议长。长子冯登奎，任八路军修械所所长。次子冯毅之，时任益（都）临（朐）淄（川）博（山）四县联合办事处主任，在淄河流域坚持抗日游击战争。三子冯登恺也随军战斗。女儿冯文秀加入共产党，任长秋村、蓼河区妇救会会长。二儿媳孙玉兰，也是中共党员。冯旭臣一家，可谓名副其实的革命家庭。

当时，冯毅之经常带领八路军地方部队在淄河一带转战，同敌人开展游击战。长秋村多次遭日伪军和国民党顽军的洗劫，冯家被焚掠一空，被迫日居山沟，夜宿林莽，备受艰辛。

1942年10月，日伪军开始残酷的“铁壁合围”大扫荡。冯旭臣带二儿媳孙玉兰，女儿冯文秀，孙女新年、芦桥、平洋等一家6口，转移到博山县口头镇东马鞍山上。当时一同上山的还有八路军的一个班和28名伤病员，以及部分抗战家属。冯旭臣上山后管理伙食，冯文秀任文化教员，孙玉兰护理伤病员。冯旭臣一家与战友们同舟共济，相互勉励，共同承受着敌人“扫荡”带来的巨大困难。

11月9日，日伪军得到情报后，2000多人突然包围了马鞍山。两架敌机轮番轰炸，10多门迫击炮、几十挺机枪齐射。我军指战员、伤病员奋起抵抗。这就是当年闻名遐迩的气壮山河的马鞍山战斗。

马鞍山，它耸立入云，两峰相连，形似马鞍，周围陡壁千仞，十分巍峨险峻。山上的武装只有一个班，指挥员是负伤在山上休养的山东纵队一旅二团副团长王凤麟同志。面对敌人重兵包围，大炮轰击，飞机滥炸。山上的30多名战士、伤病员和家属凭据险要，在党的号召下，誓死不做俘虏，视死如归，英勇抗击，击退了敌人一次又一次进攻，子弹、手榴弹用光了就用石头砸，最后连能搬动的石头也用完了，经过两天一夜激战，歼敌100余人。面对蚂蚁般往山上涌来的敌人，守山指战员、伤病员和家属摔断枪支，从容走向悬崖纵身跳下，除两人（一名提前下山执行任务，一名跳崖时被树枝挂住）幸存外，其余全部壮烈牺牲，其中有副团长王凤麟、鲁中区党委组织科长李成仕、鲁中行署处长谭克平、益临工委的公安局股长董恒德和李绪臣等，益都县参议长冯旭臣、冯毅之的妻子孙玉兰、妹妹冯文秀及三个未成年的孩子。

为了表彰冯旭臣一家抗日爱国的高尚风格，1946年5月，鲁中行署参议会赠送冯旭臣后人“一门忠烈”横匾。

“有的人活着，他已经死了；有的人死了，他还活着。”这是我们在参观红色革命教育基地时最深的感受。冯毅之的父亲冯旭臣、妻子和三个孩子、冯文秀、刘厥兰、赵俊美、谢长水等一个个革命先烈的光辉形象时刻浮现在每一位共产党员眼前，他们钢铁一般的意志、不屈不挠、大义凛然、置生死于度外的精神和对共产主义的坚定信念时刻教育着、激励着我们。我们认为：在改革开放的中国，不仅需要大力弘扬以改革创新为核心的时代精神，更加需要大力弘扬以爱国主义为核心的民族精神；加强革命传统教育，时刻牢记五星红旗的红色是无数革命先烈用鲜血染成，中华人民共和国的一切是无数革命先烈用生命铸就而成的；要继承和学习革命先烈崇高的思想境界，坚定的理想信念，伟大的人格力量，浩然的革命正气；要倍加珍惜来之不易的和平环境和幸福生活，在学习和工作中要大力弘扬“爱国、团结、奉献、奋斗”的长秋精神，扎实工作，锐意进取，勇于创新，为实现中华民族伟大复兴中国梦的伟大理想做出应有的贡献。

第三编 青州市红色旅游指南

◎樊光湘

中共华东中央局、华东军区旧址

中共华东中央局、华东军区旧址位于青州市弥河镇闵家村（北纬36°60′52.86″，东经118°56′68.85″）。

1948年3月，青州城最终解放，中共华东中央局、华东军区机关进驻益都县城南闵家庄（现青州市弥河镇闵家村），当时，新成立的青州市和益都县都直接归属华东局领导。闵家庄离城15公里，东濒碧水荡漾的弥河，西望连绵不断的山岭，有几百户人家，街道整洁，绿树成荫，瓦房连片，楼房数座，四周还有三合土的围墙。这个村庄在当地小有名气，村中闵姓是古代圣贤闵子骞的后裔。机关分西楼和北楼，西楼为主要领导办公指挥所，北楼为下属办公的地方。华东局在青州设立过若干工作机构。华东局财贸委员会驻城南涝洼村，曾山同志任主任。华东局财办所属邮政管理局驻青州城里，下设邮电学校。在大官营村建立华东保育院，集中教育培养烈士遗孤和领导干部的子女，曾山同志的夫人邓六金任协理员。成立华东交通局青州办事处，所属交通学校在城北裴桥村。以华东野战军随军卷烟社为基础，成立利华烟草公司，后留在青州，改称青州卷烟厂。陈毅元帅、粟裕、张云逸、许世友、曾山等高级将领在这里指挥了莱芜、济南、淮海三大著名战役。济南战役前，华东局多次在闵家庄召开干部会议；济南解放后，陈毅在这里召开庆功大会。11月初，在此成立淮海战役作战指挥部，发动群众，组织支前。1949年3月，华东局与华东军区从青州南下，迁往上海。南下前夕，重新成立中共山东分局，隶属华东局领导。8月，留守机关相继迁离。

旧址的绝大多数建筑物，包括楼房和平房，大多数在20世纪七八十年代就被拆除了。1999年，村里修路时将仅存的西北角的北楼、大门北侧的楼房全部拆除了。拆除的小楼是青砖白灰的。旧址现已成为校园。

该旧址保护利用级别未定。

地　　址：青州市弥河镇闵家村

联系电话：0536—3800786

开放时间：免费全天开放

资料图片：华东局指挥部旧址

华东局、华东军区旧址（已成校园）

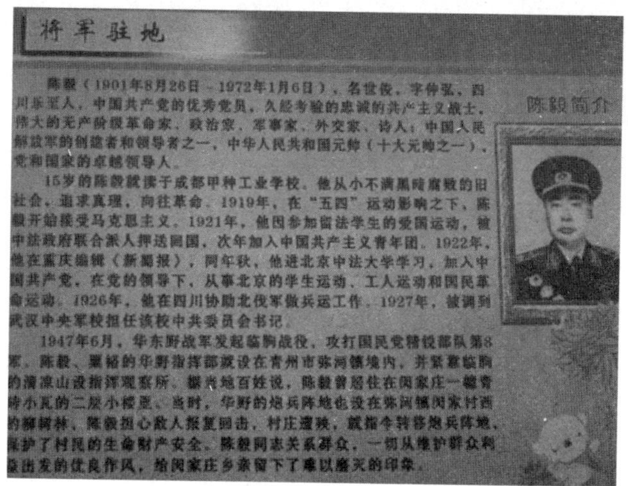

华东局、华东军区旧址内展览图片

华东局、华东军区旧址原基石

华东保育院旧址

华东保育院旧址位于青州市弥河镇大官营村（北纬 36°38′27.16″，东经 118°33′20.88″）。

1948 年春，解放战争期间，中共中央华东局、华东军区领导机关进驻益都县（现青州市）闵家庄。为安置保护随军干部子女和烈士遗孤，华东局于 4 月，在大官营村（现青州市弥河镇大官营村）一处被没收的地主的老宅子里，创办华东保育院，由李静一任院长，邓六金（国务院原内务部部长曾山同志的夫人）为政治协理员。华东保育院 4 月份开始筹备，6 月份接收孩子。

1949 年 3 月，华东局暨华东军区挥师南下，大官营村附近的驻军少了。为安全起见，保育院搬到了益都城里的天主教堂。1949 年 5 月 27 日，上海解放。6 月，保育院接到南迁命令。李静一、邓六金率保育院孩子 85 人（部分孩子随家长留在山东），踏上南下的火车。据史料统计，从 1948 年 6 月开办到 1949 年 6 月南迁，华东保育院共接收 1 至 10 岁的小孩 137 人。近几年，曾庆红、陈昊苏、毛巧、舒关关、罗新安等领导同志曾先后重游青州故里，查询保育院旧址，重访曾经工作、学习和生活过的地方。

1994 年在大官营村保育院旧址建纪念室一处，陈列历史图片等。大官营村西侧建设大官营华保希望小学。2015 年 5 月，上海市市立幼儿园与青州市大官营华保幼儿园签订了《合作共建协议书》，将对幼儿园进行共建。

2000 年 10 月被青州市委、青州市政府列为青州市爱国主义教育基地，开放参观。华东保育院旧址对中小学开展爱国主义教育、大力弘扬以爱国主义为中心的民族精神，进一步加强中小学生思想道德建设具有重要意义。

地　　址：青州市弥河镇大官营村

联系电话：0536—3800786

开放时间：免费全天开放

华东保育院旧址石碑

华东保育院石碑碑文

华东保育院纪念室

益都县委旧址

益都县委县政府旧址位于青州市王坟镇胡林谷村（北纬 36°50′24.84″，东经 118°29′47.35″）。

1939—1946 年，益都县委县政府迁到此处。1939 年 10 月，山东分局第一区党委（大鲁南区党委）二地委（鲁沂地委）决定撤销益南工委，建立中共益都县委。陈锡德任县委书记兼组织部长，陈叔俊任宣传部长，冯毅之为县委委员兼新一营营长。至此，原益都县铁路南各区，又统一于益都县委领导之下。县委机关由敌占区转移到青州市西南山区和淄河流域，开始了创建抗日根据地的工作。原益南工委所辖的临朐县部分村庄党的工作交给临朐县委领导。益都县委建立后，陈叔俊到西南山区同冯毅之一起在上庄开会，建立了二、三、五区联合区公所，邱乐亭任区长，陈叔俊兼任指导员。同时，建立二、三、五区联合区中队，邱乐亭兼任区中队队长，徐继善任副队长，董子宜任指导员。

1945 年 8 月，益都县委随攻城部队进城。之后，由该村孟姓村民居住，后因户主外出定居，多年失修，破损严重，院墙残缺不全，大门坍塌，屋内遗留的办公用具已不存在。

该旧址现在保护修复完好，已被列为青州市重点保护文物。

地　　址：青州市王坟镇胡林古村

联系电话：0536—3731011

开放时间：免费全天开放

益都县委旧址

益都县委旧址胡林古村落

益都县委旧址胡林古村主题公园

益寿县政府旧址

益寿县政府旧址位于青州市高柳镇崔家庄村（北纬 36°83′82.68″，东经118°50′78.13″）。

1946—1947 年，益寿县独立营驻崔洪书家。

1948—1950 年，益寿县政府驻崔洪才家。（注：崔洪才，原国民党济南监狱狱长，土改时被划为地主，房屋充公为崔家庄集体所有，后称为公院。）时任县长赵治安，副县长刘玉符。县长秘书科于尧文、赵子美二人住李子英家。县公安局驻崔九柱家，崔九柱家台屋与崔景汤家北屋是看守所。粮食局驻崔洪文家，局长周英三住崔登光家。银行办事处驻崔天赐与崔天锡家，副主任宗习住崔天文家南屋。财政科、税务股分别驻崔洪年家东屋与北屋，科长魏淑迎，股长魏少平。文教科驻崔广仁家，科长单捷三住崔登福家。司法科、民政科、实业科分别驻崔洪起家北屋、东屋、西屋。邮局（时称电话站，又名电话班）驻崔登绪家。司务处驻崔洪书家，处长刘志梦。机关伙房驻崔洪宾家。

该旧址保护利用级别未定。

地　　址：青州市高柳镇崔家庄村

联系电话：0536—3861011

开放时间：免费全天开放

益寿县政府旧址 1

益寿县政府旧址 2

益寿县政府旧址 3

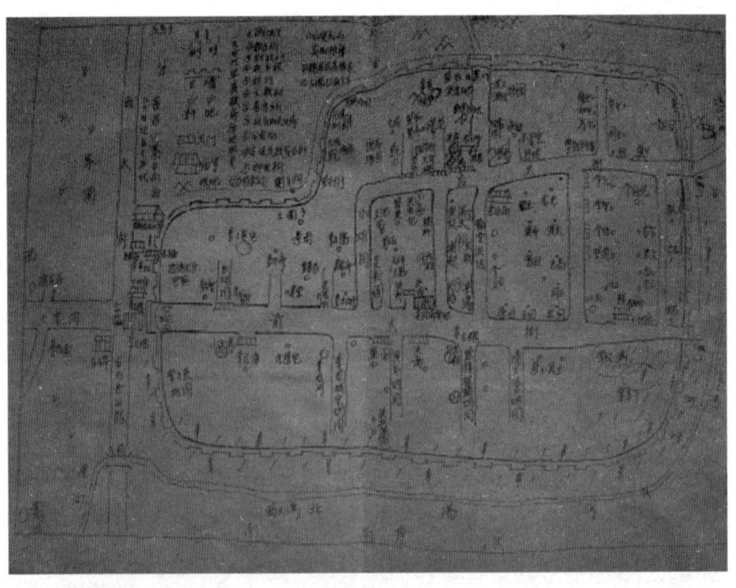

益寿县政府旧址（崔家庄）20 世纪 40 年代平面图

中共东圣水村党支部旧址
（魏嵋故居）

中共东圣水村党支部旧址（魏嵋故居）位于青州市云门山街道东圣水村（东经 118°52′54.91″，北纬 36°69′51.62″）。魏嵋，字蜀峰，生于清咸丰二年。“兴中会”“同盟会”成员，曾率子女参加辛亥革命，任淮泗讨虏军副参事。魏家的成员中有的是早期的共产党员，有些先后参加了革命，参加了共产党，是个革命家庭。魏嵋于民国十八年（1929 年）8 月 13 日病故，1949 年后被定为著名烈士。

中共东圣水村党支部旧址（魏嵋故居）属于青州市重要历史事件和重要机构旧址，故居建于 1850 年，是共产党早期地下革命者活动的秘密场所和疏散地，曾多次在此召开重要会议。

1925 年 1 月，中共青州支部建立后，在东益火柴公司和城东东圣水一带农村发展了一批党员。把愿意起来革命的东圣水村教员魏复中（魏嵋次子）发展入党，魏复中入党后，在东圣水村向热爱祖国、渴求进步的青年宣传反帝反封建的革命道理，宣传马克思、列宁主义。很快就在学校和东圣水村培养了一批积极分子，使东圣水村很快就成为当时青州党组织乃至山东党组织政治活动的中心，为青州党组织在农村的发展壮大创造了条件。

1925 年 10 月，中共山东地方执行委员会在东圣水村召开扩大会议。参加人员有邓恩铭、刘俊才、廷伯真、丁君羊、王用章、孙秀峰、朱秀蓉（女）等。

1926 年 10 月，宋伯行根据中共山东区执委指示，到益都县城东东圣水村，代表区执委领导益都、寿光、临淄、广饶、临朐、昌乐六县的党、团组织。经过努力工作，整顿健全了青州、寿光、临淄、广饶等地党、团组织，并利用各种关系，通过多种渠道，选派党、团员到临朐、昌乐等地开展工作，发展党、团员，建立党、团组织。同时，建立起益都城关、涝洼、东圣水三个村党支部。魏复中任东圣水村党支部书记。是月，中共山东地执委在青州东圣水村召开扩大会议，组织学习党的重要议决案，总结五卅运动以来的经验教训，研究部署党、团组织的发展等问题。

1927 年 4 月，中共青州地方执行委员会在东圣水村正式建立，隶属中共山东区执行委员会，下辖益都、寿光、临朐、昌乐以及临淄和广饶六县的党组织。宋伯行任书记，杜华梓任组织部长，田裕炀任宣传部长，商勤学任总务兼交通员。中共青州地执委的成立，对于所属各县党组织的发展，起到了积极的促进作用。

中共东圣水村党支部旧址（魏嵋故居）现为潍坊市文物保护单位。

地　　址：青州市云门山街道东圣水村

联系电话：0536—3819101

开放时间：免费全天开放

中共东圣水村党支部旧址（魏嵋故居）外景

中共东圣水村党支部旧址（魏嵋故居）保护碑

中共东圣水村党支部旧址（魏嵋故居）魏嵋遗像

中共东圣水村党支部旧址（魏嵋故居）院内

省立四师旧址

省立四师旧址位于青州市东门大街53号（北纬36°68′59.74″，东经118°48′74.03″），故址为明朝青州布政使司公署。万历四十一年（1613年），按察改为“云门书院”。清雍正年间改为学使按临处所，专用为考场，名“曹州府青州试院”。清末废科举，光绪三十一年（1905年），建立“青州府师范学堂”。民国三年（1914年），改建为“山东省立第四师范学校”，与设在济南、曲阜、聊城的省立一师、二师和三师并称为当时全省的四大师范学校。

1919年，五四爱国运动席卷全国。5月9日，省立四师和附近的乡村小学学生数千人，集会于法庆寺。会上，各校代表登台讲演，发宣言，发通电，声援北京爱国学生运动，并成立了“青州学生救国联合会”。6月，益都县学联组织宣传队，赴邹平、长山、桓台、临淄、博山、潍县、博兴、寿光、广饶、临朐、昌乐、昌邑等县，进行宣传演说，协助当地学生抵制日货。五四运动极大地提高了益都青年学生及广大人民群众的觉悟，也扩大了“四师”的影响。四师学生对进步的追求和对理想的憧憬，成为昌潍大地上青年学子的楷模和旗手。

省立四师是中国共产党在青州开展活动最早的单位之一，1930年即建立了地下党组织。她为国家增加了许多中高级干部，为中华人民共和国的诞生和建设做出了重大贡献。其间，著名诗人臧克家曾执教于此，爱国将领冯玉祥曾到校为师生演讲，并为校刊《教育动向》题字。四师到“七七”事变停办。1952年春，于此开办“山东省第二工农速成中学”，学生多为干部、产业工人与革命军人，一大批优秀的无产阶级革命家曾就读于此。该校1954年春迁至省府济南。1954年，山东省青州第二中学迁于此地。2006年8月，二中搬迁，现此地为民办青州市云门双语学校。

1990年8月，省立四师被列为青州市级重点文物保护单位。

地　　址：青州市东门大街

联系电话：0536—3231079

开放时间：免费全天开放

省立四师旧址石碑

省立四师旧址全貌

省立四师旧址角楼

青州市烈士陵园

青州市烈士陵园位于青州市王府街道角楼村（北纬 36°24′，东经 118°46′）。始建于 1956 年，1993 年迁建现址，并列为全额拨款的副科级事业单位，编制 10 人，现有工作人员 10 人。青州市烈士陵园位于风景秀丽的云门山风景区，园内绿树成荫，花团锦簇，是缅怀先烈，教育后人，休闲健身的极佳场所。

1993 年，青州市烈士陵园迁建到云门山风景区，占地 40 亩，一期工程投资 250 万元，于 1995 年 4 月建成并投入使用，包括烈士纪念堂、烈士墓区、办公室、接待室等。安葬有名烈士 88 名（其中：本地 34 名，外地 54 名）和无名烈士 383 名。

烈士纪念堂内《烈士英名录》记载青州籍革命烈士共 1705 名。其中：著名革命烈士 68 名，英模功臣革命烈士 94 名。以革命烈士参加革命的时间分：第一次国内革命战争时期 13 名；第二次国内革命战争时期 78 名；抗日战争时期 898 名；第三次国内革命战争时期 617 名；中华人民共和国成立以后 99 名。以革命烈士牺牲的时间分：第一次国内革命战争时期 5 名；第二次国内革命战争时期 23 名；抗日战争时期 557 名；第三次国内革命战争时期 795 名；中华人民共和国成立初期 39 名；抗美援朝时期 197 名（其中在国内牺牲的 43 名）；社会主义建设时期 89 名。以革命烈士牺牲时的职务分：省军级 3 名；地师级 3 名；县团级 38 名；区营级 100 名；连级 127 名；排级 112 名；班级 233 名；战士 831 名；地方干部 130 名；村干部 62 名；民兵、民工 58 名；其他 8 名。

2001 年以来，先后投资 130 万元修建了陵园及公墓的铁质栅栏围墙、1 万平方米的两个大型水泥广场及步行台阶，投资 35 万元维修了烈士纪念堂，投资 12 万元修建硬化了进出园区的道路。同时加大了陵园的美化绿化工作，美化绿化了园区园貌。

1995 年 2 月被青州市委、青州市政府列为“青州市青少年爱国主义教育基地”，2001年6月29日被山东省政府列为“山东省重点烈士纪念建筑物保护单位”，2004年12月被共青团潍坊市委列为“潍坊市青少年教育基地”。

地　　址：青州市王府街道角楼村

联系电话：0536—3276793

开放时间：免费全天开放

青州市烈士陵园

青州革命烈士陵园石碑

青州市烈士陵园室内展览

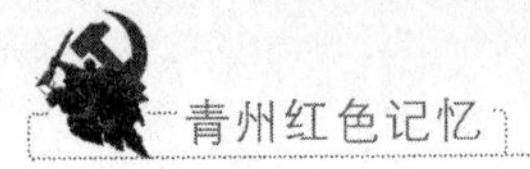

段村烈士祠

段村烈士祠位于青州市高柳镇北段村（北纬 36°53′，东经 118°30′）。其前身是唐代铁塔寺，占地 3000 平方米。烈士祠始建于 1945 年秋，为缅怀益（都）寿（光）临（淄）广（饶）“四边”地区在抗日战争中英勇牺牲的革命先烈，由当时的益寿县人民政府筹资在段村的一寺院（唐代铁塔寺）旧址上修建烈士祠，翌年秋落成。1947 年烈士祠惨遭国民党反动派破坏，1952 年益都县政府出资重建，1967 年，阳河人民公社进驻，占用厅堂办公，1977 年迁出。1984 年，益都县民政局拨 2.1 万元专款维修。1987 年，原朱良镇政府进行改造修复。2009 年秋，高柳镇党委政府多方筹措资金 100 余万元，对段村烈士祠进行全方位大规模重修、扩建。段村烈士祠是潍坊市境内最早、山东省境内最大的烈士祠，被评为潍坊市“重点文物保护单位”、山东省“重点文物保护单位”。

修缮后的烈士祠保留了民族建筑的古体风貌，为典型的四合院式建筑。该院南北 26.7 米，东西 18.7 米，由大厅、耳房、厢房、大门、照壁和耳门组成，共 22 间。正门坐北朝南，为砖砌复拱式隆顶覆瓦过道门楼。门前五级台阶，匾额题书“浩然正气”四字。门联为“千古壮烈，万载光荣”，为刘春圃所书。院内有正堂三间，东西耳房两间，东西厢房各四间，占地 1.5 亩。正厅为重梁重檀、硬山式砖瓦建筑，面阔三间，12 米。厅内高悬三块大匾，分别题“英名千古”“忠勇壮烈”“浩气长存”。 厅内祭奠抗日战争、解放战争中牺牲的 648 位烈士英灵（包括省级著名烈士 2 名和“一门九烈”“一门三烈”等英雄群体）。陈列着烈士们的生平简介、英烈遗照及枪支、徽章旗帜、文件书信等重要物品。

烈士祠分为四个展区。一展区为中共党史和青州北部党组织发展史；二展区是主要展示 648 位烈士的简要生平及烈士用过的战斗遗物；三展区是“一门九烈”和“一门三烈”的英雄事迹及烈士遗物；四展区主要介绍抗日和解放战争时期的典型人物和事迹。

每逢清明节、“七一”、“八一”、“十一”等重大节日，各级党组织和社会各界群众纷至沓来，怀着崇敬的心情瞻仰、祭拜烈士英灵。段村烈士祠已成为青州乃至全省境内广大干部群众缅怀革命先烈、进行革命传统教育和党史教育的重要基地。

2000 年 4 月，段村烈士祠被潍坊市政府列为潍坊市重点文物保护单位，2009 年 12 月被潍坊市委宣传部列为潍坊市爱国主义教育基地，2010 年 1 月被青州市委组织部列为“青州市党员教育基地”，2015 年 7 月被山东省政府列为省级文物保护单位，2015 年 12 月被中共山东省委党史研究室命名为第二批山东省党史教育基地。

地　　址：青州市高柳镇北段村

联系电话：0536—3861011

开放时间：免费全天开放

段村烈士祠

段村烈士祠室内展

段村烈士祠院内

庙子镇烈士祠

庙子镇革命烈士祠堂（东经 118°22′38.31″，北纬 36°63′74.07″），始建于 1975 年，位于庙子镇黄鹿井村比家林地。原朱崖公社，为了牢记烈士丰功伟绩，教育后人幸福生活来之不易。在荒坡野岭上，动用人力 80 余人，用镢刨、锨铲、肩挑人抬，整整用了一年时间砌石堰 480 平方米，回填土石方 5200 立方米，整出 2000 平方米的平地，建砖瓦房 5 间，建筑面积 160 平方米。陈列了庙子镇 41 名革命烈士战斗事迹。

为适应新形势的要求，促进烈士褒扬工作与时俱进，1999 年，庙子镇党委、政府对烈士陵园进行了改造和保护。现在烈士祠有烈士纪念碑，烈士事迹陈列馆等多种纪念性建筑。馆内悬挂了烈士战斗事迹及图画，有在威震淄河流域的“马鞍山守卫战”中，27 名勇士壮烈殉国的英勇场景；在“泡泉寨之战”的 3 名烈士，与敌同归于尽的壮烈情景；在“八二三”惨案中，我 11 名烈士在敌强我弱的情况下，坚贞不屈，以少胜多，最后壮烈牺牲的图画。这都反映了解放战争时期和社会主义建设期间共产党人前仆后继、顽强奋斗的光辉形象，庙子镇儿女不屈不挠的革命斗争历史。陵园内松柏苍翠，种植有象征革命烈士万古长青的松树 100 余棵，美化园林的草坪绿地 1500 平方米。整个陵园规划合理，设施完善，环境幽雅，庄严肃穆，是庙子镇开展爱国主义教育和革命传统教育的基地。

现为青州市文物保护单位，青州市爱国主义教育基地。

地　　址：青州市庙子镇黄鹿井村

联系电话：0536—3781011

开放时间：免费全天开放

庙子镇烈士祠

庙子镇烈士祠室内展览前言

庙子镇烈士祠室内展览图片

冯旭臣墓、一门忠烈纪念馆及长秋村抗日烈士纪念碑

冯旭臣墓、一门忠烈纪念馆与抗日烈士纪念碑位于青州市庙子镇长秋村（东经118°19′51.80″，北纬36°59′76.42″）。

长秋村，地处青州市西南山区的一个只有300户人家的小村庄。八年抗日战争中，这里的群众在共产党的领导下，不屈不挠、坚持斗争，为革命做出了巨大贡献。该村先后参加八路军及我党地方武装的就有119人，有39人牺牲在战场上，还有63人死于日本人的监狱中或被抓去东北做苦工，而被摧残致死。村内房屋被烧18次之多。到1942年，全村已无一间完好的房屋。

冯旭臣，原名冯保初，青州市庙子镇长秋村人，1888年生，思想进步，支持子女举家抗战，1939年11月当选为益都县参议会参议长，1942年11月9日，在马鞍山保卫战中牺牲。同时遇难的还有二儿媳孙玉兰、女儿冯文秀及三个孙女新年、芦桥、平洋。长子冯登奎，1942年8月牺牲。1946年5月，鲁中行署、参议会为表彰冯旭臣先生及子女媳孙殉国，赠给冯家“一门忠烈”的门匾（原件已由冯毅之同志献于淄博市博物馆收藏，为国家一级保护文物。）

冯毅之，冯旭臣次子，生于1908年7月，卒于2002年7月，他生前留下遗嘱，去世后将他家老宅建成为抗日烈士纪念馆，遵照其遗嘱，2002年7月庙子镇长秋村一门忠烈纪念馆在冯毅之老宅落成。该馆主要陈列着冯毅之先生生前所用之物，有字画、诗词、家具等，有关抗日图片多达500多幅，生动展出了马鞍山战役中有关细节，详细介绍了冯毅之先生生平，特别是抗日战争时期的英勇斗争历历在目。该馆现由其侄子冯锡年看管。

1985年9月，为庆祝抗日战争胜利四十周年和纪念长秋村为国捐躯的抗日烈士，通过捐资和当地政府共同投资修建了长秋村抗日烈士纪念碑。纪念在1942年11月9日发生的马鞍山战役中牺牲的27名烈士。纪念碑占地面积260平方米，内围栏为9米×9米，以示久久纪念，底座3米×3米，高1.2米，碑高5.2米。该碑坐落在长秋村东头山坡松林中，坐东朝西，正对马鞍山，经过26道台阶到达碑下。纪念碑及围栏材质皆为山中青石，正面镌刻着由原

山东省委书记高启云题写的“抗日烈士纪念碑”七个镏金大字；西面镌刻着“烈士英名录”，共有27位烈士；北面记载了建碑过程和捐资情况；东面为碑文，记载长秋村抗日事迹。

《马鞍山抗日烈士赞》中写道：“奇男儿守空山，频将敌截断，飞机大炮山可撼，壮士英风不变。审知军械悬殊，浴血运石仍抗战。拚头颅使敌伪惊服，这气节教人敬念，山或崩，石或烂，烈士精神终古焕。”

该处利用保护级别未定。

地　　址：青州市庙子镇长秋村

联系电话：0536—3781011

开放时间：免费全天开放

冯旭臣烈士纪念碑

青州历史文化研究会所立纪念碑

一门忠烈匾

抗日烈士纪念碑远景

抗日烈士纪念碑近景

北城遇难者墓

北城遇难者墓位于青州市益都街道北城居委会东三街居三巷（北纬36°71′23.05″，东经118°47′65.34″）。

埋于此墓的有魏复功等人。魏复功，曾化名马树梓，魏嵋六子，生于1897年，中共早期党员。抗日战争期间，先后在潍县、烟台、滕县等地从事地下活动。解放战争时期，奉命回到家乡——东坝东圣水村，组建联防队，任13个村的联防队队长，给予了人民解放军很大的支援。

1946年，东圣水村被国民党军队占领。一天，魏复功与马树槛、马树杰、卢凤英、魏玉琳等8个联防队的领导，在马树梗的家里召开紧急会议，因遭内奸出卖，被还乡团重重包围。他们措手不及，全部被捕。复功等人被捕以后，表现得异常顽强，受尽了酷刑，但是，始终保守党的机密，最后，敌人拿他们没办法，就把他们杀害了。尔后，将魏复功等人填在了北城的一个枯井之中。

中华人民共和国成立后，为了缅怀革命英烈的丰功伟绩，珍惜今天的幸福生活，于1971年在北城东三街居三巷新立了遇难者墓碑，供后人瞻仰。每年的春节和清明节，社区的两委成员、党员、群众以及当地和周边的中小学校的师生都会自发地来为革命先烈们扫墓，缅怀他们的丰功伟绩，一直延续至今，成了“继承先烈遗志、弘扬革命精神”的教育基地。

该旧址保护利用级别未定。

地　　址：青州市益都街道北城居委会

联系电话：0536—3821011

开放时间：免费全天开放

青州市北城遇难者墓园

青州市北城遇难者之墓

陈店烈士陵园

陈店烈士陵园位于青州市益都街道陈店村村东头（北纬 36°79′55.09″，东经 118°42′60.31″），占地约 2 亩。

1947 年 6 月，国民党重点进攻山东解放区，企图将我军歼灭，我华东野战军奉命解放临朐城，陈店村是我军前方野战医院。当时，陈店村村西头有一片树林，林高树密，便于隐藏，野战医院便设在这里。从临朐战场上抬下来的伤员在这里救治，然后转送黄河北后方医院。由于当时医院医疗条件很差，包扎只能靠红药水等，所以在救治的过程中，先后有 12 名重伤员经抢救无效死亡，他们大都二三十岁，最小的只有 18 岁。医院工作人员和陈店村部分村民，怀着对烈士的敬仰之情，选择了陈店村村东头的这块墓地，将 12 名无名烈士埋葬于此。

1986 年，陈店村两委为了缅怀革命英雄的丰功伟绩，教育后代要加倍珍惜今天的幸福生活，是由无数革命先烈抛头颅洒热血用生命换来的，研究决定对烈士墓进行了整修，在烈士墓周围砌了围墙，墓地里面栽了松树，并立了纪念碑，为人们瞻仰、扫墓创造了条件。每年大年初一、清明节，村两委成员、部分党员、群众，本村小学及周边中小学的师生都来为烈士扫墓，缅怀英烈的丰功伟绩，该烈士陵园成了教育后代的教育基地。

现在，烈士陵园由于受条件的限制，年久失修，房子漏雨，院墙破裂，碑体损坏，需要重新整修烈士陵园，也希望有关部门的领导和有识之士给予大力支持。

陈店烈士陵园保护利用级别未定。

地　　址：青州市益都街道陈店村

联系电话：0536—3821011

开放时间：免费全天开放

青州市陈店烈士纪念碑碑文

青州市陈店烈士墓

青州市陈店烈士墓

任福伍烈士墓

任福伍烈士墓位于青州市益都街道任七里社区公墓(北纬 36°73′62.13″，东经 118°49′08.17″)。

革命烈士任福伍，山东省益都县王母宫乡任七村（现青州市益都街道任七里社区居委会）人，男，1922 年 12 月出生于农民家庭，姊妹 5 人，有两个弟弟，两个妹妹。任福伍娶妻牛氏，生有一个女儿任继莲，其父牺牲时不满 1 周岁，现年 63 岁，生活在青州城里。任福伍 1948 年 4 月参加革命，在山东省渤海纵队七师服役，多次参加山东省国民党敌占区的收复解放战争。1948 年 12 月在解放济南历城的龙山战役中，为了战斗的胜利，时任班长的任福伍带领战士与敌人顽强搏斗，因头部、脚部受伤，光荣牺牲，年仅 26 岁。牺牲后，渤海纵队独立团将其葬于济南历城，1949 年 2 月份，其家属将其从历城迁至任七村，2004 年青州市民政局、任七里社区居委会为任福伍烈士立碑，2010 年 6 月份，因工业原材料城拆迁，任福伍烈士墓迁至尧王山任七公墓。

该处保护利用级别未定。

地址：青州市益都街道任七里社区
联系电话：0536—3821011
开放时间：免费全天开放

青州市任福伍烈士墓碑

陈毅纪念馆

陈毅纪念馆位于青州市九龙峪景区，1947 年 7 月陈毅指挥的临朐战役在此发生，为纪念和缅怀这位开国元勋以及临朐战役，山东九龙峪旅游有限公司在九龙峪景区内建立了陈毅纪念馆，以达到瞻仰革命先烈为人民解放英勇奋斗的顽强革命精神，回首过去，展望未来的目的。

九龙峪地区地处革命老区——沂蒙革命根据地最北端，群山连绵，植被茂密，物产丰饶，民风淳朴。1947 年 7 月下旬发生于九龙峪地区（1948 年前属临朐县）的临朐战役，是陈毅、粟裕、饶漱石等领导的华东人民解放军为粉碎国民党反动派对我山东解放区的重点进攻，打开李弥第八军占据临朐县城造成的鲁中、渤海两大根据地的阻碍，在实施“七月分兵”后发起的一次军史上具有深远影响的惨烈战役，战役历时七天七夜，我华野二、六、七、九、特纵和渤海军区部队同国民党第八军、山东省保安第十一师进行了艰难激烈的战斗，予敌以沉重打击。

战役中，九龙峪地区的党组织和人民群众踊跃支前，用一碗碗饭菜，一篼篼煎饼，一架架抬子（土担架），谱写了一曲“军爱民、民拥军”的鱼水情歌。陈毅元帅饱蘸深情写下的“靠人民，援助莫相忘，他是重生亲父母，我是斗争好儿郎，革命强中强！”的诗句，是他对包括九龙峪地区在内的广大人民常怀感恩的肺腑心声。

陈毅纪念馆即以临朐战役为背景，在挖掘历史遗存、复原村落旧貌的基础上，透过历史烟云，再现那段南征北战、浴血华东的宏阔场景，以使人们不忘过去，珍惜今天，为实现中国梦的伟大理想而不懈努力。

地　　址：青州市九龙峪景区

联系电话：0536—3091889，3091999

开放时间：免费全天开放

陈毅纪念馆远景

陈毅纪念馆近景

陈毅纪念馆前言

陈毅塑像

陈毅元帅生平展室

作战指挥展室

临朐战役事迹展室

红色映像

红色映像室内展览

院内

赤涧支前粮站

赤涧粮站诞生于解放战争的决胜时期，在战火纷飞的1947年，为战争之需，鲁中第三军分区号召全民动员、全力以赴、支援前线，配合人民解放军消灭敌人，赤涧支前粮站由此成立。当时的主要任务是碾米、磨面，同时加工成熟食。在硝烟炮火中，采用马车、小推车的方式将物资送往前线部队，为战争的胜利提供保障。据不完全统计，支前粮站参与人数达千余人，为解放战争做出了巨大贡献。现在的赤涧支前粮站纪念馆真实地反映了当年的支前情景，粮站内大部分物件是当年保存下来的（如木轮推车、木轮马车、风车、风箱、石碾、石磨等），很多是村民自愿捐献出来的，目的就是为了再现当年的支前情况，教育后代不忘昨天、珍惜今天、建设明天。特别是在建设中国特色社会主义的今天，显得尤为重要。粮站纪念馆内结合1947年、1948年的战争背景，通过图文并茂的形式展现了当年部队领导人和后方的情景，特别是1948年的华东保育院，近年来，当年华保学子寻根重游故地的情景更是让人感动，华东保育院为党和国家培育了大量的国家栋梁，曾庆红、曾海生、陈昊苏、刘延东、毛巧、舒关关等都曾是当年华东保育院的学子，现在的上海市立幼儿园前身就是华东保育院。不忘历史，珍惜今天也是赤涧支前粮站的初衷，目的就是对人们进行红色教育，这也是赤涧生态农业发展有限公司的文化之一。

地　　址：青州市弥河镇赤涧村

联系电话：0536—3800788

开放时间：8:30—18：00

支前粮站简介

支前用具陈设

前线缴获战利品展览

展览局部

杨家庄铁路桥旧址

杨家庄大桥位于青州市黄楼街道办事处境内（东经118°62′43.77″，北纬36°69′99.07″），途经马家庄、北霍陵两个行政村，横跨弥河滩，属于胶济铁路的重要一部分。

这座铁路桥1899年由德国人修建，1902年竣工，1904年正式通车。又名胶济铁路弥河大桥，全长296米，铁路桥宽7米，高10.2米。初建时为9孔下承钢桁桥，1932年改为下承钣梁桥，梁体总重777.6吨，1947年曾遭战争破坏。1980年，杨家庄铁路桥东侧不远处又新建一条胶济铁路线，杨家庄铁路桥也随之废弃不用，不再通车。2008年，胶济线电气化铁路建成后，1980年修建的铁路桥再次废弃。

杨家庄铁路桥在1902年至20世纪80年代，一直是胶济铁路的重要桥梁之一，在战争中和社会主义经济建设中发挥了重要作用，杨家庄铁路桥在我国铁路桥建筑史上占有较为重要的地位。

该旧址保护利用级别未定。

地　　址：青州市黄楼街道

联系电话：0536—3831011

开放时间：免费全天开放

铁路桥全景

铁路桥近景

现存旧址

益都火车站德日建筑群旧址

益都火车站德日建筑群（北纬 36°71′32.33″，东经 118°49′20.09″）。

该站建于德国强占山东期间，1898 年 6 月开始筹建，1902 年建成使用。当时为三等车站：建有三股车道，站长办公室 8 间，客运室 8 间，行李房 5 间。1938 年 1 月，日本人控制了胶济铁路，增建圆形水塔一座。1948 年，益都全境解放，站内增设一股铁路，并增加了八条专运线，候车室扩建为 24 间，新建 4 座仓库。1989 年 1 月改称青州市站，并进行了改造和扩建。现仅存东部一座德式建筑：砖石结构，高两层，南北长 18 米，东西长 10.5 米。西部现存水塔一座：圆形，高约 20 米，直径约 3 米。目前，德式建筑尚有一部分处于使用状态，大部分建筑及水塔已废弃不用。

该处旧址保护利用级别未定。

地　　址：青州市益都街道

联系电话：0536—3821011

开放时间：免费全天开放

益都火车站德式建筑

益都火车站水塔（日本建）

周边旅游景点景区链接

青州古城

青州古城内外保存有跨越了青州各个历史时期的80余处文物古迹和历史建筑，类型丰富，有偶园街、南营街、北营街和昭德古街等古街巷100多条，有衡王府牌坊、偶园、青州府贡院、真教寺、清真寺、基督教堂、天主教堂、万年桥等数十处古迹，有宋明清民国四代贤相名宦公馆和纪念场所，有明清状元、进士、贡士、举人故居和书院、考院等科举文化场所和园林、亭台文人汇集场所，有清代民国时期众多的工商业老字号店铺和工商名人故居，涵盖了青州作为“东方古州、海岱都会”的历史文化内涵各个层面，全面展示了古青州的丰厚历史和传统市井民俗风情。成为青州历史文化最重要的载体，是最珍贵的历史文化遗产。

地　　址：青州市偶园古街

联系电话：0536—3231079

开放时间：全天免费开放

网　　址：http://www.qzgclyq.com/index.jsp

昭德古街

偶园街

花好月圆（黄楼花卉）风景区（AAA）

景区位于青州市黄楼街道办事处境内，是一处独具花卉特色的国家AAA级旅游景区。在这里，游人可漫步十里七色花街，感受遍地花影、漫天花香；畅游江北最大的室内花卉批发交易市场，购买心仪的花卉产品；参观万亩省级花卉高科技园区内的花卉龙头企业，听专家讲解花卉知识，亲眼看到花卉的生长过程，亲手体验种花的乐趣。中国北方花卉交易中心——一座占地20万平方米、全国最大室内花卉批发交易市场。中心内一年四季都有鲜花盛开，全年花卉交易火爆。

地　　址：青州市黄楼街道

联系电话：0536—3831011

开放时间：全天免费开放

网　　址：http://www.qzhuanglou.gov.cn

黄楼花卉风景区

云门山风景区（AAAA）

云门山位于青州城南 2.5 公里，主海拔 421 米。山上有隋、唐石窟造像五处，石佛 272 尊，历代文人墨客、善男信女的题刻、碑碣，遍布云门山摩崖。山上的“三皇殿”“天仙玉女祠”等建筑都是几代历史风雨的遗物。山巅的天仙玉女祠是典型的明代全石无梁建筑，匠工非凡。云门山不仅有佛窟，还有不可多见的“道洞”。洞雕有五代宋初著名道教学者、隐士陈抟老人枕书长眠的卧石像一尊。尤以明代摩崖石刻巨“寿”而闻名，“寿”高 7.5 米，宽 3.7 米，仅“寸” 部就高达 2.23 米，所以当地人经常说：“何须自大，人无寸高。”据《辞海》记载，成语“寿比南山”即出于此。云门山因此被誉为“中华古寿文化第一山”。

地　　址：青州城南

联系电话：13562621336

开放时间：全天

网　　址：http://www.yunmenshan.net

云门山

驼山风景区（AAAA）

驼山位于云门山西 1 公里，主峰海拔 408 米，因“山形似驼”故名驼山。驼山石窟造像群为我国东部之最，共有石佛造像 638 尊。大者高逾 7 米，小者不过方寸，造型精美奇特，雕刻流畅细腻。据专家鉴定，驼山造像开凿于北周至中唐我国佛教兴盛时期，特别是隋唐时期的造像，雕刻技艺精湛，保存完好，是我国其他石窟所少有，被誉为齐鲁石窟之冠。开凿于南北朝时期长达 2600 米的青州山体巨佛，由 9 个山头组成，依托山势，雕凿痕迹至今清晰可见，为世界之最。位于驼山山顶的昊天宫，是一组规模宏大的古代建筑群，其中七宝阁为全国存世量极少的石质无梁双拱阁楼式元代典型建筑，结构奇特，坚固耐久，堪称珍品。

地　　址：青州城西

联系电话：0536—3706127

开放时间：全天

网　　址：http://www.yunmenshan.net

驼山

仰天山

以“一窍仰穿，天光下射”而得名的仰天山，是鲁中山区一颗璀璨的明珠，现为国家 4A 级景区、国家森林公园、国家地质公园。仰天山森林覆盖率达 97% 以上，有华东最好的天然林，是一座罕见的天然植物园。公园留有千百年来大量的人文古迹，文殊禅寺是国内仅有的三处文殊道场之一。齐长城是战国齐长城遗址复线的一部分，山险谷幽，风光秀丽，被称为“江北张家界”。仰天山地质地貌特殊，有江北发育最好的垂直溶洞群，全长 1500 米的地下峡谷——灵泽洞，溶洞整体高峻奇险、瑰丽怪异；千佛洞洞体宏大，1080 尊佛像工艺精湛，堪称天下第一佛洞；佛光崖如斧劈刀削，是世界最长的天然回音壁。

地　　址：青州市王坟镇

联系电话：4000536045

开放时间：全天

网　　址：http://www.yangtianshan.com

仰天山

附 录

中共青州党组织沿革

1. 中共青州支部（1925 年 1 月至 1926 年 10 月）
2. 中共益都地方执行委员会（1926 年 10 月至 1928 年 2 月）
3. 中共青州地方执行委员会（1927 年 4 月至 1928 年 2 月）
4. 中共益北特支（1928 年 2 月至 1933 年 3 月）
5. 中共青州省立第四师范支部（1930 年 12 月至 1932 年 5 月）
6. 中共益都特支（1931 年秋至 1932 年 5 月）
7. 中共益都县委（1932 年 5 月至 1932 年 8 月）
8. 共青团益都县委（1932 年 9 月至 1933 年 3 月期间代管党的工作）
9. 中共益都县整理工作委员会（1937 年 12 月至 1938 年 1 月）
10. 中共益都县委（1938 年 1 月至 1938 年 5 月）
11. 中共益都中心县委（1938 年 5 月至 1938 年 6 月）
12. 中共益都县委（1938 年 6 月至 1938 年 10 月）
13. 中共益都县委（铁路北）（1938 年 10 月至 1939 年 10 月）
14. 中共益寿临广四边县委（铁路北）（1939 年 10 月至 1940 年 4 月）
15. 中共益寿县委（铁路北）（1940 年 4 月至 1942 年 2 月）
16. 中共益寿临广四边县委（铁路北）（1942 年 2 月至 1945 年 9 月）
17. 中共益东工作委员会（铁路北）（1942 年 8 月至 1945 年 5 月）
18. 中共胶济工委（铁路北）（1945 年 5 月至 1947 年 10 月）
19. 中共益寿县委（铁路北）（1945 年 9 月至 1949 年 9 月）
20. 中共益南工委（铁路南）（1938 年 12 月至 1939 年 10 月）
21. 中共益都县委（铁路南）（1939 年 10 月至 1941 年 7 月）
22. 中共益临工委（铁路南）（1941 年 7 月至 1943 年 10 月）
23. 中共淄河县委（铁路南）（1943 年 10 月至 1944 年 7 月）

24. 中共益都县委（铁路南）（1944 年 7 月至 1949 年 9 月）
25. 中共青州工作委员会（铁路南）（1943 年 7 月至 1945 年 8 月）
26. 中共青张工作委员会（铁路南）（1944 年 5 月至 1949 年 3 月）
27. 中共青州市委（1945 年 8 月至 1946 年 5 月）
28. 中共益临昌工委（铁路南）（1947 年 7 月至 1947 年 8 月）
29. 中共益临昌工委（铁路南）（1947 年 12 月至 1948 年 4 月）
30. 中共益临县委（铁路南）（1948 年 7 月至 1949 年 9 月）
31. 中共青州市委（铁路南）（1948 年 8 月至 1949 年 1 月）
32. 中共益都县委 1952 年 6 月益都、益寿、益临三县合并成益都县
33. 中共青州市委 1986 年 3 月益都县撤县改市，属潍坊市

后 记

为记录青州市党组织带领人民群众曲折探索、前赴后继、艰苦奋斗的辉煌历程，加强青州市青少年党史国史教育，中共青州市委党史研究室与青州市关心下一代工作委员会联合编辑了《青州红色记忆——钩沉党史之海 追寻辉煌瞬间》一书。该书图文并茂，比较系统地展示了中共党史和中共青州地方史的内容，生动再现了青州党组织带领人民群众前仆后继、顽强奋斗的历史画卷。为全市开展青少年党史国史宣教工作提供了基本教材。

由于水平有限，加之史实年代久远，诸多图片文字无从核对，疏漏、不当之处在所难免，敬请读者谅解。

编者